A GRUTA DAS ORQUÍDEAS

A Gruta das Orquídeas

6-5-09-10.000-115.000

Direção editorial: **Flávio Machado**
Assistente editorial: **Dirce Yukie Yamamoto**
Chefe de arte: **Marcio da Silva Barreto**
Capa (criação): **Flávio Machado**
Diagramação: **Ricardo Brito**
Revisão: **Maria Aiko Nishijima**
Fotolito da capa: **SERMOGRAF**
Impressão: **SERMOGRAF – Artes Gráficas e Editora Ltda.**

Dados Internacionais de Catalogação na Publicação (CIP)
(Câmara Brasileira do Livro, SP, Brasil)

Carlos, Antônio (Espírito).
A Gruta das Orquídeas / romance do Espírito Antônio Carlos ; psicografia da médium Vera Lúcia Marinzeck de Carvalho. – São Paulo : Petit, 2007.

ISBN 978-85-7253-151-1

1. Espiritismo 2. Psicografia 3. Romance espírita
I. Carvalho, Vera Lúcia Marinzeck de II. Título.

07-1052 CDD: 133.93

Índices para catálogo sistemático:
1. Romances espíritas psicografados : Espiritismo 133.93

Impresso no Brasil, no outono de 2009.

Prezado leitor(a),

Caso encontre neste livro alguma parte que acredita que vai interessar ou mesmo ajudar outras pessoas e decida distribuí-la por meio da internet ou outro meio, nunca deixe de mencionar a fonte, pois assim estará preservando os direitos do autor e conseqüentemente contribuindo para uma ótima divulgação do livro.

A GRUTA DAS ORQUÍDEAS

ROMANCE DO ESPÍRITO
ANTÔNIO CARLOS
PSICOGRAFIA DA MÉDIUM
VERA LÚCIA MARINZECK DE CARVALHO

petit editora

Rua Atuaí, 383/389 – Vila Esperança/Penha
CEP 03646-000 – São Paulo – SP
Fone: (0xx11) 2684-6000

Endereço para correspondência:
Caixa Postal 67545 – Ag. Almeida Lima
03102-970 – São Paulo – SP

www.petit.com.br | petit@petit.com.br

Livros da médium
VERA LÚCIA MARINZECK DE CARVALHO

Da própria médium:

- *Conforto Espiritual*
- *Conforto Espiritual 2*

Psicografados:

Com o Espírito Antônio Carlos

- *Reconciliação*
- *Cativos e Libertos*
- *Copos Que Andam*
- *Filho Adotivo*
- *Reparando Erros de Vidas Passadas*
- *A Mansão da Pedra Torta*
- *Palco das Encarnações*
- *Histórias Maravilhosas da Espiritualidade*
- *Muitos São os Chamados*
- *Reflexos do Passado*
- *Aqueles Que Amam*
- *O Diário de Luizinho* (infantil)
- *Novamente Juntos*
- *A Casa do Penhasco*
- *O Mistério do Sobrado*
- *O Último Jantar*
- *O Jardim das Rosas*
- *O Sonâmbulo*
- *Sejamos Felizes*
- *O Céu Pode Esperar*
- *Por Que Comigo?*
- *A Gruta das Orquídeas*
- *O Castelo dos Sonhos*
- *O Ateu*

Com o Espírito Patrícia

- *Violetas na Janela*
- *A Casa do Escritor*
- *O Vôo da Gaivota*
- *Vivendo no Mundo dos Espíritos*

Com o Espírito Rosângela

- *Nós, os Jovens*
- *A Aventura de Rafael* (infantil)
- *Aborrecente, Não. Sou Adolescente!*
- *O Sonho de Patrícia* (infantil)
- *Ser ou Não Ser Adulto*
- *O Velho do Livro* (infantil)
- *O Difícil Caminho das Drogas*
- *Flores de Maria*

Com o Espírito Jussara

- *Cabocla*
- *Sonhos de Liberdade*

Com espíritos diversos

- *Valeu a Pena!*
- *O Que Encontrei do Outro Lado da Vida*
- *Deficiente Mental: Por Que Fui Um?*
- *Morri! E Agora?*
- *Ah, Se Eu Pudesse Voltar no Tempo!*

Livros em outros idiomas

- *Violets on the Window*
- *Violetas en la Ventana*
- *Violoj sur Fenestro*
- *Reconciliación*
- *Deficiente Mental: ¿Por Que Fui Uno?*
- *Viviendo en el Mundo de los Espíritus*

Sumário

Um lugar pitoresco

Numa tarde ensolarada, a maioria dos moradores de uma cidadezinha pitoresca saía do trabalho e voltava para casa sem notar a beleza do sol poente. Era um lugarejo pacato, ou melhor, era antes do crime hediondo. Mas quase não se falava mais nisso.

O senhor Nico sentia-se aliviado por não comentarem mais sobre o assassinato. Não gostava de ser desagradável com as pessoas, mas não agüentava mais falar dessa tragédia. Evitou até sair de casa por uns dois meses porque bastava ser visto por alguém para escutar:

– É verdade, senhor Nico, que a criança não tinha mais sangue?

– Com o ferimento no peito atingindo o coração, é natural que o cadáver não tivesse sangue – respondia esforçando-se para não ser indelicado.

– Ela foi torturada?

– Não tinha sinais. O único ferimento foi em seu peito – respondia tentando encurtar a conversa.

– O menino morreu em outro local?

– Tudo indica que sim, pois onde foi encontrado não havia indício de sangue.

A vontade dele era pedir aos curiosos para irem à delegacia e perguntar ao delegado. Mas as pessoas sabiam que ele com certeza estava muito bem informado. E realmente sabia de tudo.

E quando cansaram ou souberam tudo o que queriam, passaram a falar sobre outras coisas, e assuntos não faltavam: eram fofocas de casamentos, festas, brigas e acontecimentos corriqueiros.

O lugar era deveras agradável, por isso vamos chamá-lo de cidade Pitoresca. Tinha um clima ameno e de qualquer local da cidade podiam-se ver as montanhas. Eram quatro, sendo duas maiores e todas cobertas com mata nativa. Perto havia o lago, grande e bonito, onde moradores e turistas costumavam pescar.

As ruas foram planejadas, asfaltadas e arborizadas. O movimento de veículos era escasso, tudo muito tranqüilo. O comércio próspero atraía turistas ávidos pelos belos artesanatos. Mas a maior atração era o lago de águas limpas e pesca farta.

O senhor Nico atravessou a praça com muitos bancos e canteiros floridos, cumprimentando todos que encontrava e parou num bar.

– O de sempre! – pediu sorrindo.

O garçom lhe trouxe uma limonada gelada.

– O senhor está vindo da fazenda? – indagou César, o proprietário do bar.

– Não, quando vou à fazenda venho de jipe – respondeu o senhor Nico. – Fui conversar com o prefeito. Pedi a ele que conserte a estrada. Passei por ela ontem e notei pelo menos uns oito pequenos buracos.

– Pediu ou deu ordem? – perguntou César.

– Pedi – respondeu senhor Nico sorrindo. – Temos verbas e todos nós, moradores, usamos muito a estrada. E não é bom desagradar os turistas.

De fato, os moradores usavam muito a estrada de quarenta quilômetros, que ligava o lugarejo a uma cidade maior, que denominaremos das Fábricas.

– O senhor vai querer um tira-gosto? – César perguntou atencioso querendo agradar o seu mais importante freguês.

– Não, obrigado, tenho de ir. Meu sobrinho Fernando já deve estar me esperando.

– O senhor gosta muito do seu sobrinho, não é? – inquiriu novamente César.

– Gosto muito. Ele é meu único sobrinho. Tenho somente uma irmã. Minha família é pequena e Fernando é competente e leal.

– Ele não ficou ressentido com a mudança? Ele era seu herdeiro e de repente não é mais.

– Se ficou, não demonstrou – respondeu o senhor Nico. – Mas ele não foi excluído, dei a Fernando muitas ações da fábrica, passei em seu nome a casa em que mora e outras propriedades e aumentei seu salário.

"Talvez Fernando tenha ficado decepcionado, mas não demonstrou e continuou o mesmo. Admiro-o por isso!", pensou o senhor Nico. Depois olhou para César e dirigiu seus pensamentos ao dono do bar: "Este aqui é muito observador, creio que é tão bem informado quanto eu. Devo ser cauteloso com ele. Não sei bem o que é, mas algo em César me desagrada. Talvez ele não seja o que quer aparentar ser".

– Agora o senhor tem motivos para voltar mais cedo para casa não é, senhor Nico? Seu neto! – comentou César.

– É verdade. Nícolas me devolveu a alegria de viver! – exclamou o senhor Nico alegre. – Já vou indo, marque na conta.

O senhor Nico saiu. Era seu costume comprar em vários locais e, uma vez por mês, seu secretário pagar as dívidas ou contas, como costumavam dizer. Era freguês antigo e todos ali o conheciam, admiravam-no e alguns o invejavam. Estava com 56 anos, era saudável, disposto, inteligente e bom administrador. Gostava da cidade e de certa forma a administrava. Nunca gostou de política, mas ultimamente o prefeito era ele quem indicava. Mas, para receber seu apoio, a pessoa tinha de ser honesta. Visitava regularmente a prefeitura e conferia as entradas de verbas e as saídas. Se encontrasse alguma irregularidade, ele dava um prazo, normalmente de alguns dias, para regularizarem. E dava certo, ninguém ousava contrariá-lo. Com administração honesta e competente, porque ele como bom administrador assessorava o prefeito, a cidade prosperava e a população ganhava: boas escolas, bons postos de saúde, ruas limpas, bons serviços, com trabalhadores bem pagos e satisfeitos.

Foi caminhando devagar até seu veículo. Olhou para as montanhas admirando-as. Sentia-se tranqüilo quando as olhava. Às vezes, sentia que a natureza parecia lhe agradecer por ele preservá-la. A conservação das matas era de fundamental importância para ele, que dizia sempre:

– A cidade sobrevive e sobreviverá se preservarmos a natureza. Não cortem nenhuma árvore, plantem-nas, não devemos nunca sujar nosso lago. E, acreditem, a natureza sabe ser grata, mas também pode, quando agredida, revidar.

E ele dava exemplos. O senhor Nico era o maior latifundiário da região. Sua fazenda era enorme. Administrava bem a propriedade, que lhe rendia um bom capital e preservava a natureza. Criava gado e cavalos de raça. Ao perceber que faltava ração de qualidade no mercado, fez em suas terras uma fabriqueta de ração para gado. Foi ampliando até tornar-se grande; passou, então, a vender seu produto para todo o país. O lucro da fazenda ultrapassava o da indústria de tecidos. Antes, sua intenção era que Fernando a administrasse também para aprender com ele, mas agora seus planos eram ensinar o neto quando ele se tornasse adulto. Para isso, levava sempre o garoto à sua propriedade rural. Queria ensiná-lo a amar a fazenda como ele a amava.

Abriu o portão de sua casa, que durante o dia ficava sempre destrancado, e entrou. O portão era fechado à chave somente à noite por Francisco, um antigo empregado, que era jardineiro e também o faz-tudo, mas na maioria das noites esqueciam de trancá-lo. Nunca ninguém havia entrado na casa sem ser anunciado.

O jardim da casa era bem cuidado: a grama estava sempre aparada e os canteiros floridos.

O senhor Nico subiu as escadas, entrou por uma porta lateral, sempre aberta, e foi à cozinha tomar água.

– Boa tarde, Odete! – exclamou cumprimentando a empregada.

– Boa tarde, senhor Nico – respondeu a empregada. – Estou preparando o jantar. O senhor Fernando jantará conosco?

– Não, ele tem compromisso, por isso vim mais cedo para conversarmos. Eu também devo sair logo após o jantar.

– O compromisso de sempre? – perguntou Odete.

– Sim. Peça a Ada para ficar com Nícolas.

– Ora, Ada mora aqui e não sai à noite. Aliás, ela saía muito pouco, mas ultimamente tem se ausentado. Acho que a babá está namorando.

– Namorando? Estranho... – comentou o senhor Nico.

– Estou apenas deduzindo. Algumas tardes, quando Nícolas está na escola, ela tem saído muito arrumada e não me diz para onde. Também não insisto, pois isso não me interessa – disse Odete com desdém e informou: – Francisco me pediu para sair mais cedo hoje. Dei permissão. Depois de organizar o jantar, vou para meu quarto. Estou com dor de cabeça.

– Odete, você deve voltar ao médico – pediu o senhor Nico.

– Não tenho nada. É somente uma dorzinha.

– Entendo.

O senhor Nico achava que Odete dava desculpa de dor de cabeça para ficar sozinha ou descansar. De fato, ele a levou ao médico e após muitos exames afirmou que ela estava saudável.

O senhor Nico saía às vezes, ia a um local em outra cidadezinha próxima, a cidade Encontros, a cinqüenta quilômetros, onde permanecia algumas horas e voltava no mesmo dia. Como fofocavam sobre isso! Diziam que ia ver uma amante e que, por escondê-la, deveria ser casada. Desde que ficou viúvo, foi muito assediado – até por garotas. Chegaram a comentar que ele e Odete eram amantes. Sua empregada gargalhou muito quando soube disso.

– Imagine, senhor Nico, eu sua amante!

Odete tinha 59 anos; não se importava com sua aparência, nem pintava os cabelos, que eram quase todos brancos.

Os fofoqueiros concluíram depois de muito especular que os dois não eram amantes, então acharam outra, a que era misteriosa. Sabiam que ele ia a determinado prédio e, lá, a um apartamento. As pessoas não ousavam perguntar diretamente, mas os mais audaciosos davam indiretas.

– O senhor não vai casar de novo?

– Não – respondia sério demonstrando que esse assunto não lhe era agradável. – Amo muito Lílian, ainda.

– Não sente falta de companhia?

– Não, vivo bem comigo mesmo.

– Não tem nem amantes?

– Por que quer saber? Que tem você com isso?

Uma resposta assim cortava a curiosidade.

O senhor Nico tomou água, comeu um biscoito e observou Odete, que cortava alguns legumes.

Ela trabalhava para ele havia muitos anos, era sua empregada de confiança. Quando sua esposa faleceu, foi Odete que passou a administrar a casa: fazia compras, resolvia todos os problemas domésticos e organizava o serviço das outras duas empregadas. Morava nos fundos da mansão, nas dependências dos empregados. Seu aposento era composto por sala, quarto e banheiro. Era viúva, tinha dois filhos, que o senhor Nico ajudou a criar, e que agora, adultos, eram empregados dele. Um trabalhava na fábrica de tecido de que Fernando era gerente, e o outro, na fazenda com ele. Odete era mais que empregada, era sua amiga. O único "defeito" que ele achava nela era ser avessa a qualquer religião, achava mesmo que fosse atéia. Nunca ouvia Odete dizer ""Ai, meu Deus!" ou alguma expressão invocando santo. Não podia falar sobre isso com sua empregada, uma vez que ele também não freqüentava muito a igreja, embora tivesse sua crença. Como Ada, a babá de seu neto, era muito religiosa, pediu a ela para levar Nícolas à igreja e passou a ir também. Tinha de manter as aparências, pois em sua opinião a religiosidade dava mais crédito ao indivíduo.

"A casa agora está mais movimentada, com mais pessoas", pensou ele.

Com a vinda do neto, o serviço dobrou e foram contratadas mais uma empregada e uma babá.

O senhor Nico foi para seu escritório. Fernando ainda não chegara. Foi até a janela e ficou olhando, distraído, o jardim. Gostava muito de sua casa; espaçosa e bem cuidada. Recordando o passado, lembrou-se quando a família passou a residir ali: ele estava casado havia dois anos e Nicolas filho, o Niquinho, tinha oito meses de vida.

O senhor Nico herdara de seu pai a fábrica de tecidos quase arruinada. Seus pais faleceram num acidente, antes de completarem 50 anos. Ele ficou com a fábrica e sua irmã com outras propriedades. Para não ter desavenças, ele ficou com bem menos. O cunhado e a irmã levaram vantagem na partilha.

Com 20 anos, passou a estudar à noite, fazia um curso de administração e trabalhou muito, mas muito mesmo. Dois anos depois, quitava as dívidas da fábrica, que logo começou a dar lucros.

Conheceu sua esposa, a meiga Lílian, na faculdade. Namoraram e casaram. Foi uma união feliz de duas almas afins. A família dela era rica e, meses depois que se casaram, ela recebeu de herança a casa em que moravam e a fazenda.

Foi uma alegria enorme quando Lílian ficou grávida e aguardaram ansiosos a chegada do nenê. Resolveram que, se fosse menino, teria o nome dele. E Niquinho nasceu sadio, uma criança linda.

– Depois fiquei doente! – exclamou o senhor Nico baixinho.

Uma doença que parecia não ser grave se complicou. Por imprudência, não fez repouso, não tomou remédios e até viajou com Lílian e Niquinho. No hotel, sentiu-se muito mal e teve de ser hospitalizado, ficando vários dias muito doente, com uma forte infecção. Resultado: ficou impotente. Ninguém mais soube disso, somente Lílian. Regressaram da viagem e ninguém desconfiou.

"Procurei outros médicos", pensou ele, "em cidades diferentes e longe daqui; fiz tratamentos e não adiantou. E Lílian me consolou. Parece que a vejo segurando minhas mãos, me olhando nos olhos e dizendo:

– Nico, amo você! Do amor pode haver sexo, mas sexo não é amor! Amo você pelo espírito. É minha alma que ama a sua! Podemos viver nos amando sem sexo e nosso amor será muito mais puro, espiritual. Não conseguirei viver sem sua presença. Depois, temos Niquinho. Nosso filho merece ser criado num lar de amor.

O senhor Nico, ao se lembrar da esposa, enxugou umas lágrimas e exclamou emocionado:

– Lílian, como sinto sua falta. Amo-a muito!

Lembrou também quando Lílian lhe pediu para mudar para aquela casa, onde morou com seus pais e tivera uma infância e juventude muito felizes. Mudaram e fizeram no decorrer dos anos muitas reformas. Construíram até uma piscina porque Niquinho gostava de nadar. Amava aquela casa, onde os três, Lílian, Niquinho e ele, foram muito felizes. Lílian lhe dizia sempre:

– Esta cidade e nosso lar são especiais, Nico. Não existe lugar mais lindo que este! Quando amamos, tudo é maravilhoso!

E o senhor Nico concordava. De fato, a cidadezinha era realmente pitoresca.

– Tio! – chamou Fernando entrando no escritório. – Como está o senhor?

– Bem, Fernando. Estava olhando o jardim e nem o vi chegar.

– Lá de fora vi o senhor. Estava pensativo. Está triste? Aconteceu algum fato que o desagradou?

– Não – respondeu o senhor Nico. – Somente estou saudoso. Pensava em Lílian.

– Admiro o amor que o senhor sente por titia. Tanto que não se envolveu com ninguém. Faz sete anos que está viúvo e quatro e meio que Niquinho faleceu.

– Faz tempo que os dois se foram e eu fiquei muito sozinho, vivia de lembranças. Você, Fernando, me ajudou muito, sou-lhe grato por isso. – O senhor Nico suspirou e mudou de assunto: – Quando você fará aquela viagem ao exterior?

– Acho que vou marcar para o final do próximo mês. Quero deixar os problemas da fábrica resolvidos. Agora não é bom para sair, época de colheita do algodão. O senhor sabe que eu gosto de negociar com os agricultores. Eles confiam em mim.

– É verdade, você tem feito boas compras. Mas quero que vá e leve Isabelle para passear, você precisa descansar, se distrair e também acho importante que conheça fábricas de outros países. Temos de nos atualizar.

Passaram a falar de negócios.

::

Nota da médium – O autor, Antônio Carlos, não querendo identificar as cidades, preferiu denominá-las de Pitoresca, a cidade em que o senhor Nico morava; das Fábricas para o centro maior, onde estava a fábrica de tecidos, e Encontros, onde na história alguns personagens se encontravam.

A surpresa

Os dois, o senhor Nico e Fernando haviam terminado de resolver as questões da fábrica, quando escutaram:

– Vovô! Vovô Nico!

Olharam pela janela e viram Ada, a babá, esforçando-se para acompanhar um garoto que corria.

– Ele anda como o senhor! – comentou Fernando.

– De fato, Nícolas caminha desajeitado como eu – afirmou o senhor Nico contente.

O senhor Nico pensou no filho Niquinho, que era parecido fisicamente com Lílian, e em Nícolas, seu neto, que se parecia com Eva, a mãe dele. Chegou a fazer exame, teste, e realmente o garoto era seu neto. As pessoas, ao vê-los andando, afirmavam:

– Como vocês dois andam do mesmo jeito!

Jogavam a perna direita mais para frente, viravam o pé esquerdo para dentro e gingavam o corpo. Realmente, eram desengonçados.

Logo a porta do escritório se abriu e um garoto louro de olhos azuis, de seis anos, abraçou o avô, mas não o beijou porque estava com o rosto lambuzado de sorvete.

– Oi, Fernando! – cumprimentou o garoto.

– Oi, Nícolas! Dispenso seu beijo. Como está sujo! – respondeu Fernando rindo.

– Fui depois da aula à sorveteria com uns amigos – explicou Nícolas. – Vovô, a primeira rodada nós pagamos, mas a segunda pedi para marcar na sua conta. Tudo bem?

– Tudo, Nícolas. Mas agora vá tomar banho, logo jantaremos.

O menino saiu correndo.

– Como Nícolas é bonito! Ele ter aparecido depois de anos foi uma surpresa! – exclamou Fernando.

– Foi sim! Ele é agora meu objetivo da vida.

– A cidade está tranqüila, não é, titio? – indagou Fernando. – Encontrei o delegado quando vinha para cá. Ele me disse que nesta semana houve somente uma ocorrência: um grupo de jovens turistas fez uma arruaça na praça. E que não há suspeitos no caso do assassinato do menino.

– E não tem mesmo – concordou o senhor Nico. – Achamos que os criminosos são pessoas de outra cidade. Foi uma crueldade!

– Acho que os pais daquela criança foram imprudentes. Uma criança não deve ficar solta! – opinou Fernando.

– Concordo com você. O garoto morto, Rodolfo, de apenas sete anos, estava sempre sozinho. Disseram até que era visto no lago com amigos ou desacompanhado. A mãe não se importava com ele e o padrasto o surrava com freqüência.

– Não entendo como alguns pais se descuidam dos filhos. Isabelle e eu nos preocupamos muito com os nossos. Ela sempre os leva a todos os lugares, até na escola, e busca. É melhor esquecer esse crime. Com certeza, foi alguém de longe, talvez tenha sido realmente uma vingança. Esse casal morava aqui havia três anos. Sabe-se lá o que fizeram no passado. Já vou indo, titio. Isabelle e eu temos um compromisso esta noite. Boa noite!

– Boa noite, Fernando!

O sobrinho saiu e o senhor Nico ficou olhando o céu. As primeiras estrelas apareciam.

– Hoje estou saudoso! – exclamou suspirando, e lembranças vieram.

Sofreu muito quando a esposa, sua Lílian amada, ficou doente e faleceu. Seu consolo foi Niquinho. O filho não lhe dava preocupações, era obediente e carinhoso, mas não gostava de estudar, terminou o ensino médio depois de muita insistência. O filho prometera trabalhar com ele, queria administrar a fazenda, pois gostava muito de animais, mas antes queria viajar. O senhor Nico concordou, pois o filho era muito jovem e deveria conhecer muitos lugares antes de ter maiores responsabilidades.

Foi numa dessas viagens que aconteceu a tragédia.

– O acidente! Que tristeza! – exclamou o senhor Nico baixinho.

Num acidente de avião, Niquinho e todos os passageiros faleceram.

– E o dinheiro sumiu! – balbuciou.

Quando seu filho fez três anos, Lílian passou a depositar todo mês para ele determinada quantia num banco em uma conta de investimento. Após o falecimento de Niquinho, ele foi ao banco e lá lhe informaram que seu filho havia retirado esse dinheiro meses antes de falecer.

– Fiquei sozinho e passei a trabalhar muito! – falou e sentou-se na sua poltrona favorita.

Fez um testamento deixando tudo para seu sobrinho Fernando, que trabalhava com ele na fábrica desde jovem. Não queria deixar nada para sua irmã nem para seu cunhado folgado, que nunca trabalhou e gastou todo o dinheiro que sua irmã herdara. Era ele quem os sustentava, dando-lhes todo mês uma generosa mesada. Mas não gostava deles, até os proibira de visitá-los e os via raramente.

– E, por certo tempo, Fernando ficou sendo meu único afeto! – falou baixinho o senhor Nico.

Vivia muito solitário, até que num domingo à tarde, Odete anunciou uma estranha visita.

– Eva? Conhece-a? – perguntou estranhando o senhor Nico a Odete.

– Senhor, eu não a conheço. Creio que essa moça já foi bonita, mas com certeza está doente, não tem cabelos. Será que não é a moça que Niquinho namorou? Aquela que o senhor não queria, a modelo, a caça-dotes? Ela não se chamava Eva?

– Será ela? Que irá querer? Mande-a entrar, vou recebê-la no escritório.

Logo a visita entrou. Odete os deixou a sós. O senhor Nico a encarou. A moça estava bem vestida, mas muito magra e sem cabelos. Estendeu a mão cumprimentando-a; ela apertou a mão dele e falou:

– Senhor Nico, sou Eva, a ex-namorada de Niquinho, seu filho. Sei que o senhor, mesmo sem me conhecer, não gostava de mim, mas as circunstâncias me obrigam a visitá-lo. Como o senhor vê, estou doente, e, devido à quimioterapia, caíram-me os cabelos. Posso sentar?

– Claro, me desculpe. Sente-se por favor. Aceita algo? Água? Café? – ofereceu o senhor Nico.

– Não, obrigada. Devo ser rápida. O senhor tem um neto!

– Eu o quê?! – o senhor Nico perguntou assustado.

– Tive um filho da minha relação com seu filho Niquinho – afirmou Eva. – Vou explicar: conheci Niquinho no exterior, onde fui fazer uns desfiles. Foi paixão à primeira vista. Tornamo-nos amantes. Niquinho falava que o senhor era enérgico e que não permitiria que ele se casasse com uma modelo que já fizera nu artístico. Disse também que naquele momento ele não queria enfrentá-lo, porque sua mãe tinha morrido e que o senhor sofria muito. Fiquei grávida e ele passou a me sustentar e me escondeu no exterior. Mas vim ter a criança aqui, queria que ela tivesse a nossa nacionalidade. Depois voltei com meu filho para o exterior. Niquinho o registrou. Chama-se Nícolas Neto. Dizia para mim que assim que fosse possível ele nos apresentaria ao senhor. Mas,

Niquinho foi-se afastando de mim. A paixão acabou. Ameacei-o com um escândalo. Então ele me deu uma razoável soma de dinheiro e depositou outra no nome do nosso filho e passou a me dar uma mesada. Quando soube pelos jornais da sua morte, eu tinha encontrado outra pessoa. Casei-me e logo tive uma filha. Silenciei sobre esse fato porque tive medo de que o senhor, ao saber da existência de seu neto, tiraria meu filho de mim. Eu retirava todo mês o dividendo do dinheiro aplicado em nome do meu filho. Tudo transcorria bem até que fiquei doente.

Eva fez uma pausa, suspirou e voltou a falar. O senhor Nico estava atento e surpreso.

– Tenho azar no amor! Fiquei doente, feia, meu marido arrumou outra, está esperando eu morrer para casar com ela. Meu esposo me afirmou que fica com a nossa filha, mas não com o meu filho. Conversei seriamente com meu médico e ele foi sincero comigo. Não tenho como me curar, tenho pouco tempo de vida. Achei então que Nícolas Neto deveria ficar com o senhor.

Eva fez outra pausa, estava ofegante, falara muito e certamente estava nervosa. O senhor Nico não a interrompeu; surpreso, não conseguiu dizer nada. Ficaram calados. Eva se recompôs e voltou a dizer:

– Compreendo que o senhor deve estar surpreso. Para confirmar o que estou dizendo, aqui estão algumas provas.

Entregou a ele um envelope grande. O senhor Nico abriu e viu que nele continha fotos e papéis.

– Que é isso? – perguntou ele.

– Fotos que Niquinho e eu tiramos durante o nosso namoro, eu grávida e durante o parto. Aí estão também cartas que ele me escreveu falando do filho e, o mais importante: um exame de teste de paternidade que comprova que meu filho era dele.

O senhor Nico não conseguiu prestar atenção nas explicações dela, estava atordoado.

– Estou hospedada – disse Eva – no Grande Hotel na cidade com meu filho, seu neto. Entendo que está sendo difícil para o senhor aceitar o que digo e compreenderei se duvidar. Estaremos à sua disposição para fazermos outro teste. Ficarei na cidade por uns dias, depois devo voltar por causa do tratamento. Por favor, não pense muito. Se o senhor não quiser meu filho, não sei onde deixá-lo quando morrer. Agora vou voltar ao hotel.

O senhor Nico lhe estendeu a mão, ela a apertou, não falaram nada. Ele chamou por Odete, que veio rápido; pediu-lhe que acompanhasse a visita até o portão.

– Senhor Nico, posso entrar?

Odete entrou no escritório e encontrou seu patrão sentado com o olhar parado. Estava muito confuso.

– Odete, você nem imagina o que fiquei sabendo! – exclamou ele.

– Senhor Nico, me desculpe, não resisti e escutei atrás da porta. Estou chocada, mas esperançosa. Pode ser verdade!

Ele nem a repreendeu. Compreendeu que Odete, curiosa, quis saber quem era a visita e o que ela queria.

– Sente-se aqui, Odete. Vamos ver esses papéis e fotos – convidou ele.

Eva havia sido muito bonita e, nas fotos, Niquinho e ela apareciam sorridentes. E, em seqüências, fotos de sua barriga aumentando. Havia também fotos do parto com Niquinho presente. Ele pegando sorridente o recém-nascido. Entre os papéis, o xerox de um exame que comprovava que o menino era filho de Niquinho. Reconheceram que as cartas eram de Niquinho, algumas escritas à mão, outras à máquina, falando do filho.

– Que acha Odete? – perguntou o senhor Nico.

– O senhor deve investigar e rápido. Deve, amanhã cedo, ir a um laboratório. Por que o senhor não pede para aquele seu amigo, dono de um laboratório, fazer o exame? É melhor mesmo fazer na cidade vizinha, que é maior, para não haver falatório.

Peça ao motorista da fazenda para levar Eva e o menino ao laboratório. As provas são muitas, mas é melhor verificar. Senhor Nico, Niquinho era esperto, não seria enganado facilmente. Se ele duvidasse, não registraria o menino. Seu filho deve ter gostado dessa moça, depois deve ter percebido que ela não era a pessoa ideal para ser sua esposa. Creio que pensava em sustentar o filho e vê-lo de vez em quando. Talvez esperasse o momento propício para dizer ao senhor. Telefone para seu amigo agora.

– Você, Odete, está resolvendo o problema para mim – afirmou ele olhando-a.

– Desculpe-me – disse Odete –, mas quero ajudá-lo. Não quero que seja enganado. Veja esta foto recente do menino. Que criança linda! Se o senhor a vir, talvez possa se enganar. Melhor é ter certeza primeiro.

– Você tem razão e fez bem em ouvir atrás da porta. Vou seguir seu conselho.

O senhor Nico telefonou para o amigo e informou-o da possibilidade de ser avô.

– Farei com prazer esse exame para você e tentarei agilizar. Venha amanhã cedo. Saberemos pelo teste se você é o avô desse garoto – afirmou o dono do laboratório.

Depois ele pediu para Odete telefonar para o hotel, falar com Eva e pedir para que ficassem prontos às oito horas, que o motorista os levaria ao laboratório. Depois deu ordens para seu motorista buscá-los. Decidiu que iria sozinho no seu carro, e mais cedo, pois não queria encontrar Eva e o filho.

O senhor Nico não quis jantar, ficou olhando as fotos e releu muitas vezes as cartas.

"Será, meu Deus, que é verdade?", pensou agoniado.

Demorou a dormir. Quando adormeceu, sonhou com Lílian. Estava num jardim e ela lhe apareceu com a aparência jovem, sadia e linda e lhe disse:

– Nico, querido, você tem um descendente! Niquinho está comigo e você ficará com o fruto dele. Terá companhia, meu amado.

Aí, ele brincava com uma criança loura, que o chamava de vovô.

O sonho o alegrou. Esperançoso, fez o exame. Aguardou ansioso o resultado. Saiu pouco de casa e atendia a todos os telefonemas. Não conversou mais com Eva, nem foi vê-los. Mas ficou informado. O proprietário do hotel, que era seu amigo, lhe contava tudo o que Eva e a criança faziam.

– Ela está doente mesmo – informou o hoteleiro pelo telefone. – Come pouco e parece cansada. O garoto é quieto, tem o olhar triste e é obediente. Eles ficam muito no quarto. A camareira me disse que a moça permanece muito tempo deitada, e o menino brinca sozinho. Ela tem telefonado para o exterior.

Quando seu amigo telefonou e deu o resultado do exame, o senhor Nico sentiu-se sufocado, seu coração disparou, chorou e riu ao mesmo tempo.

– Nico, você está me ouvindo? Repito: o garoto é seu neto! A porcentagem de erro é muito pequena. Examinei o teste que Niquinho fez e pareceu-me ser idôneo. Com esse resultado posso lhe garantir que o garoto é seu neto. Parabéns!

– Eu... eu... agradeço... – o senhor Nico gaguejou emocionado.

– Mando o resultado pelo correio ou você manda pegá-lo?

– Vou pedir ao meu motorista para pegar. Obrigado.

Quando se recompôs, chamou por Odete e contou a ela, e ambos choraram.

– Odete, o garoto é mesmo meu neto! Muito obrigado, meu Deus! Vou buscá-lo!

– Calma, senhor Nico – aconselhou Odete. – É melhor o senhor ir ao hotel e conhecê-lo. Ele é pequeno e pode estranhar. Nícolas não o conhece.

– Você tem razão. Vou visitá-los.

Comprou flores para Eva e foi para o hotel. Pediu na portaria para subir ao apartamento em que estavam hospedados. Ela concordou em recebê-lo e em instantes o senhor Nico estava batendo à porta.

– Entre, por favor, senhor Nico. A porta está destrancada.

Reconheceu a voz de Eva. Entrou. Viu-a sentada numa poltrona e com roupa simples e sem maquiagem, parecia mais doente. Um garoto estava brincando sentado no tapete. O senhor Nico entregou as flores para ela, que agradeceu. Ele não conseguia falar, olhava ora para um, ora para outro.

– O senhor com certeza teve a confirmação que é o avô de Nícolas, não é?

Ele concordou com um movimento da cabeça. Eva perguntou ansiosa:

– O senhor ficará com ele?

– Sim. Quero muito seu filho, meu neto, comigo.

– Nícolas! Este senhor é seu avô, o senhor Nico, de quem a mamãe já lhe falou. Cumprimente-o! – Eva falou em outro idioma.

– Bom dia, senhor Nico! – falou o menino com sotaque.

Eva explicou:

– Meu filho foi criado em outro país e não fala nosso idioma. Esses dias que passamos aqui no hotel tentei ensiná-lo e ele somente fala e compreende poucas palavras.

O garoto ficou olhando o avô e estendeu a mãozinha, que o senhor Nico beijou esforçando para não chorar de emoção.

"Meu neto!", pensou, com vontade de abraçá-lo e beijá-lo.

– Posso levá-lo para um passeio? – perguntou o senhor Nico.

– Pode. Almocem juntos e, se o senhor quiser, leve-o para conhecer sua casa e traga-o à noite. Vamos fazer isso por dois dias para não assustá-lo. Seria bom se tivéssemos mais tempo para Nícolas se acostumar com o senhor, mas tenho de ir embora, não estou me sentindo bem.

– Precisa de alguma coisa? Não quer fazer o tratamento aqui? Posso ajudá-la financeiramente? – perguntou o senhor Nico solícito.

– Obrigada – respondeu Eva, agradecida. – Já iniciei o tratamento lá e tenho outra filha. Deixar o Nícolas está sendo difícil para mim, porém quero acreditar que ele ficará bem. Financeiramente, posso ficar com o dinheiro que Niquinho deu ao nosso filho?

– Pode, Eva. Ou melhor: deve ficar. Esse dinheiro, que eu não sabia onde estava, é seu. Nícolas, como meu neto, será meu herdeiro. Nada de material faltará a ele, sou rico.

– O senhor o amará? Cuidará bem dele? – apreensiva Eva quis saber.

– Farei isso sim – respondeu ele com sinceridade. – Niquinho preferiu jogar a culpa em mim para encobrir sua irresponsabilidade. Com certeza, você não era a nora que eu idealizava, mas a aceitaria. Niquinho com certeza foi apaixonado, mas não a amou verdadeiramente. Sou uma boa pessoa. Era sozinho até saber da existência de Niquinho Neto. Vou amá-lo... não, já o amo! Cuidarei do meu neto com muito carinho. Pode ficar tranqüila!

Eva sorriu tristemente. Não tinha opção senão acreditar. O senhor Nico convidou o neto para um passeio, a mãe pediu-lhe para ir e ele, obediente, deu a mão ao avô. Nícolas olhava tudo, às vezes curioso; outras, indiferente, quase não sorria. O senhor Nico fez de tudo para alegrá-lo. No almoço, comeu o que Odete lhe ofereceu. Não entendia o que o garoto falava, e o senhor Nico pronunciava somente algumas palavras no idioma em que o neto se expressava. Foi um dia maravilhoso para o recém-avô, ele estava muito feliz. Deixou o netinho no hotel à noite e quando retornou à sua casa, Odete o informou:

– Senhor, tomei a liberdade de pedir ao senhor Ramiro, aquele seu amigo dono de uma escola de línguas, uma professora para estar aqui amanhã. Ele me falou de Ada, uma professora aposentada que quer voltar a trabalhar. Conheço-a, é uma excelente pessoa e gosta muito de crianças. Ela não só será intérprete, como ficará durante o dia aqui como babá de Nícolas. Combinei com ela o ordenado; é alto, mas valerá a pena. Senão, não saberemos o que o garotinho quer.

– Ótimo, Odete! Muito bem! – exclamou o senhor Nico rindo. – Você tomou mais alguma providência?

– Sim, senhor. Telefonei para a loja de brinquedos e pedi para eles me mandarem uns dez brinquedos que os garotos de seis anos mais gostam. Também pedi para a Vicentina nos arrumar mais uma empregada. Vamos arrumar um quarto para ele. Pensei em alojá-lo no aposento que era de Niquinho. Vou trocar alguns objetos para parecer quarto de criança. O senhor está de acordo?

– Odete, o que seria de mim sem você? Pensou em tudo! Obrigado!

No outro dia, cedo, senhor Nico buscou Nícolas para passar o dia em sua casa. O menino estava mais descontraído. Quando iam almoçar, Ada chegou. A babá era uma senhora de 47 anos, de aspecto bondoso e foi logo conversando com o menino na língua que o garoto falava. Ele sorriu e ficou aliviado por ter uma pessoa que o compreendia.

Durante o almoço, Ada falou:

– Senhor Nico, ele está falando que não gosta deste prato, que prefere comer mais legumes.

– É melhor colocar os alimentos na frente dele e deixar que meu neto escolha o que quer comer – determinou o senhor Nico.

– No começo, é melhor Odete fazer comidas com que ele estava acostumado. Vamos introduzir as nossas aos poucos – opinou Ada.

– Isso mesmo – concordou o dono da casa. – Ada, pergunte a ele se gosta de mim.

Ada perguntou e traduziu a resposta:

– Ele o acha muito agradável. A mãe dele disse para ele gostar do senhor.

No outro dia, às dez horas, o senhor Nico foi buscar o neto para ficar definitivamente com ele. Encontrou Eva com o rosto inchado de chorar. Despediu-se dela.

– Vou cuidar bem dele, prometo-lhe! Juro pelo meu filho!

– Obrigada! – Eva exclamou emocionada.

– Eva – falou senhor Nico comovido –, meu motorista vai levá-la ao aeroporto e já paguei o hotel. E se precisar de alguma coisa, de dinheiro, me avise. Posso ajudá-la.

– O dinheiro que Niquinho deu ao Nícolas é conta conjunta comigo, será o bastante. Senhor Nico, quero lhe informar que possuo alguns bens, imóveis que vou deixar para minha filha. Infelizmente, meu marido casou-se comigo interessado no que eu tinha e no que Niquinho me deu. Creio que meu marido aceitou ficar com nossa filha por ela receber os aluguéis. Ele não poderá vender nada, mas poderá usufruir o dinheiro que ela receberá. Deixei os bens somente para ela porque achei melhor para Nícolas. Tive medo de que, se meu filho também os herdasse de mim, algo ruim poderia lhe acontecer, porque se Nícolas morresse minha filha seria beneficiada.

– Devo ter cautela com ele? – perguntou o senhor Nico preocupado.

– Não sei, o melhor é não ter contato com ele. Quando Nícolas ficar adulto, ele deve procurar a irmã e ajudá-la se ela precisar. Se meu marido procurar o senhor e lhe pedir dinheiro, não dê e desconfie dele. É uma pessoa falsa e sem caráter.

Eva beijou o filho e recomendou-lhe que, pelo que o senhor Nico entendeu, fosse obediente. De mãos dadas, o avô e o neto ficaram olhando-a partir. Ada foi encontrar-se com eles e seguiram para uma sorveteria. Para distraí-lo, foram passear na praça, almoçaram e Ada traduziu o que ele queria. Foram à tarde passear no lago. Ada aproveitava para ensiná-lo a falar a língua do país em que agora moraria. O avô percebeu que o neto aprendia rápido.

Odete cuidou de tudo para receber do melhor modo o garoto. À noite, o quarto estava pronto. O senhor Nico e Ada acompanharam Nícolas ao seu quarto.

– Ada, diga a ele que todos os brinquedos são dele e se quiser mais algum, é só pedir.

Depois de falar e escutar a resposta, Ada informou:

– Senhor Nico, ele agradece por tudo. Só que não quer dormir sozinho. Estava acostumado a dormir com a irmãzinha e nesses dias que ficou no hotel com a mãe.

O proprietário da casa pensava num modo de resolver o problema quando Ada ofereceu:

– Senhor Nico, se quiser, posso dormir aqui. O quarto é grande, há espaço para colocar mais uma cama aqui. Como o senhor sabe, moro com meus filhos e eles infelizmente querem me ver longe. A casa é pequena e com certeza os estorvo. Poderei ficar aqui o tempo que o senhor quiser.

– Acho que é a solução. Durma aqui, por favor – pediu o senhor Nico.

Nícolas ficou contente. Ele gostou de Ada e de Odete.

A babá mudou-se para a mansão e dormia no quarto com Nícolas. O menino tinha pesadelos e, quando isso ocorria, ele acordava chorando, apavorado e com medo. Ada acendia a luz, acariciava-o, mimava-o e ele voltava a dormir. Como a situação persistisse, o senhor Nico insistiu, e ele contou o sonho que se repetia.

– Vovô, sonho que estou sozinho num lugar fechado. Um homem de capuz com uma faca se aproxima, a faca brilha e eu grito. Outras vezes estou amarrado e em outras eu corro e o homem também corre atrás de mim. Sempre é o homem de capuz preto e não vejo seu rosto. Por duas vezes no sonho escutei uma voz de mulher que carinhosamente me pedia: "Calma, Nícolas, seu avô protegerá você".

– Esses pesadelos vão terminar. Não se deixe impressionar, meu querido, vovô cuidará de você – prometeu o senhor Nico.

Os três, Odete, Ada e o senhor Nico faziam de tudo para distrair Nícolas: convidavam garotos da idade dele para ir à mansão e brincar com ele, faziam festas. O avô comprou para o neto dois cãezinhos, um coelho e passarinhos. Ele gostou muito dos animais e sorria contente quando brincava com eles. Mas, às vezes, o garotinho ficava saudoso, sentia falta da irmãzinha e da mãe. Falava quase todos os dias com sua mãezinha pelo telefone. Uma noite, depois de conversar com a mãe, Nícolas disse:

– Vovô, mamãe quer falar com o senhor.

Ele atendeu, Eva falou com voz enfraquecida:

– Senhor Nico, sinto-me tranqüila porque sei que Nícolas está bem com o senhor. É a última vez que falo com ele, estou muito mal e com dificuldades para falar. Expliquei a ele que partirei e que não vamos mais conversar. Obrigado.

Desligou antes que ele pudesse responder. Nícolas ficou pertinho do avô e chorou baixinho. O senhor Nico abraçou-o e beijou-o. Emocionados, nada conseguiram falar.

Dias depois, receberam a notícia de que Eva havia falecido. O padrasto de Nícolas nunca ligou, nem para dar notícias da irmã. Com muito carinho, os moradores da mansão conseguiram fazer de Nícolas uma criança feliz.

O senhor Nico não conhecia o padrasto do neto, mas não gostava dele, achava que ele fora muito enérgico com o menino. Fazia 20 dias que o garoto estava na mansão quando, numa tarde em que estavam na sala, ele esbarrou numa estatueta, que caiu e quebrou-se. Ele ficou parado, olhou assustado para o avô e perguntou:

– Devo ir para o quarto, de castigo? O senhor está bravo comigo?

– Querido – respondeu o avô calmamente –, todos nós estamos sujeitos a acidentes. Não gosto quando quebram objetos por querer. Você não viu a estatueta e esbarrou nela. Não estou bravo nem chateado. Você não ficará de castigo. Odete limpará a sujeira e nós dois vamos passear. Há um circo na cidade e vamos logo mais ao espetáculo. Você quer ir?

– Vovô, amo o senhor! – exclamou o menino sorrindo e o abraçou.

– Meu neto, comigo você não precisa ter medo. Nunca vou ficar bravo com você. Se fizer algo que não deve, conversaremos. Esta casa é sua!

Os moradores da casa passaram a viver em função daquela criança adorável. O senhor Nico reformou o prédio da pré-escola, e Nícolas passou a freqüentá-la. Ada, no começo, ia junto, mas dois meses depois o garoto já se expressava bem e não precisava mais de intérprete. Também com recursos próprios, o senhor Nico estava reformando a escola porque no ano vindouro o neto cursaria a primeira série. Conversou com a diretora:

– Quero que na classe do meu netinho haja somente 15 alunos e que estes sejam os mais capazes. Para isso, darei à escola uma razoável mesada. Peço que as professoras dele sejam sempre boas profissionais.

Ele conseguia tudo o que queria com seu jeito de pedir, dando algo em troca. A reforma ficou cara, e não foi somente o neto que se beneficiou, mas todas as crianças que estudavam ali. A diretora garantiu que o atenderia.

Na cidade das Fábricas, havia boas escolas particulares, mas ele não queria que o neto viajasse ou que ficasse longe dele.

"Fernando!", pensou o senhor Nico, lembrando da indagação de César quanto ao herdeiro.

Ele ficou confuso com a visita de Eva e tão ansioso com a espera do resultado do exame, que só comentou sobre o neto com Odete e Francisco. Quando teve certeza de que tinha um descendente, ficou tão eufórico que somente pensou em agradar e conquistar o garoto. Mas a notícia se espalhou, apesar de querer mesmo que todos soubessem.

Fernando veio visitá-lo e pediu para conversarem no escritório.

– Titio, é verdade que Niquinho teve um filho?

O tio, contente, informou-o de tudo.

– Puxa, titio, por que não me contou? Soube por terceiros.

– Desculpe-me, Fernando. Não fiz por mal. É que foi tudo tão inesperado.

– Como fico, titio? Até os empregados da fábrica já me perguntaram. Senti-me mal por responder que não sabia.

Fernando falou de cabeça baixa. O senhor Nico constrangeu-se. Achou que agira errado com o sobrinho. Respondeu tomando uma decisão naquele momento.

– Meu sobrinho, você é competente e eu seria um irresponsável se não o admirasse e não desse valor à sua capacidade, honestidade e inteligência. Continua sendo meu braço direito, o diretor da fábrica. Garanto a você que lhe darei o merecido. Não se zangue comigo.

– Vou tentar, titio. Quando o senhor me deu o emprego com um bom salário, fiquei muito grato e trabalhei fazendo jus aos meus dividendos. Quando Niquinho faleceu, sem interesse algum, tentei ajudá-lo. Quando me fez seu herdeiro trabalhei muito para merecer. Estou me esforçando para alegrar o senhor, mas não sou hipócrita para dizer que estou feliz não sendo mais o futuro dono. Vou pensar, titio, no que vou fazer. Aprendi com o senhor que, em decisões importantes, deve-se ponderar. No momento, a minha vontade é pedir minha demissão e procurar outro emprego.

– Não faça isso, Fernando! – rogou o senhor Nico. – Por favor! Pense nessa possibilidade somente depois das minhas decisões.

Fernando saiu sem se despedir. O senhor Nico achou que não agira mesmo corretamente com seu sobrinho. Telefonou para um amigo, seu advogado, e pediu:

– Maciel, quero anular meu testamento e fazer outro. Quero que faça tudo muito bem-feito. Meu neto é agora meu herdeiro. Quero já, no momento, dar ao Fernando 25 por cento das ações da fábrica de tecidos e passar para o nome dele algumas propriedades.

O senhor Nico reuniu-se muitas vezes com o advogado e, quando o novo testamento ficou pronto, foi à fábrica de tecidos conversar com o sobrinho.

– Fernando – disse ele –, aqui estão alguns documentos. Quero que você os analise e ficarei muito contente se você aceitar. – Abriu um envelope e foi tirando papéis, explicando: – Fiz um novo testamento, anulando o primeiro, que o indicava como meu herdeiro. Deixo tudo para Nícolas, meu neto. Beneficiava algumas pessoas no primeiro; neste, passei em cartório e registrado o que queria deixar para alguns empregados. Você, Fernando, é dono de 25 por cento da fábrica e continua a administrá-la como sempre fez. Aqui estão também alguns documentos de algumas propriedades que transferi para seu nome: a casa em que mora; a da praia, que Isabelle, sua esposa, tanto gosta; apartamentos e terrenos. Estou também aumentando o seu salário.

– Desculpe-me, titio! O senhor como sempre me surpreendeu. Obrigado!

Abraçaram-se comovidos e Fernando enxugou os olhos lacrimosos.

– Fernando – pediu senhor Nico –, marque agora uma reunião com os chefes de sessões. Quero comunicar-lhes a minha decisão.

Meia hora depois, na sala de reuniões, o senhor Nico explicou suas decisões e elogiou a administração do sobrinho. Deixou claro que era Fernando quem mandava na fábrica.

Fernando ficou contente e pediu ao tio para conversar:

– Titio, esses dias não foram fáceis, parecia que os empregados zombavam de mim, desafiavam-me. Ninguém me defrontou, mas por não me impor, por me sentir diminuído, achava que eles riam de mim. Não tinha mais vontade de trabalhar. Em casa, também foi complicado. Infelizmente, passei a eles a imagem de que seria dono de tudo e eles meus herdeiros. Yuri chorou sentido ao me contar que um dos seus amigos riu dele e caçoou. " E aí, Yuri, preparado para ser pobre? Estudará em outro colégio? Este é muito caro. Vai mudar de casa? De bairro?"

– Isabelle reclamou sentida. "Não é justo achar que tudo seria nosso e cuidar com tanta dedicação para depois tudo ser tomado. Nossos sonhos foram destruídos."

– Minha filha mais velha, Estela, chorou muito dizendo-se inconformada de ter de mudar de casa e de escola. Mas Mariane, nossa caçulinha, ponderou que nada disso aconteceria. "Deveríamos ficar alegres por tio Nico ter encontrado um neto. É justo que tudo seja do menino. Não acho que titio não dê ao papai o que ele merece. Não vamos sofrer antecipado. Depois, papai é competente, trabalhador e honesto, e se precisar sair da fábrica, achará outro bom emprego."

– Titio, eu tenho de lhe pedir desculpas. Não confiei na sua justiça. Vou telefonar para casa e com certeza todos ficarão felizes. Isabelle gostará muito de saber que a casa da praia é nossa. Mas não quero que meus pais saibam disso, senão eles se apossarão dela. Estou feliz, titio!

– Fernando – disse senhor Nico –, conhecendo você, sei que logo terá dinheiro para comprar as outras ações da fábrica, tenho ainda 52 por cento e as venderei a você. O restante, como sabe, estão repartidas entre doze acionistas e creio que não terá dificuldades para comprá-las.

Fernando voltou a ser o que era, competente e trabalhador. O tio não tinha queixas dele.

Seu amigo advogado, Maciel, fez, na opinião do senhor Nico, um testamento bem-feito. Se ele morresse, seu herdeiro seria Nícolas. Fez exame de sanidade e anexou três exames de laboratórios diferentes comprovando que o garoto era realmente seu neto.

Se ele falecesse antes de o neto completar 21 anos, a fazenda e a fábrica de ração seriam administradas por dois empregados gerentes sob a supervisão de Maciel. A fábrica de tecido, se Fernando não a tivesse comprado, ficaria sob sua administração.

O senhor Nico deu a empregados de confiança, os que eram amigos, imóveis. Ficou somente na cidade Pitoresca com a casa em que morava e a fazenda.

"Para que esperar morrer para dar a eles o que quero? É melhor que recebam agora para que possam desfrutar", pensou ele.

Ele tinha uma soma aplicada, mas, como ultimamente trabalhava muito e gastava pouco, tinha deixado mais dinheiro aplicado em diversos bancos. Transferiu todo esse dinheiro para o neto.

"Estou menos rico e muito mais feliz", concluiu.

O senhor Nico era benemérito, ajudava creches, escolas, asilos e era o grande benfeitor de um orfanato na cidade Encontros.

Ficou emocionado quando deu aos seus empregados os imóveis. Realmente era merecido. Odete ficou muito feliz, dizendo comovida:

– O senhor está me dando a casa da esquina? Não posso aceitar!

– Vai aceitar sim!

– Não fiz nada para merecer esse presente.

– Fez, Odete, e o melhor, sem esperar nada em troca.

– Vou deixá-la alugada e depositar o dinheiro no banco para meus netos.

O senhor Nico estava muito feliz. Ficava muito com o neto, mas voltou à sua rotina de trabalho. Estava na fazenda, quando Odete lhe telefonou avisando que sua irmã, Nelva, e o marido Ari, tinham ido conhecer o garoto.

– Dona Nelva – informou a empregada ao senhor Nico –, trouxe dois presentes para Nícolas e estão na sala conversando.

– Fique junto, Odete, não os deixe sozinhos como o menino. Eu vou rápido.

E foi mesmo. Quando entrou na sala, a irmã sorrindo o cumprimentou:

– Oi, Nico, viemos conhecer seu neto. Que garoto lindo!

– Oi – respondeu senhor Nico secamente e, olhando para o neto, ordenou: – Nícolas, vá com Odete para a cozinha, por favor!

O menino olhou para o avô e, ao vê-lo sério, saiu rápido com a empregada.

– Por que vieram aqui? – perguntou o dono da casa nervoso. – Vocês sabem que não são bem-vindos. Estão proibidos de entrar em minha casa.

– Pensei que agora seria diferente. Há o garoto e você com certeza precisará dos conselhos de uma mulher, já que não há nenhuma aqui – respondeu Nelva em tom de deboche.

Ele achava que a irmã desconfiava de que ele poderia ter algum problema. Mas os dois não sabiam, porque, se soubessem, que ele era impotente, com certeza o chantageariam para guardar segredo.

– Você se engana – respondeu o dono da casa. – Tenho Odete e contratei uma babá. Não necessito de seus conselhos maldosos que, com certeza, somente nos prejudicariam. Saiam e não voltem mais! Não os quero perto do meu neto.

– Você é ingrato! – gritou Nelva. – Viemos aqui com a melhor das intenções e nos expulsa pela terceira vez. A primeira em defesa de sua esposa, aquela sonsa; a segunda, pelo Niquinho. Você merece sofrer para compreender o valor do nosso afeto. Meu marido e eu viemos aqui oferecer ajuda. Você é mau! A vida com certeza o ensinará. Cuidado, Nico, sou sua irmã, mas posso esquecer esse parentesco e me vingar.

– Veja como fala! Poderá ficar sem sua mesada! – O senhor Nico falou vermelho de raiva.

– Como sempre nos ameaça! – Ari intrometeu-se na discussão. – Somos seus únicos parentes e nos trata mal. E esse garoto que você fez seu herdeiro pode bem não ser seu neto. Você acha que essa mulher, a mãe dele, era honesta? Eles o estão enganando!

– Não julgue os outros por você! – gritou o senhor Nico.

– Vamos, querida! Saiamos daqui antes que seu irmão nos enxote a pontapés! – falou Ari raivoso.

– Vamos. Não volto mais aqui a não ser que me implore. Você me paga por mais essa ofensa! – Nelva falou limpando os olhos com um lencinho, fingindo chorar.

Saíram e logo em seguida Nícolas e Odete entraram na sala.

– Não entendi o que falaram, vovô. Eles são pessoas más?

– Não sei, meu neto. Mas são pessoas em quem não devemos confiar, acho que não são amigos – respondeu o avô.

O senhor Nico ficou por dias apreensivo com as ameaças da irmã. Ela, pelo menos no passado, cumpria o que dizia. Fazia desde menina algumas vinganças como ter matado a gata da vizinha, colocado sal no doce da cozinheira, delatado uma colega de colégio.

"Esse instinto mau de minha irmã deve ter passado", pensou ele.

Havia discutido com a irmã inúmeras vezes, mas antes ela nunca o havia ameaçado. Ficou mais preocupado quando contou o incidente ao Fernando.

– É melhor se precaver titio, meus pais são... como achar um adjetivo para eles? É triste, para mim, ter de admitir que eles são irresponsáveis, ingratos e até maldosos. No ano passado, sabendo que estávamos passando uns dias na praia, foram para lá e logo aprontaram. Brigaram com Isabelle. Depois de muitas discussões, minha esposa os expulsou e eles foram embora. Isabelle foi tomar banho, caiu no boxe e quebrou o braço. Fui ver o que a tinha levado a cair e vi que o boxe estava oleoso. Meus pais negaram, mas com certeza foram eles que jogaram óleo para que ela escorregasse. No mês passado, tive de ir com um advogado ao tribunal de pequenas causas para defendê-los. Foram acusados por um vizinho de terem matado seus dois cães após uma discussão. – Depois de uma ligeira pausa, Fernando continuou a falar: – Titio, os momentos felizes que recordo da minha infância foram os que passei com o senhor. Quando pequeno, quis que a minha mãe fosse tia Lílian. O que aprendi ao ser desprezado pelos meus pais foi que eu quero e tenho sido bom pai. Amo meus filhos, sou carinhoso e presente, sou para eles o pai que eu sempre quis ter. Por isso, titio, é melhor ter cuidado. Espero que eles não aprontem nada e fiquem somente nas ameaças.

– Vou pedir para Francisco não os deixar entrar em minha casa e que Nícolas não converse com eles – determinou o senhor Nico.

Como estava feliz com o neto, o senhor Nico esqueceu a irmã, não a viu mais e continuou lhe dando a mesada.

Ele foi despertado de suas lembranças com o neto entrando no escritório, chamando-o:

– Vovô, vamos jantar! Estou faminto!

– Vamos sim, meu netinho!

"De fato, a vinda inesperada de Nícolas foi uma surpresa que somente me deu alegrias", pensou ele.

E foram jantar. Quando acabaram, o senhor Nico recomendou à babá:

– Ada, tenho um compromisso e vou sair. Amanhã é feriado, aniversário da cidade. Vou levar meu neto às comemorações pela manhã. Você folgará durante o dia, mas esteja aqui às dezoito horas, pois tenho um jantar à noite.

– Sim, senhor – disse Ada. – Odete já organizou nossos horários. Ela fará o almoço e deixará o lanche da tarde pronto porque sairá à noite. – Virou-se para Nícolas e convidou: – Vamos jogar?

Os dois foram para a outra sala e o senhor Nico saiu.

Os cinco

Nessa cidade Pitoresca, morava Dirceu, proprietário de uma farmácia. Era farmacêutico formado e gostava de sua profissão. Tinha 53 anos, casado pela segunda vez com uma mulher 27 anos mais nova, muito bonita e que gastava muito com roupas e viagens. Dirceu dava mesada para os três filhos, que moravam com sua ex-mulher na cidade das Fábricas. Com a separação, repartiram os bens. Meses antes, ele estava endividado, e sua farmácia perdia clientes. Não tinha coragem, porém, de negar nada à atual esposa, por quem estava muito apaixonado.

Sua sorte mudou. Ninguém sabia, além do grupo, o que ele fazia. Às vezes, sentia medo, mas valeu a pena e valeria ainda muito mais.

Infelizmente, teve de dar algo em troca. Mas modernizou a farmácia, passou a vender produtos de beleza, comprou uma balança moderna, fez boas compras e teve lucros. E tudo no momento estava correndo muito bem.

Dirceu parecia ser mais jovem e se vestia como um. Estava contente e muito gentil. Tinha certeza de que era amado pela jovem esposa e a exibia aos amigos. Via os filhos raramente, e uma vez por mês passava um domingo com eles. Não gostava de ouvir suas queixas. Achava que o dinheiro que era obrigado a lhes dar era mais que o suficiente, por isso não queria nem ouvir seus problemas. Achava que sua ex-mulher é quem deveria cuidar deles.

"Hoje à noite tenho a reunião", pensou Dirceu, "não posso faltar e amanhã será o grande dia, sexta-feira é o aniversário da cidade".

Sentiu um arrepio ao pensar no que tinha de fazer. Preferiu imaginar no que receberia em troca. Sorriu.

Lázaro completava 25 anos. Era empregado, peão, na fazenda do senhor Nico. Também teve de fazer algo para melhorar sua vida. Meses atrás ele era, na própria opinião, um pobre coitado que trabalhava muito e ganhava pouco. Fez com todo empenho o que lhe fora ordenado e tudo mudara para melhor. O sobrinho de seu patrão o viu trabalhando – tratava de touros para exposições –, chamou-o e perguntou se ele gostaria de aprender mais sobre o assunto. Respondeu que sim, fez cursos, visitou muitas exposições e seu ordenado triplicou. Estava contente no emprego.

Depois aconteceu o principal, o que o deixou realmente feliz. Desde mocinho, gostava de Roberta, que não lhe dava atenção. Sofreu muito quando ela namorou e noivou outro, Márcio. De repente, Márcio arrumou um emprego em outra cidade e lá outra namorada, que veio num domingo atrás dele e deu um escândalo ao vê-lo com Roberta. Foi uma baixaria: aos gritos em plena praça, a moça deu uns tapas em Márcio e disse que ele tinha prometido casar com ela. Roberta, envergonhada, sentiu-se muito humilhada. Lázaro aproveitou-se da oportunidade para fazer o que lhe foi aconselhado e a conquistou.

"Como bons conselhos ajudam!", pensou Lázaro suspirando.

Passou a mandar flores para Roberta, convidou-a para passear em lugares românticos, presenteou-a e agora o noivo era ele. Às vezes, achava que Roberta não o amava, mas era questão de tempo. Com certeza, acreditava Lázaro, com mais um trabalho, ela aceitaria casar com ele.

"Eu, com certeza, fui o mais beneficiado. Talvez seja por isso que minha tarefa seja maior, mais perigosa. Mas vale a pena. Estou contente. Tudo tem seu preço! E ganhar é para os audaciosos!", pensou Lázaro.

Lauro era proprietário de um bar na entrada da cidade Pitoresca. Tinha 32 anos e era separado da mulher. Ela ficou com o filho, casou-se novamente e passou a morar numa cidade longe dali. Ele raramente via o filho. Meses antes de entrar para o grupo, ficou doente, pois se embriagava muito e sentia-se muito triste e sozinho, até que tudo mudou.

Com o dinheiro que recebeu reformou o bar e com o que ia receber compraria uma caminhonete, realizando seu sonho. E acreditava que teria mais dinheiro e quando isso acontecesse viajaria para conhecer a terra natal de seus avós. Antes estava com o peso acima do ideal e parecia ser mais velho. Mas, seguindo orientações, tratou dos dentes, foi a um médico, tomou remédios indicados, fez regime, parou de se embriagar e remoçou. Sentia-se atualmente muito bem.

Seguiu todas as orientações recebidas. Convidou duas artesãs para montar barracas na frente do seu estabelecimento, contratou uma boa cozinheira e passou a servir lanches saborosos. Deu certo. Tanto que, certo dia, o senhor Nico com outras pessoas passaram por lá e o ricaço gostou da reforma e a elogiou. Ônibus com turistas passaram a parar ali, tanto para comprar artesanatos como seus lanches e refrigerantes.

Estava fazendo bem-feito o que lhe cabia. Não entendia por que tinha de se aproximar daquela mulher e cortejá-la discretamente. Mas isso não importava, não iria ficar com a velha, somente estava cumprindo ordens.

"Hoje temos reunião e amanhã será uma noite muito importante. Tem de dar certo!", Lauro pensou entusiasmado.

– O senhor é o Lauro? Lemão?

– Sou, por quê?

Tinha apelido de Lemão porque quando criança tinha a pele e os cabelos muito claros, devido à ascendência germânica. Continuou com a pele clara mas os cabelos ficaram castanhos. E todos o conheciam por Lemão. Tanto que seu bar originalmente se chamava bar do Lemão, mas teve o nome mudado para outro mais sugestivo a conselho do chefe. Curioso, deu atenção ao desconhecido que o chamara de Lauro.

– Trouxe a caminhonete. Você ganhou a concorrência. É sua. Mandaram lhe entregar. Aqui está a chave e, neste envelope, os documentos.

– Concorrência? – perguntou Lemão assustado e lembrou:

"Por sugestão, fiz uma carta fazendo uma oferta para compra de veículos usados de uma empresa na cidade das Fábricas. Fiz minha proposta e esqueci-me do fato porque achei que não ia ganhar".

– Quem mandou? – perguntou Lemão.

– Ora, obedeço a ordens. Quem? Mandaram e pronto! Tudo certo? Vou voltar de ônibus. Até logo!

Lauro olhou a caminhonete e ficou tão emocionado que quase chorou. Seus dois empregados e as artesãs vieram ver e admiraram-se:

– Lemão, que caminhonete linda!

– Quanto custou?

– Eu... é... – não conseguiu falar.

Todos riram ao vê-lo tão alegre.

Entrou na sua casa, atrás da lanchonete, e abriu o envelope. Pegou os documentos, tudo certo. Teria de pagar em três dias, ou seja, na segunda-feira.

"E agora?", pensou Lemão. "Não tenho dinheiro. Receberei essa quantia amanhã depois do trabalho realizado. Vamos fazer e temos de fazer direito para tudo dar certo. A caminhonete é minha! Meu sonho realizado! Ele é poderoso mesmo! Como é! Um senhor de muito poder! Estou contente por servi-lo! Ele está me dando muito! Não gosto do que preciso fazer em troca, mas não se recebe nada de graça sem sacrifícios. E a caminhonete é o prêmio! Até a velha me parecerá jovem e bela", riu, contente.

José Antônio, o Tonho, era taxista havia muitos anos. Estava com 46 anos e também recebeu alguns favores que melhoraram sua vida.

"Queria parar de ir às reuniões quando houve a mudança", pensou. "Não estou satisfeito. Estou inquieto, nervoso, tenho pesadelos e minha mulher está desconfiada. Não sei por que estou assim, pois para mim e para minha família tudo mudou para melhor. Não acho certo o que faço em troca, não me sinto bem. Mas tenho medo de desafiar o grupo. Com certeza, se eu os abandonar, serei a próxima vítima. Não duvido que me matem", suspirou triste.

Tonho tinha uma família complicada. Seu filho mais velho se embriagava e, por isso, acabou sendo demitido do emprego, indo com a esposa e os dois filhos morar com ele. Foi um tormento. A nora brigava com o marido e o casal agredia os filhos. A mulher de Tonho defendia os netos e todos brigavam. Ele escutava reclamações de todos. A situação estava tão ruim que ele não tinha mais vontade de voltar para casa. Foi então orientado a colocar na comida do filho um pó que o chefe supremo lhe deu. O filho passou a beber menos. E, um dia, Tonho foi chamado para buscar o senhor Nico e seu sobrinho no aeroporto. Como lhe fora orientado, pediu a eles emprego para o filho, repetindo as palavras que o chefe lhe disse:

– Senhor Fernando, meu filho está desempregado. Será que o senhor não arrumaria trabalho para ele? Peço-lhe, por favor.

O senhor Fernando olhou para o tio. Tonho pensou que ele ia lhe dizer para que mandasse currículo ou fosse se inscrever na fábrica. Surpreso escutou:

– Peça ao seu filho para ir à fábrica depois de amanhã, entre onze e treze horas e leve este cartão. Se for possível, emprego-o.

O filho de Tonho foi e voltou empregado. Como o taxista havia recebido dinheiro, deu-o ao filho, que se mudou com a família para a cidade das Fábricas. Longe das más companhias, dos amigos freqüentadores de bares, ele parou de beber. A nora também arrumou emprego, colocaram os filhos numa creche e a vida deles melhorou e a dele também. Pararam as brigas e seu lar voltou a ser sossegado.

Mas não foi somente isso que recebeu. O hotel começou a recomendá-lo para os hóspedes, ele passou a ganhar mais e pôde trocar seu carro por outro melhor.

"Quem será esse chefe?", pensou Tonho, intrigado. "Será mesmo o demônio materializado? Tudo é muito estranho. O que deve me importar é que tudo melhorou para mim. Mas a cobrança é grande!"

Tonho sentia-se muito infeliz. A esposa, companheira de tantos anos, que o conhecia muito bem, estava preocupada.

– Tonho, vá consultar um médico. Se não quiser ir a um daqui, marque consulta na cidade das Fábricas.

– Está bem, vou marcar – respondia ele, porém sem intenção de ir.

Estava tendo muitos pesadelos. Às vezes, acordava gritando; outras, chorando, mas todas as vezes em que sonhava, suava muito e se sentia aflito. Os pesadelos se repetiam. Sonhava que estava correndo atrás de alguém com uma faca, pegava a pessoa, matava-a e o sangue escorria por sua mão e braço. Ao contar o sonho, fazia-o de maneira diferente, como se ele fosse o perseguido e não o perseguidor. Não estava mais suportando a angústia que sentia ao ter esses sonhos ruins.

"Como isso vai acabar, meu Deus? Não posso pronunciar esse nome nem pensar Nele." Dirceu o proibira, mas o supremo não. "Bem, é melhor não pensar Nele. O supremo nos garantiu proteção e que não seremos descobertos. Entretanto, ele nos pediu cautela, que sejamos cuidadosos e que respeitemos o juramento do segredo.

Como seriam as reações das pessoas se elas soubessem o que faço? Alguém entraria no meu táxi? Com certeza, não! Esse segredo tem de ser segredo mesmo! Não podemos falar nada. Hoje haverá reunião para decidir os últimos detalhes. Amanhã será o grande dia!"

Agnaldo, o Naldo, aposentado depois de um acidente em que fraturou a perna direita, que ficou mais curta, caminhava mancando. Residia na ocasião do acidente na cidade das Fábricas e trabalhava com entregas rápidas de motocicleta. Depois, ele, a esposa e os três filhos mudaram-se para a cidade Pitoresca, onde era tudo mais tranqüilo e a sobrevivência mais barata. Sua esposa sabia bordar e quando Naldo recebeu o dinheiro pela tarefa cumprida, comprou para ela uma barraca e Lemão ofereceu o ponto. Naldo ajudava a mulher, fazia as compras de casa, alguns serviços e ficava na barraca várias horas por dia e, no domingo, quando tinha mais movimento, o dia todo.

"Hoje tenho de me apressar, devo ir à reunião e amanhã tenho de ter tempo disponível. Nada deve dar errado", pensou.

Sua mulher sabia das reuniões. Ela até quis participar, porém o grupo era somente de homens. Contava a ela somente alguns lances do que faziam, o resto não, jurara nada dizer e ele cumpria.

"Também", pensou Naldo, "se conto, o diabo saberá e aí o castigo será grande. Ela com certeza ficará escandalizada. O chefe nisso tem razão: mulher não guarda segredo, fala demais. Não é somente nisso que o chefe tem razão, é em tudo! Que chefe bom eu tenho! Inteligente e sabe ser generoso. Acho que não devo chamá-lo ou achar que ele é generoso. É melhor tachá-lo de esperto, que sabe fazer trocas e cumpre com a palavra dada. Se tudo continuar correndo bem, comprarei uma casa pagando parcelado. Se não fosse por essa perna doer, diria que está tudo muito bem. Estou feliz e o resto não me importa. Que tenho eu com a vida dos outros? Apesar de ter um filho de dez anos, o Evandro... bom, isso não... Isso não deve me preocupar, é meu filho! Estamos protegidos".

Naldo possuía um carro velho, que lhe era muito útil, e estava no momento levando o almoço para a mulher, que trabalhava na barraca. Gostava muito da vida e quando sofreu o acidente resolveu não se arriscar mais e prometera a si mesmo não mais se aventurar.

"Estamos fazendo algo perigoso. Mas, como diz Dirceu, não há por que nos preocupar tendo um chefe como o nosso!".

– Hoje você tem reunião – comentou a esposa de Naldo –, por isso vou almoçar depressa e fechar a barraca às dezenove horas. Por que vocês vão se reunir hoje e amanhã?

– Você sabe que não gosto de perguntas – respondeu ele. – Fale baixo, não quero que ninguém escute. Está tudo indo muito bem, não está? Então, não reclame.

– Não estou reclamando. De fato, tudo está bem. Somente queria ir junto. Você perguntou mesmo a esse seu chefe se eu poderia ir?

– Perguntei e ele disse que não. Mulheres não! Já lhe falei isso muitas vezes. Chega! – e Naldo xingou.

Naldo xingava muito, dizia palavrões por qualquer motivo. Naquele dia, uma quinta-feira, tentou ser rápido e fazer tudo antes das dezenove horas.

"De fato", pensou Naldo, "perguntei ao chefe uma vez se ela poderia ir, ele respondeu 'Não!' e não ousei indagar mais porque o supremo me olhou de tal forma que senti medo. Não comento com ela o que fazemos, não falo mesmo".

Naldo se apressou, eram dezenove horas e trinta e cinco minutos, saiu de sua casa de carro e foi dirigindo como se fosse para a barraca, fez um contorno e entrou numa estrada de terra. Já estava escuro; então parou o carro embaixo de uma árvore e saiu. Sempre chegara primeiro. Para ir ao local da reunião, tinha de subir a pé por uma trilha.

"Esse lugar é perfeito para reuniões secretas. Nisso Dirceu acertou", pensou.

O local não ficava longe da cidade, podia-se ir pela rodovia e sair por uma vicinal onde havia três motéis; passando por uma estrada de terra, chegava-se ao lugar.

"Ninguém presta muita atenção em quem circula por aqui. Se nos perguntarem, podemos dizer que fomos à cidade das Fábricas, a um dos motéis".

Subiu devagar por ter dificuldade em caminhar, pois mancava.

"Que sorte eu tive quando assim que mudamos, ao fazer um passeio com os filhos pela montanha, conheci a caverna. Assim que vi o local, percebi que ali se faziam trabalhos de magia negra. Na semana seguinte, a sexta-feira seria dia treze. Calculei que eles com certeza iriam se reunir. Fui sozinho à tarde e esperei sentado no primeiro salão. À noite, Dirceu me encontrou, pedi para participar, os outros chegaram e me aceitaram. Naquela época, Dirceu era o chefe. Depois tudo mudou, e para melhor".

Exclamando de vez em quando um palavrão, Naldo chegou às vinte e quinze minutos. O lugar das reuniões era uma caverna de entrada estreita. Naldo portava uma lanterna, que acendeu no começo da trilha na potência baixa e assim que chegou aumentou clareando bem o local. Na entrada da furna, havia um aviso: uma placa informava que a entrada estava proibida, que a Gruta das Orquídeas estava interditada por causa do risco de desabamento.

Naldo leu, riu, exclamou uns palavrões e pensou:

"Dizem que há muitos anos um casal de namorados entrou aí e sumiu. Devem ter fugido, ido para outra cidade, porém nunca mais foram vistos. E que há uns 20 anos, um menino desapareceu depois que entrou aqui. Falam que o procuraram, que equipes de bombeiros vasculharam a gruta inteira, mas o garoto não foi encontrado. Muitas pessoas acreditam que esta montanha, esta caverna é assombrada. Nisso eu acredito! Aqui é a morada do próprio demônio".

Riu. Afastou duas tábuas que estavam soltas. A entrada estava fechada por tábuas largas e pesadas. Naldo entrou num salão de uns vinte e cinco metros quadrados. Iluminou o espaço verificando se tudo estava certo. Nesse salão havia três buracos que davam passagem para outros locais da caverna. Ele não deu importância a eles; aproximou-se de uma pedra grande e virando-se de lado, entrou por trás dela e se arrastou por uns três metros, passou com dificuldade por um buraco e, finalmente, defrontou-se com outro salão, de três metros de largura por dez de comprimento.

"Que achado genial do chefe", pensou Naldo. "Antes nos reuníamos no salão da frente e ele nos mostrou este. Aqui é excelente!"

Ofegante pelo esforço físico, sentou-se numa pedra e esperou.

O estranho grupo

Outro carro parou no sopé do morro. Dirceu deixou-o escondido no lugar de costume. Vinha cada vez com um dos seus três carros que possuía.

– Essas reuniões perto uma da outra me aborrecem! – resmungou baixinho.

Saiu do veículo e caminhou rumo a uma trilha segurando uma lanterna grande e potente, que acendeu na potência baixa, e foi iluminando o chão.

"Está sendo difícil enganar minha esposa", pensou. "Ela é jovem, ciumenta e não gosta que eu saia sozinho. Falei que tinha uma reunião com representantes, mas ela não acreditou e por isso dei-lhe um sonífero forte, que coloquei no seu suco no jantar. Fiquei atento e minha mulherzinha bebeu. Ela ficou vendo televisão na sala. Com certeza, já está dormindo. Quando chegar, vou ter de carregá-la para a cama. Amanhã ela queria ir ao teatro, não posso ir, tenho o compromisso. Tive de lhe prometer que viajaremos de navio. Essas mulheres! Quando amam são impacientes, amanhã terei de lhe dar outro sonífero. Ainda bem que nos reunimos somente uma vez por mês. Neste mês, coincidiu de haver duas. Também, com a importância do que faremos amanhã, tem de haver preparativos".

Dirceu foi por muito tempo o chefe do grupo. Ele invocou tanto o chefe supremo que ele apareceu e lhe mostrou o outro salão. Lembrava bem de quando ele falou ser caverna e o chefe corrigiu:

– É gruta!

O salão secreto ficou sendo gruta. Dirceu estava contente.

"Fiz, mas recebi muito em troca", pensou.

No meio do caminho, Lázaro o alcançou.

– Boa noite, Dirceu!

– Boa noite, Lázaro!

Lázaro apagou sua lanterna e os dois caminharam em silêncio. Lázaro não tinha problemas para ir a esses encontros. Solteiro, saía muito de casa e sua mãe nem perguntava para onde ia. Todas as noites, perto das vinte e uma horas, ele ia noivar, ver Roberta. Essas reuniões mais cedo eram boas para todos, ninguém tinha de explicar nada por chegar tarde. Ele, quando se atrasava, dizia à noiva que estava trabalhando.

Dirceu esforçava-se para mostrar que não estava ofegante com a subida, queria sempre parecer jovem. Chegaram à entrada da gruta.

– Naldo já deve ter chegado! – exclamou Lázaro.

Entraram. Dirceu aumentou a potência de sua lanterna e clareou o salão. Colocou-a num vão de uma pedra e os dois cumprimentaram Naldo. Lázaro tirou de sua mochila sete velas largas e de uns dez centímetros de comprimento, acendeu-as e as colocou em pontos determinados.

– Aqui está tudo certo, não é? – perguntou Dirceu.

– Sim, como deixamos – respondeu Naldo.

Lemão chegou e cumprimentou a todos sorrindo.

– Vi você com a caminhonete nova. Bonita! – comentou Lázaro.

– É linda e potente. Estou contente! – explicou Lemão.

– Estamos todos contentes e ficaremos milionários – afirmou Dirceu.

Tonho chegou, cumprimentou a todos e sentou-se ao lado de Naldo. Ele não tinha problemas para se ausentar nas noites de reuniões. Era só dizer em casa que fizera umas corridas à noite, e trafegar por ali com seu táxi era visto como algo rotineiro, porque estava sempre levando casais para os motéis e buscando-os.

Dirceu consultou o relógio e determinou:

– Hora de começarmos!

Os cinco se levantaram. Começaram a dizer frases de esconjuros, isto é, palavras ofensivas ao Criador, a Jesus e à sua mãe Maria. Falavam juntos, giravam e levantavam as mãos. Fizeram isso por uns dez minutos, depois se ajoelharam e abaixaram a cabeça.

De repente, surgiu do fundo esquerdo do salão um vulto. Ele deu uns passos e sentou-se numa pedra, que parecia uma cadeira ou trono.

– Boa noite! – saudou o vulto com voz muito estranha, afônica.

– Boa noite! – responderam os cinco juntos.

– Podemos começar! – ordenou o vulto, o Sexto, que não deixava dúvida de que era o chefe.

Cada um dos cinco fazia uma coisa; porém, os movimentos e os dizeres – blasfêmias e maldições – eram parecidos. Ora eles giravam o corpo, ora davam voltas contornando as velas, ou ajoelhavam-se diante do Sexto, que permanecia sentado observando.

Dirceu estava contente. Enquanto fazia o estranho ritual, pensava como seu chefe era magnífico. Antes, as reuniões eram simples, mas de tanto invocarem o chefe supremo, o demônio, ele apareceu para os chefiar. O grupo anteriormente era composto de quatro: ele, Lemão, Tonho e Marcílio, pai de Lázaro, que o levou para fazer parte da sociedade. Deram o nome para esses encontros de Sociedade da Magia Negra. Marcílio desencarnou logo depois que levou o filho. Encontravam-se uma vez por mês no salão da frente da caverna. Foi numa dessas reuniões que o chefe apareceu, mostrou a eles o salão onde estavam e lhes ensinou tudo o que agora faziam.

"Eu não me importei", pensou Dirceu, "em lhe passar a chefia. Orgulho-me por ser o braço direito dele, o Sexto, como nos mandou chamá-lo".

Lemão também pensava ao fazer o ritual.

"Minha vida estava muito ruim. Quando Dirceu me convidou para fazer parte de um grupo que invocava o demônio, achei engraçado. Não acreditava em nada disso. Curioso, aceitei. Fizemos um juramento de que não diríamos a ninguém o que fazíamos aqui. Estava quase desistindo quando esse ser estranho apareceu e nos premiou. Dirceu afirma com convicção que é o demônio materializado. Segundo livros em que estudou e leu para nós, essa materialização pode ocorrer por ter médiuns de efeitos físicos. Por intermédio de encarnados doadores de ectoplasma[1], é possível um espírito desencarnado materializar-se. Não tenho por que duvidar. O chefe, o senhor Sexto, aparece sempre do mesmo modo, com a mesma roupa e não vemos o rosto dele. Deve ser muito feio. Fala de modo muito esquisito e sentimos o cheiro de enxofre quando aparece. O importante é que ele está melhorando nossa vida".

Tonho olhava de vez em quando para o Sexto.

"Tenho medo dele, um terror tremendo. Tenho certeza de que morrerei se sair do grupo. Maldito dia em que, ao fazer uma corrida para Dirceu, contei a ele que já havia visto fantasmas. Ele me convidou a ir à sua farmácia, que ia me explicar esse fenômeno. Como me arrependo de ter ido! Dirceu tentou me esclarecer, leu para mim textos de diversos livros e me convidou para as reuniões. Fez com que jurasse que não falaria a ninguém sobre o que fazíamos. Deixou claro que, se eu falasse, ele saberia e então

1. É o nome que se dá ao fluido, de natureza psicossomática, oriundo dos médiuns de materialização, e do qual se servem os espíritos para tornar-se visíveis e tangíveis aos olhos e ao tato humanos. Fonte: *O Espiritismo de A a Z*, FEB, RJ.

eu morreria. Até que no começo gostei, mas já estava cansando, quando esse ser horripilante apareceu e passamos a obedecê-lo. De fato, financeiramente, nossa vida melhorou. Estou, porém, infeliz, preferia estar como antes".

Naldo também ao fazer o ritual pensava:

"Foi muita sorte vir parar aqui enquanto passeava conhecendo as trilhas da montanha. Já tinha ouvido lendas sobre essa gruta. Entrei e percebi que aqui eram realizadas feitiçarias. Freqüentava na cidade das Fábricas, minha esposa e eu, um lugar onde fazíamos o bem e o mal. Achei, então, que na sexta-feira seguinte, que era dia treze de lua cheia, eles com certeza iriam se reunir. Vim de tarde e fiquei escondido, vi os quatro chegarem e entrei. Eles se assustaram e Dirceu me reconheceu:

– Você não é o sujeito que se mudou recentemente para nossa cidade? Agnaldo, não é esse seu nome?

– Sou Agnaldo, o Naldo. Desculpe-me a intromissão. Era membro na cidade que morava de uma organização de bruxos e achei essa gruta, acredito que não foi por acaso, o demônio com certeza me indicou. Gostaria de fazer parte do grupo.

Eles se afastaram para o fundo do salão e conversaram baixinho e decidiram me aceitar. Tive, porém, de fazer esse estranho juramento, que está sendo difícil de cumprir, porque minha mulher sabe que faço parte do grupo. Invento, conto a ela que somente dançamos e blasfemamos; não devo falar mais nada, senão, serei eu a próxima vítima. Não sei quem é o Sexto, se é mesmo um espírito materializado. Ou se é até a Sexta, um ser feminino. Mulheres sabem ser mais más e rancorosas. No outro que freqüentava, a Maria Sapeca, uma desencarnada, incorporava num médium e ai de quem não lhe fizesse as vontades: pegava um chicotinho e batia em todo mundo. Se o Sexto não quer mulheres no grupo é porque quer ser a única fêmea por aqui, quer reinar sozinha entre nós cinco. Não me importa quem esse ser é, o importante é que estou vivendo muito bem".

Lázaro era quem fazia os movimentos mais rápidos. Prestava atenção no que fazia, mas pensou também:

"Meu pai me convidou para fazer parte do grupo e me fez prometer que nunca diria nada a ninguém. Achei os encontros divertidos; gosto de dançar com as velas acesas e de invocar o diabo. Até que apareceu o chefe e tudo mudou. Passamos a nos reunir nesta sala, que nos era desconhecida. Não gosto do que faço para receber favores. Mas, como diz Dirceu: 'Tudo tem troca, não se recebe nada sem dar'. Embora não gostando de fazer, faço porque recebo muito. Não acredito que o chefe seja o demônio ou um espírito desencarnado das trevas como os outros acreditam. Sou esperto! Vim aqui durante o dia e analisei a caverna. Vi um buraco no fundo do lado esquerdo deste salão. Passei por esse buraco e subi por uma passagem, saí ao ar livre entre uma árvore e uma pedra. Vi que por ali havia passado uma pessoa com pés grandes. Segui as pegadas e defrontei com uma trilha e nela vi marcas de pneus de uma moto. A trilha descia a montanha e levava à estrada que ia para a cidade Encontros. Tenho certeza de que nosso chefe é o senhor Nico. O Sexto tem barriga como ele e é da mesma altura, e a voz pode ser disfarçada. O senhor Nico vai muito à cidade Encontros, mas ninguém sabe direito o que ele faz lá. É fácil vir da cidade Encontros usando essa trilha. Depois, ele é muito rico, com certeza obteve sua fortuna pela magia negra ou feitiçaria".

O Sexto, o chefe, olhava-os distraído e pensava:

"Que bando de imbecis! Pulam, dançam como macacos para ganhar algo em troca. Foi fácil lhes dar o que me pediram.

"Dirceu necessitava de dinheiro, lhe dei. Fiz contato com pessoas que roubam cargas e foi oferecido a ele lotes de medicamentos roubados. Não gosto dele, é arrogante. Com certeza ele não sabe que é um ridículo apaixonado por sua jovem esposa.

"Tenho de ter cuidado com Lázaro", continuou o Sexto pensando. "Ele parece não acreditar que eu seja um demônio. Poderá investigar e descobrir. Por isso vou deixá-lo comprometido.

Foi fácil fazer o que me pediu. Arrumei emprego para o noivo da moça por quem é apaixonado em outra cidade e paguei para uma garota de programa conquistá-lo e fazer um escândalo. Aconselhei Lázaro a dar presentes à sua amada, ensinei-o a conquistar, deu certo.

"Tonho é uma pessoa que basta mandar que ele obedece sem discutir, tem muito medo. Foi muito fácil recompensá-lo.

"Naldo é o mais entendido em magia negra. Acho que é servo fiel. Acredito que ele fala à mulher somente o que lhe convém. Também foi fácil resolver os problemas dele.

"Lemão é o mais confiável. Está contente com a caminhonete. Foi só lhe dar uns conselhos e ele se acertou. É a pessoa do grupo de quem eu mais gosto. Faz qualquer maldade sem mostrar dó".

– E, então, Antônio Carlos, que acha? – perguntou Mary.

Olhei para minha companheira e tentei sorrir. Lembrei que Mary me procurou e pediu:

– Antônio Carlos, fui designada para uma tarefa deveras complicada. Não quer vir comigo? Pode resultar numa boa história.

E ali estava com ela, mas não éramos somente nós dois os desencarnados. Embora ninguém nos visse – Mary e eu – havia 12 desencarnados com o grupo encarnado. E era evidente que todos eles eram homicidas, pois tinham a aura escura e, em certos pontos, principalmente do lado esquerdo da cabeça, e nas mãos tonalidades negras.

Quando uma pessoa manda alguém matar outra ou paga-lhe para isso, tanto o mandante como quem executa ficam com marcas dessas ações na aura. Na cabeça, porque planejou; nas mãos, porque foram quase sempre o instrumento da ação. Quando desencarnam, continuam com essa tonalidade no perispírito. Nossa aura é neutra; nós, pelas ações, é que damos cor a ela[2]. É como se fosse uma

2. Aura é emanação fluídica luminosa do corpo humano e de todos os corpos sejam eles orgânicos ou inorgânicos. Fonte: *O Espiritismo de A a Z*, FEB, RJ.

impressão digital da qual não temos como nos livrar, safar ou mudar. E a intenção, mesmo sem a ação, pode dar cores escuras à aura e estas são fortalecidas pela ação.

Para se livrar dessa tonalidade, o espírito, esteja ele no plano físico ou no espiritual, necessita arrepender-se com sinceridade e trabalhar muito fazendo o bem. É por lágrimas de sofrimento ou muito esforço, vontade e suavizando dores alheias que essa tonalidade escura irá clareando até desaparecer. Quando um assassino do passado reencarna sem conseguir modificar esse tom negro, ou tendo somente o enfraquecido, pode, sem ser regra geral, ser assassinado. Ele poderá ser atraído a um ambiente propício para desencarnar recebendo a reação ao seu ato do pretérito. Todos os que erram, porém, são convidados a reparar erros com o trabalho edificante.

A atividade egoísta é altamente destrutiva. A atitude de um assassino é de egoísmo intenso. Beber sangue do outro querendo a energia vital para si em busca de poder é uma ação de crueldade e ele será réu.

Quem toma sangue de vítimas se enloda, isto é, a tonalidade negra fica por todo o seu corpo perispiritual. Sua aura escura torna seu perispírito lodoso, pesado, com odor nauseabundo.

Temos na *Bíblia* duas passagens que recomendam que não nos alimentemos de sangue. "Abstém-te somente de comer o sangue." (a) "Que vos abstenhais das coisas imoladas aos ídolos, e do sangue". (b)[3]

Quando essas proibições foram escritas, havia muitas seitas cujos adeptos praticavam sacrifícios humanos e que tomavam o sangue dos sacrificados. Na época do Antigo Testamento, realizavam esses sacrifícios nos templos e todos da localidade participavam.

---

3. As passagens contidas na Bíblia são: (a) Antigo Testamento, Deuterônimo, 12: 23 e (b) Novo Testamento, Atos dos Apóstolos, 15: 29. Se o leitor quiser saber mais sobre o assunto, consulte *O Livro dos Espíritos*, de Allan Kardec, Parte Terceira, " Lei da adoração. Sacrifícios", perguntas 669 a 681. (Nota do Autor Espiritual)

Depois foi proibido e se faziam em locais e grupos restritos. E, infelizmente, temos conhecimento de que atualmente existem grupos que ainda usam dessa prática.

Não podemos confundir essas proibições com doações que se fazem para salvar vidas. É um desprendimento, um ato benevolente de quem doa sangue ao seu semelhante para prorrogar a vida no estágio físico.

Com tristeza e pesar pelo que vi, pela crueldade que aqueles encarnados, meus irmãos, praticavam, respondi a Mary:

– *Ajudo você, minha amiga!*

Planos

— Já basta! – ordenou o Sexto. – Vamos repassar os planos. Tudo tem de dar certo! Começando por você, Dirceu, repita o que terá de fazer amanhã.

Os cinco falaram, discutiram alguns itens com frieza de impressionar. Com tudo acertado, o Sexto determinou:

– Cautela! Espero que cada um faça o que lhe compete com perfeição. Amanhã darei um envelope a cada um com a recompensa. Vamos ficar depois da façanha de amanhã três meses sem nos encontrar – e falou a data. – Não se esqueçam de aparentar indignação quando descobrirem o corpo. Fiquem atentos com a investigação. Se este lugar for descoberto, eu saberei. Aí marcarei outro local e avisarei um de vocês, que informará aos outros. Mantenham a calma, vocês estão protegidos. Agora os assuntos particulares.

Os cinco agruparam-se num canto do salão e Dirceu foi o primeiro a ir conversar com o chefe.

– Senhor, orgulho-me do seu poder. Peço-lhe que faça com que sejamos aceitos na sociedade local. Minha esposa gosta de festas sociais.

– Contente-se com o que lhe dou – respondeu o Sexto. – Logo irão lhe oferecer outra carga roubada. Com o dinheiro que receberá amanhã, dará para comprá-la. Vou ver se consigo fazer o que me pede.

– Obrigado! – exclamou Dirceu fazendo reverência com a cabeça e voltando ao seu lugar.

– Lemão – chamou o Sexto.

Ele se aproximou do chefe.

– Você ainda vem armado? Sua arma está em ordem? – perguntou o Sexto.

– Sim, senhor, venho com a arma carregada e pronta para usar – respondeu Lemão.

– Você me defenderia? – quis o Sexto saber.

– Com minha própria vida! – disse Lemão determinado.

O Sexto riu e, como ninguém mais quis falar com ele, determinou a finalização da reunião.

– Lázaro, apague as velas, saiam todos levando suas lanternas. Boa noite!

– Boa noite! – responderam os cinco e foram saindo.

O salão ficou na escuridão. O Sexto ficou ali sozinho até que não escutou mais os companheiros. Então, acendeu uma lanterna pequena e saiu por onde entrou.

Os cinco saíram silenciosamente da gruta e Naldo foi o último colocando as tábuas no lugar. Lázaro desceu na frente; Tonho e Dirceu, juntos; Lemão esperou por uns dez minutos e desceu. Naldo foi descendo vagarosamente, pois sua perna doía muito.

– Antônio Carlos, por que você deixou gravado na parede de pedra do salão a data do próximo encontro? – perguntou Mary curiosa.

– Talvez possa ser útil – respondi.

– Útil? – quis minha amiga saber. *– Como, se esse gráfico poderá ser visto somente por alguns desencarnados?*

– Pessoas encarnadas sensitivas poderão sentir mais do que ver – esclareci. *– Pela minha vontade, redigi esse escrito na pedra, que*

irá ficar por uns seis meses[4]*. Tive uma intuição para fazer isso e creio que poderá ser útil. Mas se não for, não fará diferença.*

– *Temos, realmente, de fazer de tudo para podermos ajudar nesse complicado caso. Mas como fez isso?* – Mary perguntou.

– *Aqueles que sabem foi porque estudaram, dedicaram-se e aprenderam. Pode-se fazer isso e muito mais, até construir colônias no plano espiritual* – respondi.

– *Aqueles que sabem são chamados de construtores e engenheiros. Os bons sabem fazer muitas coisas!*

– *Lembro-a* – alertei – *de que usamos conhecimentos para o bem ou para o mal. Espíritos umbralinos podem ter conhecimentos.*

– *Infelizmente* – disse Mary. – *Eles fazem suas cidades no umbral e podem fazer muitos outros objetos. Mas não possuem o gosto, a sutileza nem o equilíbrio dos que querem fazer o bem.*

Mary e eu tínhamos muito o que fazer. Saímos junto com os desencarnados que participaram da reunião e que comentavam o que fariam no outro dia. Eles também dividiam as tarefas planejando ajudar os encarnados afins.

– *Amanhã, cada um de nós ficará desde cedo com um do grupo. Prestem atenção e nos auxiliem para que tudo dê certo* – ordenou um desencarnado que, com certeza, era o chefe do grupo.

– *Antônio Carlos, será que conseguiremos evitar essa barbaridade?* – perguntou Mary.

– *Não sei* – respondi. – *Somos livres e conscientes. Deus nos deu a faculdade de escolha, de sermos bons ou maus, de agir positivamente ou negativamente. Podemos fazer o que quisermos, plantar o que queremos, porém, não podemos nos safar da colheita, que é obrigatória. O que eles planejam é uma crueldade. Podemos tentar impedir, fazer com que não dê certo, mas não podemos interferir no livre-arbítrio deles.*

---

4. Uma explicação interessante se encontra no livro *Vivendo no mundo dos espíritos*, escrito por Patrícia, editado pela Petit Editora, São Paulo, no capítulo 16, numa aula que a autora teve sobre aparelhos e mentes. (N.A.E.)

– *Esse trabalho é feitiçaria?* – Mary quis saber. – *É, realmente, magia negra? Esses desencarnados não interferem, não dão palpites, não se incorporam, não se aproximam dos encarnados, não falam através deles por meio da mediunidade?*

– *De fato, os desencarnados aqui presentes não interferem. Estão aqui para vampirizar os presentes e por afinidades. Gostam de fazer maldades tanto quanto os que estão no plano físico. Estão aqui como espectadores, porém, como os ouvimos, tentam dar proteção aos membros encarnados para não serem descobertos. Feitiçaria não é. Feiticeiros trabalham normalmente com auxílio de desencarnados afins. Feitiços também podem ser feitos usando força mental e projetando em outras pessoas energias negativas. Normalmente, fazem o mal; porém, podem tentar enganar a si mesmos dizendo que fazem o bem para aqueles que pedem ou pagam. Aqui, como vimos, não há feiticeiros. Magia? Também não.*

– *Magia* – continuei a elucidar minha companheira após uma ligeira pausa – *é uma ciência muito antiga. É uma ação consciente da vontade sobre a vida. Magia pode ser branca ou negra. A branca é uma magia que se usa para fazer o bem ou desmanchar o mal. Como o bem dá a quem pratica cores claras, bonitas e brilhantes às suas auras, daí o nome "branca". Ao contrário, a aura de quem faz maldades e de egoístas, torna-se escura. Magos que agem com crueldade são denominados negros. Magos agem com conhecimentos. Os maus escravizam espíritos inferiores, que fazem o que eles querem. Os magos bons não usam espíritos, mas agem com as forças da natureza*.

– *Um mago branco desfaz o que um mago negro fez?* – indagou Mary.

– *Sim* – respondi –, *e com facilidade, porque magia má não é definitiva, pois age em cima de sugestões, enquanto a boa é definitiva e age pelo conhecimento da unidade do universo.*

– *Os magos não gostam de reencarnar, não é?* – Mary quis saber.

– *Conhecimentos adquiridos pelo estudo e trabalho nos pertencem por direito. Quem faz o bem com conhecimentos reafirma esses aprendizados, é o tesouro que não lhe será tirado. Bons não têm receio de reencarnar, compreendem que esse saber poderá ficar adormecido enquanto estiver no plano físico, porém sentirá os reflexos desse armazenamento. Inteligente, aprenderá outras coisas importantes para si mesmo. Pelas ações boas, se é estimado, abençoado e recebem-se as reações benéficas, como também atrai para perto de si pessoas com os mesmos sentimentos e beneficiados dispostos a ajudá-lo. Magos negros não gostam de reencarnar. Têm medo de esquecer seus conhecimentos, mesmo que seja temporariamente. Quem age com crueldade receberá um dia a reação de seus atos. As maldades dificultam a existência de um ser, que poderá ser perseguido pelas vítimas que não o perdoaram. Magos negros temem também reencarnar porque sabem que, ao se desequilibrar agindo errado, seu reequilíbrio poderá ser pela dor. Quem age com conhecimento é réu de mais açoites. Embora nessa gruta eles denominem o grupo de "Sociedade da Magia Negra", afirmo que não há feiticeiros nem magos na reunião que vimos.*

– Os cinco afirmaram que invocaram o demônio e que ele apareceu. O que aconteceu de fato? – perguntou Mary, querendo entender.

– Opositores das Leis Divinas tanto podem estar encarnados, como desencarnados. Não podemos culpar somente os desencarnados pelas maldades que acontecem. Lembro-a de que estagiamos por períodos no plano físico e no espiritual. Espíritos imprudentes, maldosos ou bondosos ora estão na espiritualidade, ora revestidos de um corpo material. E vemos ambos agindo errado e com crueldade. Os umbralinos que aqui estiveram foram chamados. Afins se atraem.

Estávamos conversando diante da entrada da caverna, íamos planejar o que faríamos, quando vimos um dos desencarnados que estava na gruta, sozinho, sentado num tronco, calado e pensativo. Bastou olhá-lo para saber que ele sofria muito. A dor do vazio, da desesperança, dá uma depressão dolorida. Mary se comoveu.

– Vamos conversar com ele, Antônio Carlos?

– *Sim, vamos nos tornar visíveis a ele* – concordei.

No salão, os desencarnados não nos viram nem sentiram nossa presença. Os que ali estavam eram somente os encarnados e os espíritos que vibram como eles. Como Mary e eu, conhecedores que devemos praticar o bem e não fazer o mal, vibrávamos de modo diferente, não fomos vistos. Podemos baixar nosso padrão vibratório pela vontade e momentaneamente,porém nunca elevá-lo simplesmente pelo querer. Sendo assim, é mais garantido reconhecer um desencarnado pela sua vibração. Podem, os que sabem, modificar sua aparência perispiritual, no entanto, não podem elevar sua vibração. Mudamos para melhor quando reconhecemos nossos erros e queremos repará-los, pedindo perdão e perdoando, realizando o bem e fazendo preces sinceras.

– *Boa noite!* – cumprimentamos o solitário.

Ele não respondeu, porém nos observou atentamente.

– *Podemos conversar com você?* – indagou Mary. – *Estávamos passando por aqui e o vimos sozinho e pensativo.*

– *Quem são vocês? Conheço-os?* – perguntou ele.

– *Chamo-me Mary e este é meu amigo, Antônio Carlos. Prazer!*

Mary estendeu a mão, ele não se moveu.

– *Tudo bem, vamos nos sentar aqui um pouquinho* – falou Mary se acomodando no tronco.

"Só me faltava essa", pensou ele, e foi como se falasse. Mary e eu escutamos seus pensamentos. "Dois chatos a fim de me incomodar".

Certamente estou suavizando seu palavreado, pois ele pensou usando termos inconvenientes.

– *A noite está bonita!* – exclamou Mary.

– *Afinal, o que querem?* – perguntou ele de modo rude.

– *Curiosos, queremos saber de você: por que está triste?* – respondi.

Sem que ele percebesse, doei-lhe energias para tranqüilizá-lo, ele relaxou um pouco, suspirou e afirmou:

– *Sim, de fato estou triste. Faz muito tempo que ninguém me escuta. Vocês querem que eu fale?*

– *Sim, queremos* – respondeu Mary. – *Fale, talvez se sinta melhor.*

– *Vocês já se sentiram como Pôncio Pilatos?* – perguntou ele. Mary negou com a cabeça e ele continuou falando: – *Estou como Pôncio Pilatos, sem coragem de opinar, não quero mais fazer o mal e não tenho forças para parar. Vejo outros fazerem o que não devem e não faço nada para impedir. Sou um infeliz! Sinto a infelicidade dentro de mim. Essa sensação não passa com nenhum ato externo. O mal já não me prende e eu não sei viver de outra forma. Sofro muito e às vezes me desespero.*

Aproximei-me dele, olhei-o fixamente e pedi:

– *Olhe para mim! Tente ver minha mente. Ofereço-lhe ajuda. Não tenha medo, tenho algo a lhe oferecer que não conhece; porém, se visto, não recusará.*

Deixei-o ver minha mente, a vibração que estou conquistando pela minha vivência colocando em prática os ensinamentos do Mestre Jesus. Transmiti a ele o meu estado mental.

Ele começou a chorar baixinho.

– *Se eu consegui, você também conseguirá* – afirmei. – *Venha comigo! Aprenderá esses ensinamentos em outros locais no plano espiritual.*

Emocionado, ele confirmou com a cabeça. Recomendei à minha companheira de tarefa:

– *Mary, me espere aqui, vou acompanhar este irmão a uma escola e volto em quarenta minutos.*

Estendi as mãos, ele as apertou e volitamos[5] Levei-o a uma colônia onde havia uma escola para recuperação de espíritos que se denominaram trevosos. Lá eles recebem orientação de mestres experientes que os fazem compreender a necessidade

5. Locomover-se no espaço pelo ato da vontade. (Nota do Editor)

de melhorarem intimamente. Como não podia demorar, deixei-o com o diretor da escola e o abracei desejando que fizesse uma boa estadia no seu novo lar. Voltei e encontrei Mary no mesmo lugar, sentada no tronco me esperando e foi logo me indagando curiosa:

– *Antônio Carlos, por que foi fácil ajudar esse desencarnado? Com os outros também será?*

– *Não* – respondi. – *Esse desencarnado sofria, sentia o vazio da frustração, o mal já não o fascinava e não sabia como viver no bem. Esse vazio existencial é muito dolorido. É a sensação do afastamento do Criador. É o cansaço dessa forma de viver que um dia todos os que agem errado sentirão. Ele já não queria agir errado, porém achava que sofreria pela eternidade, não teria como reverter a situação. Não tinha conhecimento do valor do bem.*

– *Foi preciso que, um liberto, consciente da unidade do universo de Deus, o envolvesse para fazer sentir o valor do bem* – concluiu Mary.

– *A mente humana não abandona o conhecido se ela não enxergar algo melhor. Foi o que fiz a ele* – respondi.

– *Que bom você poder fazer isso, Antônio Carlos. Enquanto eu o esperava, ouvi um choro. Logo ali* – apontou Mary para uma grande árvore à esquerda da entrada da gruta –, *encontrei Angelina. Conversamos e concluí que podemos ajudá-la. Então a convidei para ficar aqui comigo e afirmei que você com certeza a auxiliará.*

Mary puxou pela mão uma mulher desencarnada de aspecto sereno, mas sofrido. Ela estava encostada atrás da árvore.

– *Venha, Angelina, aqui está o meu amigo Antônio Carlos!*

Cumprimentei-a sorrindo e Mary falou apressada o problema de sua nova amiga.

– *Angelina é a mãe de Tonho e está muito preocupada com ele.*

– *Preocupada não é o termo certo para me definir* – disse Angelina, de cabeça baixa e com tristeza –, *estou mesmo desesperada. Achava, quando encarnada, que, ao desencarnar, teria sossego. Que ilusão! Como não perdemos nossa individualidade, continuamos amando nossos familiares e queremos que eles estejam bem. Quando algo se complica com um deles, preocupamo-nos, sofremos e tentamos ajudá-los. Estou na espiritualidade há 15 anos e morava num posto de socorro onde trabalhava e estudava. Ao saber que Tonho estava agindo errado, pedi permissão para orientá-lo. O dirigente do posto negou, me recomendou orar por ele e que poderia visitá-lo mais vezes. Ansiosa, não ouvi os conselhos e saí sem permissão da casa que me abrigava e estou há cinco meses tentando fazer com que meu filho pare com essas crueldades. Não consegui! Eles mataram uma criança e, com certeza, assassinarão outra. Eu, dois anos atrás, vi daqui da espiritualidade uma filha padecer com câncer, mas não me desesperei, ajudei-a conforme me foi orientado. Pensei naquela época como é triste ver uma filha sofrendo. Mas tudo deu certo, ela fez a mudança de planos tranqüila e eu pude auxiliá-la. Meus netos sofreram, mas foi passageiro. Ver um filho agindo errado é muito dolorido, porque sei que sua colheita será terrível. Como eu gostaria de fazê-lo parar! Tenho tentado de tudo, faço-o sonhar, aconselho, imploro para não vir mais a essas reuniões e não consigo.*

– *Escutamos a quem queremos, Angelina* – disse Mary.

– *Mas as reações aos nossos atos são infalíveis* – sussurrou Angelina, suspirando. – *Não sei o que fazer! Não entro na gruta, tenho ficado longe desses espíritos que os acompanham. Tenho medo de que eles me peguem. Se isso ocorrer, com certeza serei levada ao umbral, onde ficarei presa.*

– *Antônio Carlos, o que você acha que Angelina deve fazer?* – perguntou Mary.

– *Você não deveria ter saído do posto de socorro sem permissão* – respondi. – *Compreendo que foi o desespero que a fez agir assim. É realmente muito angustiante ver nossos afetos agindo imprudentemente, porém a casa que a abrigava ajudaria você. Mas já que está aqui, deve ficar por mais um tempo e continuar fazendo de tudo para induzir seu filho a não errar mais. Não se aflija tanto assim. Todos nós somos filhos de Deus, manifestações do Eterno em evolução e temos momentos em que erramos e momentos de acerto até que os erros desaparecem. Ajudamos realmente quando sabemos. Senão, é como uma pessoa que não sabe nadar querer socorrer alguém se afogando. A única coisa de concreto que você, Angelina, pode fazer para os seres que ama, é orar. Sua oração feita de coração o envolverá em vibrações de harmonia que irão colocá-lo em estado de dúvida. Não tenha medo desses desencarnados. Se eles a pegarem, pense em mim e me chame mentalmente que virei buscá-la.*

– *Obrigada!* – exclamou Angelina esperançosa nos indagando: – *Vocês irão impedi-los de cometer mais um crime?*

– *Vamos esperar que dê errado* – respondi –, *fazer com que eles sejam descobertos e paguem pelas ações maldosas que praticam. Mas, como você, esbarramos no livre-arbítrio e não temos como impedir.*

– *Se eles forem descobertos, serão presos* – concluiu Angelina.

– *A prisão pode ser uma oportunidade de reparação. Lá poderão aprender a respeitar a vida alheia* – opinei.

– *É bem mais triste ver crimes do lado de cá, como desencarnada* – queixou-se Angelina. – *É pior que saber no plano físico. Se estivesse ao lado dele, dava uns tapas em Tonho e prendia-o em casa.*

– *Mas se estivesse encarnada talvez você não soubesse* – concluiu Mary.

– *Isso é verdade* – concordou Angelina. – *Mas é triste ver, saber o que fazem e sentir-se impotente diante da situação. Vou voltar mais confiante para perto do meu filho. Pelo menos agora sei que se esses umbralinos me pegarem, você, Antônio Carlos, me libertará e vou fazer o que me recomendou: orar com todo o fervor. Obrigada e até logo!*

Angelina se despediu e volitou para perto do filho. Mary me perguntou:

– Antônio Carlos, há como um espírito materializar-se por uma invocação?

– *Aqui é um lugar em que a natureza ajuda numa materialização, pois temos árvores, pedras, muita terra e a gruta. Mas para isso ocorrer, é necessário que esteja presente pelo menos um médium de efeitos físicos para doação de ectoplasma. Materialização é uma operação delicada, que consiste na combinação de fluidos vitais e materiais do encarnado médium com o espírito que quer materializar-se. Os encarnados vêem o ser materializado conforme suas percepções, uns de forma mais clara, outros menos.*

– *Como o Sexto?* – perguntou Mary.

– *Você sabe que não* – respondi e a convidei: – *Vamos visitar Marcelo?*

E volitamos.

A Gruta das Orquídeas

Achamos fácil a residência de Marcelo, o menino escolhido para ser sacrificado. A moradia era simples, pequena, suja e bagunçada. Ele morava com a avó materna, uma senhora de 45 anos, aparentando ser mais velha, que dormia num dos quartos e estava embriagada. Em outro cômodo, estava adormecido um garotinho de sete anos, uma criança muito bonita. Olhamos para ele. Notei que tinha um tom rubro não tão forte na aura, principalmente em volta da cabeça e das mãos.

– *Antônio Carlos* – disse Mary –, *Marcelo com certeza foi um assassino em outra existência. Muitos criminosos lamentam os anos que passaram numa prisão, mas em presídios quase sempre seus atos maldosos são resgatados.*

– *Vamos pedir a ele para não ir ao lago amanhã* – sugeri.

Fixamos nossos pedidos na sua mente. Porém, sabíamos que ele, Marcelo, era a primeira opção. Havia uma segunda, um outro menino, se algo não desse certo com esse garoto.

Pela manhã, a senhora, avó do garotinho, acordou alegre.

– Que bom! Hoje é feriado!

– Vovó, a senhora me pediu para não ir ao lago? – perguntou Marcelo.

Ele recebeu nossos pedidos sem compreender. Teve a sensação de que alguém lhe pedira para não ir ao lago, e a única pessoa que se preocupava um pouco com ele era a avó, por isso achou que tivesse sido ela.

– Claro que não! – respondeu a senhora. – Pode ir e almoce por lá, porque não vou fazer comida, estarei fora o dia todo.

– Não beba muito, vovó – pediu Marcelo.

A avó resmungou e foi se trocar. Marcelo saiu, foi ver a festa na praça, ficamos observando-o de perto, nos sentindo impotentes. O garoto não nos escutava, estava alegre com a festa, almoçou na casa de um amiguinho e depois foram, ele e amigos, para o lago. Muitas crianças naquele lugarejo passeavam sem a companhia de adultos pela cidade e até pelo lago.

Marcelo, às quinze horas, afastou-se dos amigos que tentavam pescar e caminhou por uma trilha. Ao ver aquele que viera encontrar, sorriu.

– Aqui estão as minhocas, moço.

Entregou a Lázaro uma garrafa de plástico partida ao meio com terra e minhocas.

– Muito bem – disse Lázaro. – Aqui está o dinheiro. Quer tomar este refrigerante? Está geladinho.

– Fiz como o senhor ordenou – falou Marcelo pegando o refrigerante. Não falei a ninguém que lhe vendo minhocas. Assim pode dizer aos seus amigos que foi o senhor quem as pegou. Não falei seu nome, eu nem sei.

– Ótimo! Está calor hoje! Vou comprar um sorvete para mim. Quer? – Com a afirmação de Marcelo, Lázaro continuou a falar: – Sente-se aqui! Tome o refrigerante enquanto vou comprar sorvetes, um para mim e outro para você.

Marcelo sentou-se onde Lázaro mostrou. O local era perto de um bambuzal e com o capim alto. O garoto tomou o refrigerante pensando que era muita sorte ter encontrado aquele moço que lhe dava balas, sucos, sorvetes e ainda comprava suas minhocas. Mary e eu tentamos impedir que tomasse aquela bebida, que continha um sonífero forte que Dirceu dera a Lázaro. Mary tentou até derrubar a garrafa, mas Marcelo a segurava com força. Ele tomou e deitou acomodando-se no capim.

Havia muitas pessoas passeando pelo lago. Os moradores, aproveitando o feriado, foram pescar e passear. Mas o local onde Lázaro marcou encontro com Marcelo não havia ninguém. Mary e eu tentamos fazer com que alguém que estava pelo lago fosse até ali, onde estava Marcelo. Nada. Escutamos somente duas pessoas pensar:

"Não vou largar agora a pescaria!"

"Por que será que me deu uma vontade de ir por ali? Que tolice! Não vou não!"

Lázaro jogou a terra com as minhocas fora e a garrafa partida num cesto de lixo. Caminhou por uns cinco minutos e encontrou outro garotinho com outra metade de garrafa de plástico cortada ao meio com minhocas.

– *Com certeza esse garoto era a segunda opção!* – exclamou Mary.

– Aqui estão suas minhocas, senhor! – disse o menino.

Lázaro pegou, lhe pagou e falou:

– Obrigado, Adriano! Não vou mais comprar suas minhocas, vou viajar e não virei mais pescar. Não vamos nos encontrar mais. Não fale para ninguém, como me prometeu. Aqui está o chocolate que lhe prometi. Coma e volte para perto de seus amiguinhos. Tchau!

– *Ele cativou os meninos assim, comprando minhocas e lhes dando doces. Como deu certo com Marcelo, descartou a segunda opção* – falou Mary indignada.

O garoto, Adriano, de sete anos, comeu o doce e voltou alegre para perto de seus amigos.

Passaram-se trinta minutos. Lázaro voltou e encontrou Marcelo dormindo. Com cuidado, pegou a garrafa vazia e colocou-a no bolso. Deu uns passos e pegou uma bicicleta que deixara escondida no meio do capinzal e voltou para perto do garoto. Pegou-o e colocou-o numa caixa de plástico que estava presa à garupa da bicicleta e forrada com uma lona preta. Marcelo estava tão sedado que nem se mexeu. Lázaro cobriu-o com a lona e colocou em cima uns galhos de árvore. Verificou se não havia ninguém olhando e saiu pedalando. Da trilha, pedalou para uma estrada de terra, passou por uma ponte e jogou nas águas do rio a garrafa de refrigerante vazia. Pedalou por uns quinze minutos. Na estrada, havia um táxi esperando. Tonho o aguardava. Não falaram nada. O taxista abriu o porta-malas, pegaram a caixa e a colocaram dentro. Lázaro pegou a bicicleta, colocou-a numa vala ao lado da estrada, entrou no carro no banco de trás, tirou o boné e a camiseta; estava com outra embaixo. Tonho dirigiu pela estrada, passou para outra, que ia para os motéis, contornou os prédios indo parar no mesmo lugar em que estacionara à noite. Ambos saíram do táxi, pegaram a caixa com o garoto dentro e calados observaram se não havia ninguém por ali e subiram pela trilha.

– *Infelizmente, não há ninguém por aqui!* – lamentou Mary.

Fizemos o trajeto juntos e, como eles, estávamos Mary e eu, calados e tristes. Angelina tinha razão por lamentar. Sentimo-nos tristes e impotentes observando tudo sem conseguir fazer nada.

Lázaro e Tonho passaram pelas tábuas, entraram na gruta, passaram do primeiro salão ao outro, tiraram Marcelo da caixa. Lázaro o segurou e Tonho pegou a lona e a colocou sobre a pedra. Deitaram o menino. Saíram levando a caixa. Voltaram ao carro. O taxista deixou seu companheiro perto do local onde estava a bicicleta. Não falaram nada. Cada um foi para sua casa.

Mary e eu fomos para perto de Marcelo, que dormia.

– *Ele está bem?* – perguntou Mary.

– *Não* – respondi. – *A dose foi excessiva. Se não tiver um atendimento médico pode desencarnar.*

– *Vamos continuar tentando?* – indagou minha amiga.

– *Sim, vamos* – afirmei.

Fomos ver se conseguíamos alertar alguém pelo desaparecimento de Marcelo. Os amiguinhos ainda estavam no lago, mas a nenhum deles conseguimos induzir a preocupar-se com o garoto. Marcelo era uma criança solta, ia a lugares sozinho e não dava satisfação a ninguém se ia embora ou ficava. Fomos até o local onde estava sua avó. Ela estava embriagada, ria e cantava com um grupo afim. Apelamos para a mãe de um amiguinho, que fora com ele ao lago. A senhora ficou preocupada, apreensiva, temeu que algo de ruim acontecesse a um dos seus três filhos. Quando os viu chegar em casa, suspirou aliviada e orou agradecendo a Deus por nada de mal ter acontecido com eles.

– *Vamos embora* – convidei minha companheira de tarefa. – *Nossa tentativa de alertar essa senhora não deu resultado. Ela preocupou-se com os filhos, não vai se lembrar de Marcelo. Embora ele venha sempre à sua casa, é somente um amiguinho de um dos seus filhos.*

E ninguém deu pela falta do garoto. Voltamos à gruta e encontramos Angelina na entrada. Após cumprimentos, disse:

– *Antônio Carlos, Lílian, a esposa desencarnada do senhor Nico, me pediu para marcar um encontro. Ela deseja falar com vocês. Lílian também está preocupada com esses assassinatos.*

– *Angelina* – respondi –, *diga a Lílian que a encontraremos amanhã bem cedo em frente à casa do senhor Nico. Você vai entrar na gruta?*

– *Não. Agora não temo mais ser presa, mas não tenho coragem de presenciar o que irá acontecer lá dentro.*

– *Angelina, você poderia nos fazer um favor? Fique aqui fora e permaneça atenta. Quando eles saírem com o corpo do garoto, veja onde eles o deixarão e conte-me depois.*

– *Farei isso sim. Obrigada por me deixar ajudar* – agradeceu Angelina. Mary e eu entramos no primeiro salão, e minha amiga me perguntou:

– *Não teríamos como saber onde eles deixarão o corpo?*

– *Sim, teríamos, bastaria pensar no garoto para saber onde estariam seus restos mortais. Quis dar uma tarefa a Angelina, assim ela se sentirá melhor sendo útil* – respondi.

– *Antônio Carlos, você acha mesmo que eles assassinarão a criança?*

– *Mary, é muito difícil impedir. Se os desencarnados estivessem atuando com obsessão nos encarnados, poderíamos tentar afastá-los ou impedi-los de se aproximar, mas não é o caso. Se afastássemos todos os umbralinos daqui, o crime seria cometido do mesmo modo. Poderíamos tentar incorporar num deles se alguém do grupo dos cinco fosse médium. Mas, mesmo assim, o encarnado poderia nos repelir, não aceitar nossas vibrações. Se isso ocorresse, pediria para não cometer esse ato cruel. E aí, poderia ser ouvido ou não.*

Fomos ver o garoto.

– *Antônio Carlos, Marcelo, em sua existência passada, cometeu atos que culminaram como reação um desencarne brutal. Acho que é por isso que não estamos conseguindo evitar esse desencarne.*

– *Esse é um dos motivos. O fato é que não podemos obrigar ninguém a não cometer erros.*

Uma moça desencarnada, de vibração amorosa, entrou na gruta, olhou Marcelo dormindo, passou as mãos sobre seu rosto e ficou atrás da pedra onde Marcelo estava deitado. Depois olhou o salão e nos viu, cumprimentando-nos com um leve sorriso.

– *Quem é ela?* – perguntou Mary a mim.

– *Sou Geni* – respondeu a moça –, *trabalhadora de um educandário. Vim para desligar o espírito de Marcelo do seu corpo físico.*

– *Então ele vai mesmo desencarnar?* – questionou Mary que ainda alimentava a esperança de impedir esse assassinato.

– *Sim* – respondeu Geni.

– *Que vamos fazer Antônio Carlos?* – indagou-me Mary.

– *Orar, Mary* – respondi. – *Vamos nos concentrar na prece.*

– *Eles sentirão? Os umbralinos saberão que aqui estão outros seres que oram? Os encarnados sentirão alguma influência?*

– *Mary, preces, orações, sem dúvida, fazem bem àqueles que os fazem; beneficiam também aqueles que vibram na mesma sintonia. Os desencarnados poderão se sentir inquietos, nossas preces poderão incomodá-los. Os encarnados certamente nada sentirão, estão em outra sintonia. Para sentirem, seria necessário, como recomendei a Angelina, orar sempre para eles ou a um deles.*

– *Nossas preces irão então para Marcelo. Ele, com certeza, se beneficiará, não é?* – Mary quis confirmar.

– *Sim. Vamos orar e assim ajudaremos Geni a desligá-lo.*

– *Mata-se o corpo, mas não poderão fazer nada ao espírito!* – confortou-se Mary.

– *Se Marcelo* – expliquei – *tivesse cometido erros nesta encarnação, seu espírito poderia ser aprisionado por esses umbralinos. Mesmo que ele tenha errado em outras existências, nesta, como infante, merece ser socorrido. E, como criança, terá um trabalhador do bem que o desligará e o levará ao plano espiritual, normalmente a um educandário.*

Oramos e aguardamos. Não demorou muito, o Sexto chegou, acendeu duas velas, desligou sua lanterna e olhou para o menino.

– Os imbecis deram a ele um sonífero muito forte! Com certeza, se não o matar logo, morrerá de *overdose*! – exclamou o Sexto com voz baixa.

Balançou os ombros, demonstrando não se importar com a vida daquela criança e foi sentar no seu trono de pedra.

Logo chegou Naldo, ajoelhou-se diante do chefe e perguntou admirado:

– O senhor veio primeiro? Não esperou a invocação?

– Pela importância do ato, consegui chegar primeiro – respondeu o Sexto com a voz estranha.

Lázaro e Lemão chegaram e cumprimentaram o chefe ajoelhando-se à sua frente, estranhando o fato de o chefe já estar ali. Naldo explicou o que ouviu do chefe e o Sexto determinou:

– Acendam as velas, depois tirem a pedra; vamos adiantar a cerimônia.

Lázaro acendeu as velas; depois ele e Lemão pegaram uma pedra que deveria pesar uns cem quilos. A pedra tampava um buraco e Naldo foi tirando de dentro alguns objetos. Primeiro um saco com roupas pretas, uma espécie de avental. Depois uma garrafa de vinho, seis cálices de cobre, uma vasilha funda e um afiadíssimo punhal.

Tonho chegou e fui ajudá-los. Eles colocaram a roupa preta em cima de suas roupas. Aquela vestimenta vinha até abaixo dos joelhos, de mangas compridas e gola alta. Com certeza, a vestimenta impedia de sujarem suas roupas com sangue. Quando Dirceu chegou e os viu vestidos, exclamou:

– Cheguei atrasado?

– Não – respondeu o Sexto –, você é pontual, nós é que estamos adiantados.

Cada um dos cinco fazia uma tarefa, e o Sexto observava calado. Acomodaram Marcelo em cima da lona, acenderam outras velas, abriram a garrafa de vinho e dividiram seu conteúdo entre os seis cálices. Pegaram o punhal e a vasilha e colocaram ao lado de Marcelo. Começaram a dizer as maldições.

Os umbralinos presentes os acompanharam se divertindo. Um deles afastou-se e saiu do salão. Senti que ele abominava aquele ato.

– Basta! – ordenou o Sexto. – Quero que peguem os seus envelopes e vamos ao ato!

Ficaram quietos, aproximaram-se do Sexto, que entregou um envelope a cada um deles contendo o dinheiro prometido pela ação praticada. Depois pegaram o punhal afiadíssimo e de cabo longo e num só golpe o enfiaram no peito de Marcelo, atingindo o coração.

Somente Tonho tremeu por instantes, os outros estavam firmes e frios. O sangue colhido na vasilha foi dividido nos cálices e eles tomaram. O Sexto fingiu tomar, levantou-se, foi até o buraco e jogou nele o conteúdo de seu cálice.

– Terminamos! – exclamou o Sexto.

Tonho tirou de sua mochila uma garrafa d´água, lavou os cálices e a vasilha jogando a água com restos dos vasilhames no buraco. Tiraram os aventais pretos, que foram guardados em sacos plásticos e colocados novamente no buraco. Lemão e Dirceu enrolaram o garoto morto na lona.

Marcelo não sentiu nada, envolto com as energias de nossas orações, ficou tranqüilo dormindo. Geni foi rápida, desligou seu espírito da matéria. Quando enrolaram seu cadáver na lona, ele já estava desligado e Geni volitou com ele em seus braços.

Dirceu e Lemão despediram-se do Sexto e saíram levando o fardo. Lázaro, Naldo e Tonho colocaram a pedra no lugar. Os três após se despedirem saíram. O Sexto observou o salão, tirou restos de velas e verificou se não havia nenhum vestígio. Foi ao salão da frente segurando sua lanterna e um galho de árvore com folhas. Verificou se as tábuas estavam no lugar; depois, com o galho, apagou os rastros, entrou no salão em que faziam as reuniões, passou também o galho pelo chão e saiu levando o galho.

Mary e eu observamos tudo, e os umbralinos continuaram ali.

– *Vamos embora!* – ordenou o chefe umbralino.

– *Não consigo sair!* – espantou-se um deles.

– *Já tentei e não consegui* – alarmou-se outro. – *Pensei que era o senhor que nos impedia.*

– *Que acontece Antônio Carlos? Por que eles não conseguem sair daqui?* – Mary quis saber.

– *Quero conversar com eles* – respondi e me tornei visível ao grupo.

Uma conversa interessante

Quando os umbralinos nos viram, nos observaram atentos, com a certeza de que estávamos somente em dois. Riram, falaram palavras de ironia e xingamentos. Escutamos quietos, até que o chefe deles nos perguntou:

– *Que fazem aqui, dupla de incompetentes?*

Risadas. O chefe ordenou:

– *Quietos! Vamos escutar a resposta.*

Calaram-se. Respondi tranqüilamente:

– *Estamos aqui na tentativa de ajudar.*

Gargalharam.

– *E, pelo que vimos, não conseguiram* – falou o chefe ironizando e fez um sinal para que seus companheiros silenciassem. – *Vocês dois não servem para nada. Vão ser castigados pela incompetência? Estão querendo se unir a nós, os mais fortes? Só que os alerto: não gosto de incompetentes! Para ficar comigo, tem de se esforçar, fazer as tarefas... e bem-feitas!*

– *Não* – respondi ainda tranqüilo –, *não queremos nos unir a vocês. E não somos tão incompetentes como julga, tanto que daqui sairão somente quando nós quisermos.*

– *Que absurdo!* – gritou um deles. – *Vamos dar uma lição a esses dois! Chefe, podemos prendê-los?*

– *Sim, vamos dar a eles uma lição!* – determinou o chefe.

Tentaram erguer as mãos e não conseguiram, nenhum deles conseguiu se mover. Perceberam então que somente podiam ver, ouvir e falar. Olharam uns para os outros e se quietaram esperando para ver o que seu chefe faria. O chefe se concentrou, não conseguiu se mover e nos mandou sua energia mental, que veio até nós e, como não foi recebida, retornou a ele lhe causando dores. Mary permanecia ao meu lado observando tudo e, calmo, falei explicando:

– *Temos muito o que fazer, não vamos deixá-los assim por muito tempo. Queremos somente conversar com vocês. Se quiséssemos, teríamos feito isso que estamos fazendo, prendendo-os, antes de a cerimônia começar. Vocês, porém, foram espectadores, participaram como convidados ao serem invocados. E se os tivéssemos imobilizado antes, esse ato cruel teria ocorrido do mesmo modo.*

– *E ainda afirma que não são incompetentes!* – exclamou o chefe. – *Não conseguiram evitar o crime!*

– *Realmente, não pudemos evitar* – respondi. – *Encarnados podem atender aos apelos bons ou maus. Tanto que somos donos absolutos de nossos atos.*

– *De fato, somente somos donos absolutos dos nossos atos e ações!* – replicou o chefe. – *Quero alertá-los de que tenho conhecimentos. Quando estava encarnado, fui instruído e sei de muitas coisas.*

– *Que bom!* – exclamei. – *Conhecimentos não nos são dados, mas sim adquiridos. Então você deve saber que aquilo que faz é errado e por erros somos devedores. Plantamos o que queremos, mas o alerto: o tempo da colheita chegará.*

Os desencarnados estavam agora atentos, interessados naquele diálogo diferente para eles. O chefe os olhou, esforçando-se para parecer calmo, e disse:

– *Ora, ora, acho que sou o único que não está gostando desta conversa. Mas aceito conversar com vocês. Estamos todos mortos! Isto é, somos desencarnados, vivos depois da trágica e cômica morte do corpo físico. Acreditava quando estava encarnado que ia ser julgado por Deus e não houve julgamento nenhum. O famoso julgamento final não existe e por isso não acredito na colheita obrigatória, no sofrimento sem fim pelos pecados cometidos. Inferno? Não vi o fogo que queima sem destruir.*

– *Juízo final?!* – espantei-me.

– *Sim, você ouviu bem* – respondeu o chefe daqueles desencarnados imprudentes.

– *Quantas vezes você já esteve encarnado e desencarnado?* – perguntei.

– *Muitas* – respondeu ele. – *Já lhe afirmei que não sou ignorante. Sei que estagiamos no plano físico e no espiritual.*

– *Logo após a morte do corpo físico* – tentei esclarecê-los –, *o julgamento sobre nós não é definitivo, porque continuamos a reencarnar e, nessas oportunidades, podemos reparar erros, nos educar, fazer o bem ou continuar imprudentemente cometendo atos indevidos. Vamos caminhando entre provas, expiações, acertos e erros. Normalmente, depois decada desencarnação, somos nós mesmos que nos julgamos. Ou, então, por reconhecer que erramos, deixamos que outros, semelhantes a nós, nos julguem. São julgamentos parciais. As escrituras na Bíblia, porém, afirmam que teremos o julgamento final.*

– *A separação do joio do trigo?* – perguntou o chefe, me interrompendo. – *Afirmo a você que eu sou o joio! O pé do joio que está dando frutos pequenos e pretos, esperando que seja arrancado.*

– *De fato* – elucidei –, *na parábola da separação do joio do trigo, ao ser perguntado ao senhor, dono da plantação, se era para ser arrancado o joio, a resposta foi: "Não, deixe que cresça tanto uma planta como a outra, o trigo e o joio, até o tempo da colheita". Que tempo é esse? Não foi dito, somente o Criador sabe. Jesus nos ensina por meio da parábola com um simbolismo espiritual. Com certeza, nenhum agricultor terreno deixaria uma erva má no meio de sua plantação, seja ela de trigo ou de outra. A presença de uma planta daninha somente prejudicaria sua colheita. Mas, os maus, de certa forma, ajudam os bons a progredir. Embora essa plantinha, o joio, antes de dar frutos, seja muito parecida com o trigo, é como nós externamente: podemos ser parecidos, porém internamente, há diferenças. Uma planta não pode no reino vegetal transformar-se em outra; espiritualmente, isso é possível. Você se tacha agora no presente de joio; poderá no futuro ser uma pessoa-trigo. Basta somente ter vontade. Se, porém, você não aproveitar o ciclo que Deus nos dá para evoluir e não se transformar em trigo, será ceifado. Aproveite o que lhe está sendo oferecido, pois estamos aqui para auxiliá-los. Vamos deixá-los sair. Quem quiser nossa ajuda, permaneça, não saia. A decisão é de cada um.*

– *Vocês não nos obrigarão?* – perguntou um deles que estava atento.

– *Não* – respondi –, *se os seguramos aqui foi somente para lhes fazer esse convite.*

– *Não obriga! É por isso que vocês, que julgam ser bons, perdem sempre quando se defrontam conosco!*

O chefe riu, mas sem gargalhar. Os outros permaneceram quietos. Desfez-se o cerco magnético que os detinha no salão e num instante saíram quase todos, ficando somente três.

– *Eu quero ajuda! Por favor!* – pediu uma mulher.

– *Eu também!* – gritou outro.

– *Eu até que queria, mas não posso nem pedir!* – exclamou um homem com aparência idosa.

– *Por que não?* – perguntou Mary, falando pela primeira vez desde o início da conversa com os umbralinos.

– *Como eu tenho problemas, senhores!* – respondeu ele suspirando.

Mary aproximou-se dele e pediu que falasse:

– *Diga-nos o que o aflige, talvez possamos ajudá-lo.*

– *Posso falar mesmo? Nunca ninguém quis me ouvir* – disse ele.

– *Você quis escutar alguém?* – perguntou Mary.

– *Não, somente me importei comigo e com os meus familiares* – respondeu ele e abaixou a cabeça.

– *Fale o que quiser, meu amigo. Vamos ouvi-lo!* – Mary falou com delicadeza.

Ele olhou para ela e, vendo carinho em seu olhar, começou a falar:

– *Quando estive encarnado, fiz feitiços. Não segui preceitos religiosos. Era médium e usei da minha mediunidade para fazer o mal a desafetos e por dinheiro. E, comigo, por afinidades, estavam desencarnados que me ajudavam. Faz 105 anos que desencarnei. Não me esqueço dos meus atos errados. Fazia poções do amor; poções venenosas e outras que deixavam doente quem as tomasse; drogas abortivas etc. Fazia casais brigarem, minha especialidade era provocar brigas. Como prejudiquei pessoas!*

Ele fez uma pausa e suspirou. Realmente estava arrependido. Mary e eu víamos seus pensamentos. As cenas do que fez vinham nitidamente à sua mente e isso deveria ser constante. Mary, curiosa, querendo aprender, me indagou:

– *Antônio Carlos, é possível prejudicar os outros?*

– *Sim, tanto que vemos muitos crimes, assassinatos cruéis, roubos, torturas, calúnias etc.*

– *Infelizmente, temos visto sim. Refiro-me a feitiços. É possível?* – perguntou Mary novamente.

– *Entendi o que você me perguntou Mary. O que respondi é para você entender que o mal existe. Se há ainda na Terra pessoas que usam da violência por muitos motivos, outros covardes usam outros meios para prejudicar, mas ambos com maldade. Ele disse que usava plantas, com as quais se fazem venenos que matam e remédios que curam. Para provocar abortos e deixar pessoas doentes, fazia misturas e as vendia e isso não tem nada a ver com feitiços, como muitos antigamente acreditavam. Plantas estão na natureza e com elas se fazem muitas coisas boas ou más. Infelizmente, ao invés de ele usá-las para curar, usou-as para fazer o mal. Essas beberagens prejudicam o físico, independentemente de a pessoa ser boa ou não. Já no caso de poções do amor, o certo seria dizer da paixão, não prejudicam o corpo físico.*

Nessa beberagem, concentram-se energias negativas, que podem fazer a pessoa ficar fascinada por outra. E, quase sempre, desencarnados participam colaborando com quem faz, indo para perto de quem deve ficar apaixonado, incentivando-o a ficar com a pessoa apaixonada. Nesse caso, é feitiço. Amor é algo espontâneo, ninguém consegue forçar ou impor esse sentimento. Mas paixão é possível, porém paixões são passageiras. Observe, Mary, que é preciso haver afinidade para essas poções de paixão darem certo. Uma pessoa que vibra bem, que ama verdadeiramente, é incapaz de sentir paixão, e essas beberagens não lhe fariam efeito; além disso, desencarnados mal intencionados não conseguiriam ficar perto delas e, se se aproximassem, não teriam êxito. Escutamos quem queremos e pessoas boas não atendem a sugestões ruins.

Fiz uma pausa e, como Mary e os três estavam atentos, continuei:

– *Com certeza, esses feitiços eram encomendados, principalmente as poções, e quem fez e quem pediu pagou, pois são culpados. Se alguém tomou uma droga dessa sem saber, embora tenha sofrido as conseqüências, não tem culpa. Fazer trabalho do mal levando pessoas a brigarem, como ele e outros dizem, é fácil. Basta às vezes dar um empurrão, mandar alguns desencarnados que gostam de confusão para perto deles e as brigas acontecem. A tolerância precisa ser cultivada. Desencarnados são mandados por quem faz esses feitiços, trabalhos, às casas das pessoas e, se eles as acham sem proteção de oração, da caridade, entram e instruem seus moradores para as desavenças. No entanto, se as pessoas-alvo são piedosas, benevolentes, fazem leituras edificantes, dedicam-se ao estudo do* Evangelho, *esses imprudentes desencarnados não conseguem entrar, e espíritos bondosos vêm em seus auxílios e os aconselharão a procurarem auxílio.*

– *Então, esses trabalhos de maldade existem* – concluiu Mary.

– *Mas obter êxito ou não depende de muitas coisas. Se o encarnado vibrar bem, não pega.*

– *É isso mesmo* – afirmei. – *E ainda o encarnado pode pedir ajuda, porque se há quem faça o mal, existe quem faça o bem. O importante é sair da faixa vibratória negativa agindo positivamente, fazendo o bem.*

Como Mary não perguntou mais nada e eu parei de falar, o ex-feiticeiro falou:

– *É isso mesmo. Quando me pediam para fazer mal a alguém, eu sempre analisava se conseguiria realizar, porque sabia que, se o alvo, a pessoa não merecesse não receberia a ação, que voltaria para mim. As poções, as misturas de ervas eram feitas, e o mandante determinava os seus alvos. Nas brigas, atacávamos com o desaforo, isto é, ele ou ela lhe fez isso, não merece! Disse-lhe essas ofensas, você tem de reagir! É vítima! Fazer alguém sentir-se vítima e ela concordar faz dar certo qualquer trabalho de feitiçaria!*

– *Vítima?* – perguntou Mary estranhando e olhou para mim esperando que elucidasse o que o ex-feiticeiro afirmara.

– *Ele disse: fazer-se de vítima. Há seres que sempre culpam os outros por tudo o que lhes acontece de errado. Numa discussão, somente se lembra e se queixa daquilo que escutou e não daquilo que disse. Martiriza-se com as ofensas recebidas esquecendo-se das que fez. Sofrem sempre mais que os outros, suas dores são maiores, são incompreendidos e não se esforçam para compreender. Por agirem assim, geram energias negativas que atraem outras.*

Quietamos por alguns instantes e Mary pediu ao espírito umbralino:

– *Continue a contar sua história.*

Ele, triste, tornou a falar:

– *Minha imprudência maior foi ensinar ao meu filho o que eu fazia. Ninguém age com maldades impunemente! Sofri muito para desencarnar, estive doente por dois anos, meu corpo ficou com muitas feridas, apodreci no físico. E continuei sentindo as feridas depois de desencarnado. Por muito tempo vaguei no umbral. Pensei que ia enlouquecer de tantas dores. Depois de dez anos, um chefe de uma cidade umbralina me ajudou, fazendo as feridas do meu corpo perispiritual sumirem e tornei-me escravo dele. Muitos dos trabalhos de feitiçaria que fazia quando encarnado eram em conjunto com alguns desencarnados, e eles não quiseram ajudar-me quando eu sofria pelo umbral. Disseram que não sabiam curar minhas feridas e achavam que eu merecia sofrer por ter mandado neles. Eu não achava que mandava neles, mas sim que trocávamos favores, dando-lhes o que me pediam. Concluí que eles não sabiam como me livrar daquelas feridas. Entre os umbralinos, é difícil alguém ser solidário. No umbral, reina o egoísmo, é cada um por si ou mediante troca de favores. Entendo agora que eu merecia todo aquele sofrimento, mas era revoltado e achei que padeceria eternamente. Mas, de escravo, passei a ser ajudante desse chefe que conheceram.*

O ex-feiticeiro suspirou, enxugou os olhos e continuou a falar:

– Meu filho ficou no meu lugar após meu desencarne, e sua mudança de plano, do físico para o espiritual, também foi terrível. Ele foi seqüestrado por um grupo de feiticeiros rivais que o torturaram por quatro dias e depois o mataram. O espírito de meu filho foi preso numa furna no umbral. Pedi ao meu chefe para ajudá-lo. Tive de lhe fazer alguns favores e ele foi comigo libertar meu filho e o levamos para a cidade umbralina em que moramos. Ficamos servindo ao chefe, acumulando mais erros. Meu filho, porém, se cansou, quis parar de cometer atrocidades, pediu ao chefe para liberá-lo e em resposta foi colocado numa prisão. Ele está na penitenciária da cidade e lá é horrível. Não posso fazer nada por ele, senão irei preso também. Se eu for com vocês, ele será castigado ainda mais.

– Se o chefe souber que este senhor não está na cidade umbralina, concluirá que nos pediu socorro e aí o resgate do filho ficará mais difícil – concluiu minha companheira.

– Você tem razão, Mary – concordei. *– Por isso, ele irá agora para a cidade e agirá normalmente. Voltará aqui amanhã à noite para conversarmos. Até amanhã saberemos se será possível resgatar o filho dele ou não.*

– Serei muito grato se os senhores conseguirem me fazer esse favor. Como erros nos pesam! Como me arrependo de ter feito maldades!

Prejudiquei a mim mesmo! Fiz maldades a muitas pessoas, muitas delas sofreram, mas foi um sofrimento passageiro, enquanto eu me fiz mal e isso é terrível!

– *Vá e volte amanhã e, se precisar, venha antes e me chame* – recomendei.

Ele saiu. Olhei para a mulher e o homem que ali estavam atentos à nossa conversa e convidei-os a falar. A senhora disse:

– *Esse companheiro que saiu tem razão. Maldades nos pesam e, pesados, somos atraídos para as furnas no umbral. Também tenho uma lista enorme de erros e estou achando que não mereço nenhuma chance. Devo continuar sofrendo por aqui. É justo meu padecimento. Não tive compaixão nenhuma.*

A senhora fez uma pausa, suspirou triste e Mary a incentivou:

– *Senhora, o que passou ficou no passado. Aproveite o presente para melhorar.*

– *Obrigada* – disse a senhora. – *Sinto vergonha do que fiz, fui uma escravocrata, tive muitos escravos e dispus da vida deles com crueldade. Quando desencarnei, eles se vingaram e isso me deixou muito revoltada. Por anos fui torturada. Aos poucos, esse grupo que não me perdoou foi sumindo e vim parar nesta cidade umbralina. De senhora orgulhosa e mandona que fui, passei a ser tratada como tratei. Pena que não se morre mesmo! Cansei há muito tempo de viver longe de Deus, de sofrer e não sabia ou não sei como mudar. Achava que meus sofrimentos não teriam fim. Estava, estou no inferno! Via, porém, que muitos umbralinos sumiam, eram chamados de desertores, covardes que se debandavam para o lado dos servidores do bem. Tive conhecimento também que se pode reencarnar. Comecei a ter esperança, mas tinha, tenho muito medo do chefe, conheço as prisões da cidade em que moramos. Agora que os senhores estão me oferecendo essa oportunidade, aceito. Quero ir com os senhores e serei obediente e prestativa. Sinto-me melhor por ter falado e por ter sido escutada. No umbral, é preciso muito cuidado ao escolher com quem falamos. Não se pode confiar em ninguém. Desencarnada, nunca tinha falado do que fiz nem do meu sofrimento. Falar me fez bem, ainda mais que os senhores não me repeliram, não disseram: "bem feito" ou "foi merecido". Desejei tanto, nesses anos, conversar com alguém. Estou esperançosa. Quero mudar realmente, ser um dia como os senhores. Muito obrigada!*

– *Eu também quero ir com os senhores* – disse o homem. – *Tenho vergonha de falar do que fiz encarnado e o que continuo a fazer desencarnado.*

– *Você não precisa nos dizer nada* – falei.

– *Embora envergonhado, sinto necessidade de falar. É uma confissão em que afirmo: errei, mas quero parar de errar! No corpo físico, mantinha um grupo de jovens prostitutas, ou seja, elas se prostituíam e me davam dinheiro. Eu as obrigava. Sofri muito e tenho sofrido. Nada externo me faz ter sossego. Desejo pedir perdão a elas, a todos que prejudiquei e mudar a forma de viver. Também fui, sou covarde, tive medo de abandonar o chefe e ser castigado.*

– *Esperem-me aqui. Mary e eu vamos sair por um instante e volto para buscá-los. Não tenham medo, não vou me afastar e nenhum desencarnado entrará aqui sem que eu saiba. Vou levá-los para um local onde receberão ajuda.*

Fiz um sinal para Mary, saímos da gruta e encontramos Angelina nos esperando.

– *Antônio Carlos, vi onde eles deixaram o corpo do garoto, vou lhes mostrar.*

Volitamos. O corpo de Marcelo estava jogado numa vala. O local era de difícil acesso. Dirceu e Tonho jogaram-no do alto de um barranco.

– *Eles pegaram a lona e dobraram. Dirceu falou que ia queimá-la assim que chegasse a sua casa, num latão no qual ele queima papéis e materiais usados na farmácia* – explicou Angelina.

– *Muito bem Angelina* – disse –, *você fez um bom trabalho. Agora pode ir. Obrigado!*

– *Vou para perto do meu filho fazer o que me aconselhou. Orar por ele.*

Angelina volitou e falei a Mary:

– *Vou levar os dois para a escola de recuperação onde levei o outro. Depois vou ver se consigo resgatar o filho daquele senhor.*

– *Você irá sozinho a uma prisão umbralina?* – perguntou Mary preocupada.

– *Não* – respondi –, *vou ao posto de socorro localizado no umbral perto da cidade deles e pedirei ajuda. Mary, falei que vou tentar e espero conseguir. E enquanto os levo e vou ao posto, você fica me esperando por aqui. Temos um encontro pela manhã com Lílian, a esposa desencarnada do senhor Nico. Se eu me atrasar, quero que vá e peça desculpas por mim. Logo que possível, irei encontrá-las.*

– *Está bem* – concordou Mary. – *Enquanto espero, vou visitar a avó e a mãe de Marcelo.*

Despedimo-nos e entrei na gruta.

Um socorro

Os dois me aguardavam ansiosos, temiam que desistíssemos de ajudá-los. Volitei com eles à colônia, levei-os à escola e deixei-os alojados. Despedi-me deles desejando que aproveitassem a oportunidade que estavam tendo.

Em seguida, fui ao posto de socorro no espaço espiritual da cidade Pitoresca, onde estava a gruta. De fato, a cidade umbralina citada ficava não longe dessa casa de caridade. Esses postos de socorro no umbral são como um oásis no deserto. Recanto de luz, esperança e de prestativos auxílios. Aproximei-me do portão e me identifiquei. Esses abrigos são muito atacados e por diversos motivos: querem resgatar alguém que está lá abrigado, por gostarem de um confronto e até para medir forças, ou perturbar os que trabalham. Em todas há sempre um trabalhador que sabe sentir as vibrações do visitante e também são orientados por aparelhos. Não há como enganá-los.

A porta foi aberta, fui convidado a entrar. Os postos de socorro situados nas zonas umbralinas são muito parecidos, cercados por muros altos, resistentes e a maioria possui um portão somente. A construção é localizada no meio dessa área murada e à sua volta vemos muitas plantas e canteiros floridos. Em quase todos existe uma torre de observação. Tudo é muito simples e prático. As enfermarias são grandes e com muitos leitos, temos também bibliotecas, salas de palestras e músicas e os alojamentos de seus trabalhadores. Diante do portão, um pátio grande, tudo muito limpo e claro, contrasta com a penumbra fora dele.

Cumprimentei o recepcionista e informei por que vim e fui levado à sala do dirigente, o responsável pela casa. Um senhor bondoso recebeu-me com um abraço fraterno e expliquei a ele o porquê de estar ali e lhe pedi ajuda.

– *De fato* – esclareceu ele –, *temos em certas ocasiões ido à prisão da cidade umbralina e socorrido aqueles que querem mudar de comportamento. É um socorro que requer cuidados especiais, porque o local em que encarceram os desencarnados é muito bem guardado e está num lugar de difícil acesso. E, como sabe, os moradores da cidade tentam sempre nos impedir de entrar lá.*

– *Não quero lhes trazer transtorno* – falei –, *entenderei se não for possível e explicarei ao pai dele que no momento não podemos atendê-lo.*

– *Nossa casa é pequena* – disse o dirigente –, *temos poucos trabalhadores e muitos socorridos. Como faltam servidores! Queria fazer mais socorros, aumentar o posto, mas como obter quem nos ajude e que venha trabalhar aqui?*

– *Compreendo* – concordei. – *Em todos os locais faltam servidores e sobram os que querem ser servidos e, para esses, faltam abrigos.*

– *Mas, acho que podemos atendê-lo* – afirmou o responsável pela casa. – *Uma excursão retornou ao posto há duas horas, trouxeram socorridos que foram resgatados do lado norte da cidade umbralina. Sabemos que há outro grupo de necessitados diante do portão leste, perto da prisão. Se voltarmos lá agora não seremos esperados. Vou chamar três socorristas que sempre entram nessa metrópole e a conhecem muito bem.*

Ele saiu da sala e minutos depois voltou acompanhado de duas senhoras e um moço que me cumprimentaram sorrindo. Falei rápido explicando o meu pedido.

– *Que horror! Então mataram mesmo mais uma criança!* – exclamou uma das senhoras. – *Escutei comentários dos moradores do umbral, mas como eles estão sempre se vangloriando das façanhas que fazem e as que imaginam fazer, não lhes dei crédito.*

– *Não quero confrontá-los* – expliquei. – *Ofereci ajuda a eles, somente três quiseram e, entre esses, um pai que se preocupa com o filho encarcerado. Se for possível, se puderem me ajudar, quero resgatar esse rapaz e levá-lo junto com o pai para uma das escolas de regeneração.*

– *Esses resgates são sempre possíveis* – disse o moço. – *Podemos ir lá agora. Há uma festa na cidade, comemoram o sucesso de uma façanha, que deve ser o assassinato desse menino. Dizem-se contentes porque os encarnados saberão que as trevas agem e que existem. Como estivemos nos arredores da cidade esta noite, eles não esperam que voltemos em seguida. Podemos nos dividir, um grupo irá para perto das iscas. Desculpe-me, Antônio Carlos, vou explicar o que são iscas. É que os moradores dessa cidade colocam nos arredores desencarnados que, de tanto sofrerem, ficaram dementes e não os servem mais. Eles os chamam de imprestáveis e de iscas, porque sabem que iremos resgatá-los e, quando vamos, nos atacam. Eles gostam desse confronto, riem, se divertindo. Quando vêem nos aproximando, os guardas se agrupam e passam a nos agredir. Assim fica mais fácil dois de nós entrarem na prisão com você e tentar tirar de lá o desencarnado que o amigo quer libertar.*

Não demoraram a se organizar. O moço, Sérgio, uma das senhoras, Odila, e eu íamos entrar por um local que achavam ser o melhor caminho para chegar à prisão. Os outros socorristas, dezoito, iam socorrer os sofredores que estavam agrupados perto de um dos portões.

Ao nos aproximar da cidade umbralina, ouvimos os festejos. Separamo-nos, ficamos rente ao muro e esperamos. Quando os outros companheiros nossos aproximaram-se do grupo de desencarnados caídos, soou o alarme. Sérgio fez um sinal para segui-lo.

A maioria dos guardas foi para o portão defrontar-se com os socorristas. Entramos na cidade por um buraco no muro. Eles não nos veriam, mas poderiam nos sentir porque estávamos no seu hábitat e éramos nós os invasores. Rápidos, mas com muita cautela, dirigimo-nos para a prisão.

Podia imaginar o que ocorria na frente do portão, já participara de muitos socorros em que se recolhem desencarnados em péssimo estado. Recolhe-se mesmo, porque normalmente esses espíritos não conseguem se locomover, falar ou raciocinar e, quando conseguem se expressar, rogam por ajuda.

Normalmente, nessas excursões socorrem-se todos. A maioria quer o alívio, não sofrer mais. Depois, já melhores, nos postos, podem opinar sobre o que querem realmente. E, infelizmente, há os que querem se vingar, voltar ao modo de viver de que gostavam, para farras e libertinagem, ou retornam à ociosidade. Mas a maioria depois dessa lição de sofrimento, quer melhorar.

O socorro se passa quase sempre assim: os socorristas chegam e agrupam os que serão socorridos e aí começa o ataque. São estendidas redes de proteção, uns socorristas cuidam da defesa, outros colocam os necessitados em macas e saem. Dificilmente revidam os ataques. Os umbralinos se divertem, gargalham e xingam.

As cidades situadas no umbral têm muito em comum umas com as outras. Algumas são cercadas por muros altos; outras, não; a maioria de seus prédios são suntuosos; porém, como uma cidade de encarnados, há também barracos. O chefe normalmente mora em local luxuoso e usa muito brilho.

Esses núcleos são de diversos tamanhos. Esse era considerado pequeno. Normalmente, há sempre muitos desencarnados perambulando por eles, mas o encontramos sem movimento, devido à festa. Seus moradores deviam estar nos salões na parte central. Somente os guardas escalados estavam trabalhando e a maioria deles tinha ido se divertir, atacando os socorristas. O barulho dentro dela era alto – música, canto e risadas. Passamos por duas ruas estreitas andando rápido e chegamos à entrada da prisão, vigiada somente por dois guardas. Sérgio os adormeceu. Entramos. Estava escuro, mas os dois, acostumados a andar por ali, guiaram-me pelos corredores. É angustiante entrar numa prisão umbralina. A vontade é libertar todos os encarcerados. Mas nada é injusto e tudo tem razão de ser. Se não houvesse imprudentes, opositores das Leis Divinas, o umbral não existiria, nem suas prisões, como também não haveria necessidade de penitenciárias no plano físico.

– É aqui, Antônio Carlos – Sérgio mostrou uma cela. *– Aqui está o desencarnado que resgataremos.*

Sérgio adormeceu nosso resgatado. Os socorristas que trabalham no umbral usam de alguns recursos para facilitar esses socorros e um deles é adormecer por determinado tempo, sejam socorridos ou umbralinos. Normalmente, usam para isso um aparelho que, com certeza, é muito útil. Sérgio me explicou:

– Levá-lo adormecido é mais fácil, pois não temos tempo para lhe explicar quem somos e por que viemos libertá-lo.

Odila, após pegá-lo, disse determinada:

– Vamos levar também outros que querem ajuda.

A maioria dos que estão presos quer ser libertada, mas poucos querem ser levados por socorristas e mudar a forma de viver. Depois de anos trabalhando nesses socorros, basta a esses trabalhadores olhá-los para saberem quem quer ou merece auxílio naquele momento.

Os dois foram rápido a outras celas e pegaram seis desencarnados que ali estavam presos. Foram me dados dois, que peguei acomodando-os um em cada braço. Odila ficou com três e Sérgio, que ia à frente, com dois[6].

---

6. Não é difícil locomover esses desencarnados necessitados, ainda mais se estão adormecidos. O peso do perispírito difere de um corpo físico. E um socorrista, espírito treinado num socorro, pode com facilidade carregar muitos necessitados. Isso não exige força física e sim treinamento espiritual. (N.A.E.)

– *Vamos rápido!* – pediu Sérgio.

Saímos da prisão e os guardas ainda dormiam.

– *Eles vão acordar logo e nem perceberão que dormiram* – Odila me informou.

Os outros socorristas com os seus socorridos saíram da frente do portão e vieram caminhando a uns dez metros do muro. Encontraram-se conosco e nos afastamos da cidade. Os guardas ainda gargalhavam, xingavam e jogavam pedras. Mas eles não saíram da cidade.

Os ex-prisioneiros foram colocados em macas. Bem juntos e ainda protegidos pelas redes, vimos aquela estranha metrópole ficar para trás. Chegamos ao posto, o portão foi aberto. Senti-me aliviado por estar lá dentro. Colocamos os socorridos no pátio. O dirigente veio ao nosso encontro com mais seis trabalhadores e fomos dar água e prestar a eles os primeiros-socorros. Ao vê-los, não pude deixar de dar razão a um dos que nos atacaram perguntar aos gritos:

– *Que vocês querem com esses farrapos? Vocês gostam de trabalhar e servir a maltrapilhos?*

Os socorridos estavam realmente maltrapilhos. Comecei a ajudar, estavam sedentos, famintos e com muitas dores e fraquezas. Sentem-se assim porque ainda não se desprenderam da matéria, não aprenderam a viver na condição de desencarnados. Sentem sede, fome, dores, como se ainda estivessem no corpo físico, sujeitos às suas necessidades e sensações.– *Fizeram um bom trabalho. Parabéns!* – exclamou o dirigente daquela casa de caridade. – *Vamos ter dificuldades para abrigar todos, por isso pedi auxílio, um aeróbus da colônia virá buscar dez dos socorridos e um posto de socorro vizinho virá logo pela manhã buscar seis. O restante ficará conosco.* – E pegou um pote d´água e com delicadeza foi dar a um deles.

Os ex-prisioneiros começaram a acordar, estavam assustados. Quando foi explicado o que lhes acontecera, que estavam livres, choraram aliviados. Permaneci perto do dirigente. Escutei me chamarem com insistência, parei o que fazia. Pensei em Mary, mas não era ela e suspirei aliviado.

– *É melhor, Antônio Carlos* – falou o dirigente –, *você ir ver quem o está chamando com tanta insistência.*

– *Mas o trabalho...*

– *Vá e se for possível volte, teremos com certeza muitas horas de labor.*

– *Obrigado* – agradeci. – *Vou ver quem me chama.*

De fato, muitas horas de trabalho teriam os trabalhadores do posto com os socorridos. Eles seriam alimentados e medicados e seus ferimentos receberiam curativos. Nesses auxílios, não tem como os socorristas simplesmente dizerem: "sede limpos". Sentindo os reflexos dos corpos físicos, esses socorridos passam por etapas como se fossem encarnados. Por isso o trabalho é intenso. Muitos, logo depois de um socorro, entendem que necessitam aprender a viver como desencarnados e conseguem melhorar, outros demoram mais.

Volitei e fui para a gruta. Os chamados vinham de lá. Era o pai que, ao me ver, perguntou aflito:

– *Amigo, sei que meu filho saiu da prisão. Está com o senhor? Conseguiu resgatá-lo?* – perguntou, pegando meu braço, apertando-o.

– *Calma!* – pedi. – *Sim, fomos à prisão e seu filho está livre. Mas, ele, o chefe já sabe?*

– *Não! É que eu coloquei um dispositivo no meu filho. Eu estava na festa, quando notei que ele se ausentou e perdi o contato. Fiquei apavorado. Vim aqui e chamei-o.*

O primeiro procedimento dos trabalhadores com os socorridos é lhes tirar quaisquer dispositivos ou aparelhos e esses são destruídos em seguida.

– *Seu filho está no posto de socorro* – informei ao pai aflito.

– *Na casa dos samaritanos?* – perguntou.

– *Sim.*

– *Ainda bem! Lá eles não poderão pegá-lo. Posso vê-lo?*

– *Vou levá-lo até lá.*

Pensei no dirigente e conversamos telepaticamente. Enviei meus pensamentos e recebi os dele. Pedi que me recebesse novamente e que ia levar um desencarnado morador da cidade umbralina. Com permissão, volitamos até o portão do posto de socorro que foi aberto. Entramos.

– *Meu filho!* – gritou meu acompanhante correndo para o ex-prisioneiro.

– *Meu pai!*

Abraçaram-se e choraram emocionados.

Voltei para minha tarefa. Estava alimentando uma senhora, que me olhava sem conseguir entender, mas estava se sentindo melhor com as colheradas de caldo quente que recebia na boca. O ex-feiticeiro aproximou-se de mim.

– *Que faço para lhe agradecer?*

– *Um "obrigado" está bom* – respondi.

– *Obrigado, amigo, que Deus o recompense! Meu filho e eu vamos ficar aqui?*

– *Não, vou logo mais levá-los a uma escola em uma colônia, uma cidade espiritual localizada longe do umbral. Vocês têm muito o que aprender.*

Com minha afirmativa, ele amparou a senhora e falou:

– *Não entendo o porquê de esses trabalhadores, os samaritanos, agirem assim! O senhor, que receberá desses ajudados? Muitos nem lhe dirão obrigado. Eu agora sou grato, mas poderei mudar de opinião e um dia até lhe fazer um mal. Acho que fazer um benefício a alguém bonito, limpo, que possa lhe retribuir e até agradecer com elogios ou publicar o ato generoso, é fácil, mas fazer bem a esses? Principalmente porque estamos nesse estado porque merecemos. Estamos na condição de necessitados por termos feito ações maldosas. Será que deixaremos de ser maus? Alguém de nós será agradecido? Aproveitaremos o que estamos recebendo?*

O ex-feiticeiro queria realmente entender, então tentei elucidá-lo:

– *Tudo o que fazemos em prol de alguém tem seu valor. Mas quando se faz para receber algo em troca, mesmo que seja em agradecimento, pode ser um servir com egoísmo. Realmente, nesse grupo de abrigados, muitos não aproveitarão o bem que recebem. Mas, com toda a certeza, alguém aproveitará: quem faz! Se os que recebem serão gratos ou não, não nos interessa. O mais importante para quem faz o bem é tornar-se bom. Esses socorridos estão recebendo o bem que lhes fazemos, e os membros dessa equipe se tornam bons pelo bem que fazem. Antes de fazer o bem ao outro, meu amigo, é importante que façamos a nós mesmos. Todos que querem servir, ser servo fiel, útil ao Cristo, tentam seguir os ensinamentos de Jesus escritos por Mateus*[7]*: "O Senhor separará os bons dos maus indagando somente se fizeram o bem ou não". Nessa lição maravilhosa, Jesus afirma: "Estava com sede e me deste que beber, estava nu e me vestistes, doente e me visitastes etc. Perguntarão os que irão ser separados: Quando te vimos nu, com sede etc.?" Jesus ensina: "Tudo o que fizestes ao menor de meus irmãos, a mim é que o fizestes. Não podemos sentir Deus em nós se não sentirmos e compreendermos Deus no próximo. Quando encontramos Cristo nos outros, encontramos em nós". Procure entender: o maior beneficiado não é você nem esses abrigados, é aquele que dá. O amor cresce com a prática da caridade. Por isso, esses samaritanos são felizes, porque é sempre melhor dar do que receber.*

– *Nós, os socorridos, somos no momento os irmãos menores!* – exclamou comovido meu ouvinte.

– *Sim, no momento. Espero que todos cresçam* – respondi.

– *Vou aproveitar esta oportunidade e esforçar-me para aprender e colocar em prática o aprendizado. Quero ser no futuro um samaritano. Fazer o bem sem olhar a quem, sem esperar nada em troca.*

---

7. O texto citado, que o autor não citou na íntegra, faz parte da lição do Evangelho de Mateus, 25: 31 a 46. (N. M.)

Sorri incentivando-o.

O aeróbus da colônia chegou e partiu em seguida levando alguns socorridos. O dia clareou e os trabalhadores do posto vizinho também vieram para levar outros. Os que ainda estavam no pátio foram transferidos para as enfermarias. Chegou a hora de partir com os dois; pai e filho. Abracei o dirigente, Sérgio, Odila e alguns trabalhadores, agradecendo, e despedi-me. Os dois agradeceram também. Segurando as mãos deles, volitamos.

Somente em algumas colônias há escolas de regeneração, assim chamadas por serem freqüentadas por desencarnados que foram por eles mesmos denominados trevosos. Espíritos que foram moradores do umbral, que desencarnados continuaram praticando maldades e que têm conhecimentos, querendo mudar a forma de viver, aprender a ser ativo no bem, necessitam de um aprendizado diferenciado, específico. Ali eles não se sentem inferiores, estão reunidos por afinidades, cometeram erros parecidos e são incentivados a repará-los. Eles conhecem muito bem o umbral, sabem volitar e como viver sem o corpo físico. O objetivo desse ensino é lhes mostrar que podem se transformar em trigo e deixar de ser joio, ou tornar-se bons, fazendo o bem.

Essa escola localiza-se numa área do arredor de uma cidade espiritual. Entrei com os dois por um dos portões da colônia e fomos caminhando. Pai e filho admiraram tudo emocionados:

– *Como aqui é bonito!*

– *Limpo! Claro!*

Para entrarmos onde éramos esperados, passamos por outro portão. A área da escola é cercada, muito arborizada e florida. Há uma biblioteca grande, com muitos livros e salas de palestras, de música e recreação. As salas de aulas são espaçosas, como também os alojamentos dos estudantes. Para freqüentar os cursos, os alunos são convidados; aceitando o convite, o estudante permanece lá dentro, saindo somente com autorização. Em média, o discípulo conclui o curso em três anos. Com a conclusão, pode escolher reencarnar, servir em diversos setores ou continuar a estudar. Esse estudo tem dado resultados satisfatórios.

Resolvi mostrar a eles o local por sentir que o filho estava apreensivo e temeroso. Conversando e apresentando os dois a professores e alunos, foram se descontraindo e ficaram maravilhados expressando em todo momento seu contentamento.

– *Antônio Carlos, então serei seu aluno?* – perguntou o ex-feiticeiro.

– *Terá aqui muitos professores e eu serei um deles no segundo período.*

Desde que esta escola foi fundada, faço parte do corpo docente, lecionando somente uma matéria no segundo período. Como tenho aprendido com essa oportunidade de trabalho! Consolidamos conhecimentos quando repartidos.

Com os dois instalados, despedi-me e voltei à cidade Pitoresca para encontrar com Mary e conhecer Lílian.

Vingança traz sofrimento

Encontrei Mary em frente da casa do senhor Nico.

– *Antônio Carlos* – disse ela assim que me viu –, *me desculpei com Lílian e o encontro ficou para as onze horas e trinta minutos. Ela preferiu esse horário para que pudéssemos conhecer Nícolas, o neto, e o anfitrião durante o almoço. Como foi o socorro?*

Contei a ela sem muitos detalhes.

– *Que bom que deu certo!* – exclamou minha amiga. – *Antônio Carlos, já fui ao umbral por diversas vezes e não compreendo por que os socorristas usam rede de proteção. Eles sentem se acertarem as pedras neles? São atingidos pelos disparos que os umbralinos fazem?*

– *Mary, embora todos os desencarnados tenham o perispírito como o corpo espiritual, para a continuação da vida após o término do corpo físico, existem diferenças. Erros, ações maldosas, indevidas e imprudentes deixam esse corpo perispiritual mais pesado. Ao contrário, ações benévolas fazem esse veículo espiritual ficar suave e leve. Ataques dos umbralinos atingem mais a eles mesmos. Socorristas dificilmente são atingidos e, quando isso acontece, normalmente é porque deixou sua vibração abaixar. É por isso que os umbralinos quando atacam os trabalhadores do bem costumam xingar, ofender, na tentativa de que eles se sintam ofendidos ou escandalizados com os dizeres deles, abaixando a vibração e sendo, assim, atingidos. Se isso ocorrer, o socorrista recebe o golpe com menos intensidade, podendo tontear ou até sentir-se ferido por momentos. Quando acontece isso, os outros o socorrem e ele terá de voltar ao trabalho interno até se sentir apto a fazer novamente socorros pelo umbral. Usa-se a rede para proteger os socorridos, porque eles podem ser atingidos. Os postos de socorro se defendem também pelos abrigados, porque basta às vezes alguns deles escutar os umbralinos para sentir muito medo.*

– Vou relatar o que fiz – disse Mary. – *Visitei a avó de Marcelo. Ela estava tão embriagada que nem deu pela falta do menino. Tem outra festa para ir hoje e creio que não perceberá que o garoto desapareceu. Fui ver também a mãe dele, consegui fazê-la lembrar do filho e ela ficou saudosa e planejou ir amanhã, domingo, para ver a mãe e o filho. O chefe desencarnado e sete companheiros voltaram à gruta. Fiquei olhando de longe. Escutei dois deles comentarem que o chefe estava estranho, muito pensativo. Acham que foi pela conversa que teve conosco, ou seja, com você. Eles já sabem do resgate.*

– Mary, vamos à gruta – convidei-a. – *Acho que o chefe da cidade umbralina deixou algo lá para nós.*

Em segundos estávamos na gruta. Eles realmente tinham estado lá, mas naquele momento nenhum deles estava ali. Em cima da pedra em que deitaram o garoto havia um bilhete. Esse papel escrito, visto somente por desencarnados, foi plasmado. Estava dobrado e endereçado: "Aos dois incompetentes".

– Vamos abri-lo, com certeza foi endereçado a nós – comentei.

Mas antes examinei o papel. Armadilhas são muitas. Desencarnados imitam encarnados e vice-versa em artimanhas contra aqueles que têm conceitos diferentes dos seus. Desencarnados que sabem, fazem artefatos com finalidade de prejudicar, maltratar e eles afirmam serem defesas. Usam explosivos, choques, gases etc. Mas nesse bilhete não havia nada. Abri e lemos. Estava escrito com palavreado ofensivo e com xingamentos. Fazem isso para chocar, porque sabem que esse tipo de linguagem é abolido do vocabulário dos que querem se modificar para melhor. Tirando essas inconveniências, ele, o chefe do bando, escreveu:

Não quero um confronto com vocês. Seria o vencedor, porém tenho no momento assuntos mais importantes. Por isso, não me provoquem, senão os castigarei. Cuidem de sua vida! Esses encarnados não nos interessam. Dos meus companheiros, cuido eu. Não mexam com eles.

– *Antônio Carlos, o que ele quis dizer com esse bilhete?* – perguntou Mary.

– *Acho que esse espírito sabe muito bem que nós não somos incompetentes, que nenhum servidor de Cristo o é. Creio que ele não quer se confrontar conosco e com nenhum trabalhador do bem. Com certeza, sabe que fomos nós que entramos em sua cidade e resgatamos seus prisioneiros. Está fazendo um acordo, vocês fazem por aí o que querem, mas deixem-nos em nossa cidade.*

– *É o que vamos fazer, não é?*

– *Sim* – respondi. – *Não pretendo mais ir à cidade deles. Irei somente conversar com aquele desencarnado que saiu antes de o culto começar. Se eles não nos atrapalharem, será como ele quer. Não vamos forçar nenhum desencarnado.*

– *Você acha que eles vão interferir? Vão abandonar os companheiros encarnados?* – Mary quis saber.

– Dificilmente desencarnados moradores do umbral, os que agem com maldades, preocupam-se com alguém. Mas já vi muitos que querem bem ao outro, serem amigos e companheiros, como esse pai que socorremos. A maioria dos umbralinos, porém, cultiva o egoísmo, sentimento nocivo muito forte neles. Têm como lema: cada um por si e todos por mim. Estão abandonando os encarnados, com certeza não farão nada para ajudá-los.

Destruí o bilhete.

– *Vamos, Antônio Carlos, ao encontro. Lílian deve estar nos esperando.*

Volitamos até a frente da casa do senhor Nico. Lílian nos esperava. Cumprimentou-nos sorrindo e nos convidou:

– *Por favor, vamos entrar.*

Desencarnados, trabalhadores do bem, entram num local, numa residência, se convidados ou para fazer alguma tarefa. Aprendemos a respeitar a privacidade dos encarnados. Essas visitas se tornam agradáveis a nós quando encontramos no local fluidos emitidos por bons pensamentos, quando é realizado o *Evangelho* no lar e onde residem pessoas que fazem a caridade e boas leituras. Se essas energias nos são agradáveis, são repelentes para desencarnados com más intenções.

Mary e eu gostamos do lar do senhor Nico. Encontramos avô e neto almoçando.

– Sua festa de aniversário será linda! – exclamou senhor Nico. – Você está contente? Falta algo? Que quer, meu netinho?

– Vovô, está tudo bom. Será a minha primeira festa de aniversário. Estou contente! Somente sinto saudades de minha irmãzinha. Queria que ela viesse à festa. Ela também nunca foi a uma.

– Você sente falta de Elisabeta! Como não percebi isso? Vocês eram muito unidos, não eram?

– Sim, vovô, estávamos sempre juntos, mamãe, Lisa e eu. Acho que Lisa deve estar muito sozinha. Richard não ficava em casa, parecia que não gostava de nós três. Ela é muito pequena, eu cuidava dela. Quem está cuidando dela agora? Nem mamãe nem eu estamos perto dela!

Nícolas fez biquinho para chorar, o avô pegou-o no colo e o beijou.

– *Nícolas* – nos explicou Lílian – *é muito inteligente e, por tudo o que sofreu, às vezes raciocina como se fosse adulto.*

– Não fique triste! – consolou o senhor Nico. – Vou tentar localizar sua irmãzinha e ver se consigo que você fale com ela pelo telefone. Quem sabe seu padrasto não a deixa vir à sua festa?

O garoto sorriu e o senhor Nico voltou a falar da festa e acabaram de almoçar. O proprietário da casa telefonou para o seu advogado.

– Maciel, quero que telefone para Richard, o padrasto do meu neto, e peça a ele para deixar Nícolas falar com a irmãzinha pelo telefone e diga que os convido para vir aqui no aniversário dele, que será dentro de quinze dias.

Conversaram mais uns minutos e desligou.

– Não vai adiantar, vovô – disse Nícolas. – Richard não gosta de mim e não virá. Escutei-o dizer à minha mãe que nunca mais queria me ver.

– Vamos tentar. Richard não é nada seu, mas é pai de Elisabeta e deve amá-la e com certeza está cuidando dela. Agora vamos escovar os dentes, você vai comigo à fazenda. Voltaremos logo.

O garoto se animou e correu para o banheiro de seu quarto. Nós três, Lílian, Mary e eu fomos juntos. Observamos o garoto.

– *Que alívio!* – exclamou Mary. – *Nícolas não tem aura escurecida. Não tem o erro de um crime para resgatar.*

– *Quê?!* – perguntou Lílian.

Mary tentou explicar:

– *É difícil dizer que alguém na Terra não tenha cometido erros graves, ou em alguma encarnação, um assassinato. Já cometemos muitos erros. Mas, se eles forem quitados pela dor ou reparados, com o bem, as marcas dessas ações ruins somem. Nossos atos nos marcam, sejam eles bons ou maus. Construímos nossa aura, nossa vibração. Assassinos têm na aura cores escuras, principalmente nas mãos e cabeça. Mesmo que esses crimes tenham sido cometidos em encarnações anteriores, enquanto não forem reparados com ações edificantes ou por sofrimento recebendo reações parecidas, levam a reencarnações futuras essa marca. Nícolas não possui, podemos ficar esperançosos.*

– *Ele não será assassinado?* – perguntou Lílian esperançosa.

– *Não esqueçam* – respondi – *que estamos num planeta de provas e expiações. Uma pessoa pode ser assassinada como expiação, como também pode ser uma prova para ela provar a si mesma que perdoa uma maldade.*

– *Antônio Carlos* – comentou Lílian preocupada –, *temo que Nícolas seja a próxima vítima.*

– *Não, se pudermos evitar!* – exclamou Mary.

– *Eu tenho me esforçado para ajudá-los* – esclareceu Lílian. – *Tenho feito Nícolas sonhar. Quero adverti-lo! Tenho tentado!*

– *Lílian* – pedi –, *por favor, não faça mais isso. Observe Nícolas, é uma criança que já sofreu muito. Somente agora está conhecendo carinho e amor. Eva, a mãe, deve tê-lo amado, porém dava-lhe pouca atenção. Richard, o padrasto, não lhe queria bem e impedia Eva de lhe dar carinho. Apegou-se à irmãzinha e sente saudades dela. Acharemos outro modo de ajudá-lo, não devemos de forma nenhuma perturbar o garoto. Ele não deve ter mais pesadelos.*

– *Que bom vocês terem vindo ajudar!* – exclamou Lílian. – *Farei o que me aconselharem. Sou moradora da colônia espiritual no espaço desta cidade, Pitoresca, tive permissão para vir auxiliá-los e aguardei ansiosa o reforço. O dirigente da colônia me afirmou que receberia ajuda. Vamos conseguir, não é?*

– *Vamos tentar* – afirmei. – *Nós, os desencarnados e encarnados, podemos sempre tentar impedir atos maldosos.*

– *Com certeza, conseguiremos!* – Mary exclamou me interrompendo e dando esperanças a Lílian.

– *Que faço? Como devo agir?* – perguntou Lílian.

– *Você deve ficar aqui, perto de Nícolas* – respondi. – *Vamos agora nos empenhar para que seja encontrado o corpo de Marcelo. Voltaremos aqui mais vezes e planejaremos como agir.*

– *Lílian, como está seu filho Niquinho? E Eva? Você sabe como estão e onde?* – Mary quis saber.

– *Sei sim* – respondeu Lílian. – *Niquinho, meu filho, está abrigado na colônia onde moro. Está aprendendo a viver no plano espiritual e não sabe de nada que acontece aqui. Eva ficou muito confusa com sua mudança de plano, tive permissão para ajudá-la.*

Está socorrida numa enfermaria se recuperando. Niquinho não sabe que ela desencarnou. Estou esperando que ela melhore para contar a ele e para que possam se rever.

Os dois, avô e neto, saíam para ir à fazenda e Lílian os acompanharia. Despedimo-nos dela e também saímos da casa.

– *Mary* – disse –, *vou atrás daquele desencarnado que saiu da gruta para não ver o assassinato de Marcelo.*

– *Como vai achá-lo?* – perguntou Mary.

– *Observei-o bem e agora basta pensar nele para sentir onde está* – respondi.

– *E se ele estiver na cidade umbralina?*

– *Nesse caso, esperarei que ele saia. Não vou entrar lá novamente. Quero conversar com ele e na cidade não é local adequado. Você vem comigo?*

– *Depende de onde ele estiver* – respondeu minha amiga. – *Se ele estiver num lugar perigoso, não irei, posso atrapalhá-lo.*

Concentrei-me pensando nele e localizei-o. Ele estava no umbral, numa gruta, sozinho, quieto e pensativo. Mary resolveu ir comigo. Andamos pela zona umbralina, tentando não sermos vistos. Quando um trabalhador do bem vai ao umbral com um objetivo, é melhor não ser visto, porque muitos pedem socorro que não é possível no momento atender; encontram-se também os que querem um confronto. Depois de andar por uma hora e termos parado por três vezes, encontramos a gruta.

– *É aqui!* – informei.

Entramos numa furna estreita e pequena. O desencarnado que procurávamos estava sentado numa pedra e pensava:

"Estou de folga e não tenho vontade de ir a lugar nenhum. Sinto-me sozinho, triste e sofro. Será que isso não acaba mais?"

– *Olá!* – cumprimentou Mary.

Tornamo-nos visíveis a ele e sentamos a seu lado. Ao nos ver, quis levantar e sair. Segurei em seu braço e pedi:

– *Por favor, me escute, tenho de conversar com você.*

Como ele não disse nada, ficamos quietos por instantes, aí ele nos olhou e voltei a falar:

– *Nós estávamos na gruta onde mataram aquele garoto. Vimos você sair. Queremos saber o porquê.*

– *Curiosos?* – perguntou ele tentando rir.

– *Não* – respondi. – *Se você não quis ver nem participar daquele ato cruel é porque não concorda com as atitudes deles.*

– *Quem são vocês? São diferentes! Com certeza não são moradores umbralinos. Que querem de mim?* – perguntou ele com receio.

– *Já pensou em conhecer outra maneira de viver?* – perguntei.

– *Eu?! Não! Como pensar? Que mereço?*

– *Sempre temos oportunidades quando queremos mudar* – falou Mary.

– *Não quero piedade!* – exclamou ele – *Nem que me convertam. Não gosto de seres piegas. Por favor, retirem-se ou me deixem sair.*

– *Plínio!* – falei. – *É assim que se chama, não é? Você nunca quis saber de seu filho? Ele morreu, desencarnou, você também. Se você continua vivendo aqui, ele, seu filhinho, deve estar em algum lugar. Será que ele tem tanto rancor como você ou perdoou e quer que você perdoe também?*

– *Como sabe meu nome? Que sabe de meu filho? É adivinho? Conhece-me?* – perguntou ele, aflito, nos olhando atentamente.

Muitos encarnados e desencarnados deixam transparecer no seu semblante a agonia que sentem, é como um pedido de ajuda. Basta alguém mais sensível observar seus companheiros, amigos, colegas de trabalho para saber se eles estão bem ou não. Desencarnados também deixam transparecer seus sofrimentos. Com experiência de anos trabalhando em auxílio do próximo, aprende-se mais. Quando encontramos alguém como esse desencarnado que sofre, aquela forma de viver não o satisfaz mais, se abre, deixa transparecer o que sente e pensa. Mas quando o encarnando ou desencarnado se fecha, é difícil perceber o que sente e para saber é necessário muito estudo e treino. Respondi esclarecendo-o:

– *Às vezes, basta olhar para uma pessoa aflita para saber seu problema. Não é por curiosidade. Estamos conhecendo-o agora. Você está sofrendo e cansado de viver odiando, a vingança não lhe trouxe alívio. Vejo seus sentimentos e por eles sei que mataram seu filho.*

Quietamos. Plínio começou a chorar e Mary carinhosamente o abraçou.

– *Abraça um assassino!* – exclamou ele. – *Você não tem medo? Não sente repugnância?*

– *Não* – respondeu Mary lhe dando tapinhas nas costas. – *Atire a primeira pedra quem nunca pecou. Você precisa de carinho e de compreensão. Se está sofrendo, não quer viver mais assim, porque não reverte a situação? Largue tudo e venha conosco. Aprenderá a viver de outra forma.*

– *Você não sabe o que eu fiz!* – disse Plínio encabulado.

– *E nem você sabe o que estive fazendo!* – exclamou Mary.

– *Com certeza não foi a mesma coisa. Olhe para você e para mim, somos diferentes!*

– *É que eu nem sempre fui assim* – rebateu Mary.

– *Se eu falar o que fiz, talvez vocês não me queiram por perto.*

Percebe-se quando uma pessoa quer falar de si, e Plínio queria. Desabafar com certeza traz muito alívio.

– *Fale, por favor, gostaríamos de ouvi-lo* – pedi.

– *Era feliz encarnado, casado, tinha seis filhas, quando nasceu meu filho, amava minha família e tudo estava perfeito para mim. Um grupo de três homens raptou meu filho que estava com três anos e o encontramos morto com sinais de tortura. Sofremos muito, fiquei desesperado. Somente continuei a viver para me vingar. Descobri os criminosos e os matei, os três, um de cada vez e os torturei. Cheguei até a ser preso, mas não fui condenado. Não saciei minha sede de vingança, continuei odiando-os. Desencarnei anos depois e vim para o umbral, fiz de tudo para ser aceito como servidor do chefe e consegui. Procurei pelos três e encontrei dois deles. O terceiro me disseram que se arrependeu e os bons o levaram. Infernizei os dois, castiguei-os. Um deles me pediu perdão, não perdoei e ele desapareceu da prisão em que o coloquei.*

– Plínio, você perdeu tempo em se vingar – disse. – *Quem se dedica a prejudicar os outros inferniza a si mesmo. Se você tivesse perdoado quando encarnado, não tivesse se dedicado à vingança, os três com certeza seriam presos e você não sentiria a dor do remorso de tê-los assassinado. Ao indagar se Mary sentiria repugnância ao abraçá-lo, é porque você tem de si mesmo, isso é remorso. Não devemos nos tornar maus ao receber uma maldade. Você tinha esposa e filhas, uma família. Talvez não conseguisse mais ser feliz como antes, mas viveria tendo alegrias, com os netos e junto de afetos. Mudou sua vida para pior quando decidiu se vingar. Causou com certeza mais sofrimentos aos seus entes queridos, distanciou-se deles. Suas filhas ficaram sem o irmão e o pai; sua esposa, sem o filho e marido. Desencarnou e, em vez de querer se encontrar com o filho, veio atrás dos desafetos. Com a ilusão de fazê-los sofrer, sofreu mais.*

– Foi por isso que não fiquei na gruta. Lá eles iam matar um menino. Eu não queria ver! Vocês têm razão, o ódio e a vingança me cansaram. Não fui feliz vingado! – concluiu Plínio abaixando a cabeça.

– Por que não perdoa e pede perdão? – argumentou Mary. – *Você, de vítima, tornou-se carrasco.*

– Será que ainda posso mudar?

– Basta querer – afirmei.

– Plínio – falou Mary –, *não se perdoa por orgulho, há pessoas que acham que é covardia não revidar uma ofensa, porém é um ato de extrema coragem suportar uma maldade e não revidá-la.*

– Você, querendo se vingar – disse –, *iguala-se aos ofensores, tanto que todos vieram, ao desencarnar, para este local de trevas e sofrimentos. Eles praticaram, contra você e sua família, um ato negativo e você, os odiando, gerou também uma energia negativa. Não odiando mais, você porá fim a essa sua energia maléfica, que o sentimento de ódio produz.*

– *Ali* – apontou Plínio para o fundo da furna –, *está preso um dos assassinos de meu filho. Não quero mais me vingar. Estou cansado! Se vocês entraram na cidade umbralina e libertaram presos, enfrentaram o chefe, devem poder me ajudar. Quero ir para longe daqui!*

– *Vou levá-lo* – afirmei. – *Mary, fique lá fora com ele, me espere no vale que vimos a uns cem metros daqui. Vou libertar esses desencarnados que aqui estão presos e depois irei encontrá-los.*

Mary pegou na mão de Plínio e os dois saíram. Examinei o lugar. Nessa furna havia três buracos com alguns desencarnados presos. Soltei todos e pedi que esperassem. Mas, ao serem libertados, a maioria saiu correndo. Ficaram somente três. Falei com eles:

– *Estou tirando-os daqui e ofereço ajuda. Vocês querem ir para um posto de socorro? Uma casa de caridade onde serão ajudados?*

Somente um aceitou, os outros dois agradeceram e saíram. O desafeto de Plínio ficou, porque o impedi de sair. Olhei para ele e perguntei:

– *Você não quer ajuda?*

– *Não!* – respondeu ele. – *Fui muito ofendido, agora é minha vez de descontar. Vou planejar e me vingar daquele assassino cruel!*

Deixei-o sair e também me afastei daquela furna levando comigo o desencarnado que queria auxílio. Encontrei com Mary e levamos os dois socorridos para a escola de regeneração. Depois de deixá-los instalados, Mary e eu ficamos conversando.

– *Antônio Carlos* – quis saber minha amiga –, *o que vai acontecer com o ex-prisioneiro de Plínio?*

– *Com certeza vagará pelo umbral. Agora não achará seu desafeto porque não tem como ele ir onde levaremos Plínio. Mas não deixará de procurá-lo. Para os que não perdoam, a vingança é seu objetivo. Podem fazer com que o seu desafeto sofra, mas sofrem junto.*

– *É por isso que vemos tantos encarnados serem obsediados por desencarnados sedentos de vingança* – comentou Mary suspirando.

– *São vítimas e carrascos, e vice-versa. Ora em condição de verdugos ora de perseguidos. O fato é que, não perdoando, muda-se de uma situação a outra. Perde-se um tempo precioso em fazer o outro sofrer e não cuidar de si, fazendo-se feliz. Jesus nos recomendou com grande sabedoria que perdoássemos sempre e mais, que amássemos os inimigos. Se Plínio um dia conseguir amar esses desafetos, terminará com esse círculo de rancores. O amor é um sentimento positivo que anula o negativo do ódio. Amor produz luz, que clareia as trevas.*

– Somente teremos paz na Terra quando todos se amarem! – exclamou Mary. *– Aí, os fluidos do planeta serão outros, de paz e harmonia.*

– É isso mesmo, Mary. Cabe a cada um de nós amar primeiro para depois cobrar que os outros amem. Vamos agora nos separar. Iremos nos encontrar na cidade Pitoresca amanhã cedo, que é domingo, e vamos nos esforçar para que descubram o corpo de Marcelo.

Despedimo-nos. Mary se dedicaria em tempo integral a essa tarefa. Mas eu tinha outros afazeres e me empenharia em ajudá-la somente algumas horas por dia.

A cidade em pânico

No domingo pela manhã, fui me encontrar com Mary, e minha amiga ao me ver me informou:

– *Tudo está do mesmo modo. Sem novidades.*

– *Que manhã bonita!* – exclamei. – *Dia propício para passeios. Vamos para onde está o corpo de Marcelo, talvez achemos alguém passeando lá por perto.*

E encontramos. Passeavam pelo local um pai com o filho de 11 anos. Tinham ido pegar mudas de orquídeas para a esposa e mãe. O garoto observava os pássaros e os dois conversavam contentes.

– *Que agradável ver carinho entre pai e filho!* – exclamou Mary.

Sorri concordando.

O pai subiu numa árvore para pegar uma muda. Com cuidado, ele tirou a plantinha do tronco da árvore e jogou para o filho. Desceu da árvore.

– Vamos agora por ali – determinou o pai.

– *Antônio Carlos, eles vão em direção contrária* – falou Mary preocupada.

Vi uma linda borboleta azul. Mandei a ela, à borboleta, fluidos de amor, ela veio voando em minha direção. Gostou de minha energia. Locais onde se concentram energias ruins, plantas e animais, se colocados nessas áreas, adoecem e até morrem. Tanto plantas como animais gostam de estar perto, de conviver com emanações de carinho e fluidos agradáveis. Energias positivas atraem outras positivas, como também as negativas vão atrás das semelhantes.

O garoto viu a borboleta, admirou-a e quis se aproximar dela para vê-la de perto.

– Que borboleta maravilhosa! – exclamou o filho.

– Não a pegue filho. O bichinho merece ser livre e voar pela mata! – pediu o pai.

– Apenas quero vê-la! – afirmou o menino.

– Está bem, mas não se afaste muito! – autorizou o pai.

Fui me afastando na direção do barranco. A borboleta foi me acompanhando, voando graciosa e o garoto andando em direção a ela.

– Espere aí, borboleta! – pedia o garoto.

Para aquele menino, esperto e saudável, andar por ali não era difícil, ele foi pulando galhos, afastando outros e chegou ao barranco. Continuei atraindo a borboleta e aproximei-me do cadáver de Marcelo.

O menino segurando um galho, olhou para baixo e viu o corpo lá embaixo e gritou:

– Ei! Você está bem? Que faz aí? Ei! Meu Deus! Você está morto? Precisa de ajuda?

"Corre e chame por seu pai! Chame seu pai!", rogou Mary ao garoto.

E foi o que ele fez, saiu correndo e gritando pelo pai. Fiz um carinho na borboleta, agradeci-lhe o auxílio e ela voou desaparecendo entre as árvores. O pai, escutando os gritos do filho, foi ao seu encontro desesperado. Ao vê-lo abraçou-o e perguntou:

– Que aconteceu, meu filho?

– Tem alguém caído lá embaixo – falou o menino depressa apontando o barranco.

– Você tem certeza?

– Tenho. Venha ver.

Os dois se aproximaram do barranco.

– Que lugar difícil! – queixou-se o pai, segurou no galho e olhou para baixo e gritou: – Meu Deus! É verdade! Parece uma criança! Ei, você! Precisa de ajuda?

– Acho que está morto, papai, ele não se mexe! – opinou o garoto.

– Vamos buscar ajuda, e rápido! – determinou o pai.

Passando correndo entre os galhos e se arranhando, os dois chegaram ao local onde tinham deixado as bicicletas; pedalando rápido, desceram pela trilha e foram ao motel mais próximo e telefonaram para a polícia. Aflitos, contaram o que viram aos empregados que ali estavam. Foram se aproximando mais pessoas e, quando o carro de polícia chegou, o grupo era de dez. Veio o delegado com um soldado, que escutaram o pai explicar o que acontecera. Os policiais resolveram ir lá e os que ali estavam os acompanharam. Pai e filho foram à frente.

– Que lugar difícil! – exclamou o delegado. – Que vocês vieram fazer aqui?

– Estávamos ali – apontou o menino –, quando vi uma linda borboleta. Quis vê-la de perto e fui atrás dela. E vi a pessoa caída.

O delegado e o soldado foram os primeiros a se debruçar no barranco.

– É verdade! É uma criança! Parece estar morta! – exclamou o delegado.

Os outros curiosos quiseram ver. Um moço, empregado do motel, se ofereceu:

– Delegado, pratico alpinismo, se o senhor quiser, desço até lá e vejo se ele está de fato morto ou ferido.

– Desça – concordou o delegado –, verifique somente se está vivo ou não. Se estiver vivo, descemos e o socorremos; se não, não mexa em nada.

O moço desceu. De fato não encontrou dificuldades. Olhou para o menino, passou a mão no seu nariz, depois colocou a mão no pescoço de Marcelo, para certificar-se de que não tinha mais batimentos e gritou:

– Está morto, delegado! Tem um ferimento no peito!

– Suba! Você, soldado, fique aqui e não deixe ninguém mais descer. Vou pedir reforço e a ajuda da polícia técnica.

O delegado voltou à cidade sozinho e depressa. Os outros curiosos ficaram lá apreensivos e falando baixo.

Mary e eu ficamos por ali. Logo o delegado voltou com outros profissionais, tiraram fotos, fizeram seu trabalho calados. Mesmo acostumado a verem cenas tristes, comoveram-se em ver aquele garotinho assassinado. A notícia espalhou-se pela cidade. Muitos queriam ir ao local e a polícia impediu as pessoas de subirem pelas trilhas. Tiraram o corpo de Marcelo dali e o levaram para a delegacia. Ele foi reconhecido, um grupo se ofereceu para avisar a avó.

Encontraram-na dormindo. Com delicadeza, um senhor contou à senhora, avó de Marcelo, que nem percebera que o neto não estava em casa, que estava desaparecido, que seu netinho havia falecido. A mãe de Marcelo chegou para visitá-los e, ao ver muitas pessoas na casa de sua mãe, assustou-se. Quando soube da tragédia, gritou desesperada. Foram todos para o centro da cidade.

O senhor Nico, ao saber, foi apreensivo à delegacia. O delegado mostrou a criança morta e comentou:

– Creio, senhor Nico, que estamos tendo aqui assassinatos em série e por algum motivo. O médico legista o examinará e com certeza o laudo será: morte pelo ferimento no peito e por um objeto pontiagudo, faca, e a vítima perdeu muito sangue. O laudo apontará ainda se o garoto foi assassinado em outro local e o corpo jogado naquele barranco.

O senhor Nico saiu do prédio, entrou no seu jipe e ia ligar o veículo quando César, o dono do bar, que estava de moto, parou ao seu lado e perguntou:

– Senhor Nico, já está sabendo do crime?

– Estou – respondeu ele.

– Não acha que encontraram o corpo rápido demais? – perguntou César.

– Como?

– Bem, é que tudo indica que a criança foi morta há menos de 48 horas e...

– Senhor Nico! Senhor Nico! – gritou a mãe de Marcelo.

Ela tivera a confirmação que, de fato, seu filho estava morto. Estava na frente da delegacia com outras pessoas que, solícitas, amparavam mãe e avó naquele momento difícil. A jovem mãe aproximou-se da porta do jipe e gritou:

– O senhor é quem manda nesta cidade! Como deixa isso acontecer? Deve ordenar que a polícia encontre o assassino! Manda ou não? Costuma dizer que cuida deste lugar. Cuida nada! Só se for dos ricos e dos seus amigos! Para pobres como eu, o senhor nem liga!

– Chega! – gritou César. – Cale-se! Que tem o senhor Nico com esse crime?

– Não calo! – a mulher gritou mais alto. – Ele tem tudo a ver! Não é ele quem manda nesta cidade? Por que não tomou providências para prender o assassino de Rodolfo, a primeira criança assassinada? O criminoso ficou solto e aí mataram meu filho. Acha que, por eu ser pobre, prostituta, não sofro com a morte do meu filhinho? Pobre não sofre? Queria ver se fosse seu neto o morto!

– Calma! Calma! – as mulheres que a acompanhavam puxaram-na para o lado oposto do jipe.

O senhor Nico não respondeu. Surpreso, não conseguiu dizer nada. Quando todos se afastaram, ele foi para sua casa. Encontrou seus empregados comentando e Odete lhe perguntou o que de fato acontecera. Ele contou o que sabia. Ao ir para a sala, escutou outra empregada falar a Ada:

– Como não nos preocupar? *Nícolas* tem sete letras, é menino e fará sete anos.

O senhor Nico gelou. Trêmulo, sentou-se e Lílian aproveitou o momento, olhou-o fixamente e lhe rogou:

"Nico, querido, tome providências! Corremos perigo!"

Ele lembrou-se dos sonhos do neto e disse baixinho:

– Vou tomar providências!

Telefonou para o delegado.

– Conheço-o há muito tempo, somos amigos, sei de sua competência, mas quero lhe pedir um favor: empenhe-se ao máximo para prender esse ou esses assassinos. Coloco-me à disposição para o que precisar – dinheiro, veículos e pessoas. Mas quero sua prisão!

Desligou o telefone, que tocou em seguida. Era o advogado Maciel.

– Nico, conversei com Richard, o padrasto de Nícolas, e ele me disse que a filha Elisabeta não poderá vir para o aniversário do irmão, que no momento não pode recebê-los e prefere que os dois não se falem.

O senhor Nico agradeceu e deu a notícia ao neto.

– Pelo menos o senhor tentou, vovô. Não fique aborrecido – disse o garoto tristonho.

Tive de me ausentar da cidade Pitoresca. Três dias depois, quando voltei, Mary me contou o que acontecera na minha ausência.

– Acho que todos os moradores da cidade e muitas pessoas das cidades vizinhas vieram para o enterro. A mãe e a avó de Marcelo choraram desesperadas, realmente sofreram muito. A avó prometeu não beber mais. O comércio ficou fechado no domingo e na segunda-feira. Algumas pessoas jogaram pedras na delegacia exigindo que prendessem o criminoso. Os pacatos habitantes desta cidade estão revoltados e pela região só se comenta esse crime. Estão em pânico, não saem mais à noite, ninguém pesca mais no lago e as crianças não saem mais sozinhas. Todos estão com medo. Os pais de meninos cujo nome tem

sete letras estão desesperados. Vamos entrar agora, Antônio Carlos. Lílian nos espera lá dentro da casa. O senhor Nico está conversando com o neto.

Entramos e os encontramos no escritório. Ouvimos o garoto dizer:

– Vovô, acho que não quero fazer sete anos. Lá na escola, todos dizem que é perigoso ser menino, ter sete anos e nome com sete letras. Leandro me disse que sua mãe vai passar uns meses com uma tia, longe daqui, e o levará com ela. A mãe dele acha que corre perigo. Estou com medo e não quero fazer aniversário.

"O que o pânico faz!", pensou o senhor Nico e respondeu tranqüilo ao neto.

– Que bobagem! O delegado me garantiu que logo prenderá o assassino. Não tenha medo!

Nícolas saiu do escritório e Odete perguntou:

– Senhor Nico, é verdade que logo prenderão o assassino?

– Não sei – respondeu o dono da casa –, falei isso ao menino para tranqüilizá-lo. O fato é que a polícia não tem pista nenhuma. Nada de concreto. Ninguém viu nada. Ele ou eles não deixaram rastros. Todos estão em pânico. Na noite passada, uma senhora que tem um filho com sete anos atirou no seu vizinho, que pulou a mureta e entrou no quintal dela para pegar umas frutas. Ainda bem que o tiro atingiu a perna dele deixando-o ferido. Receio que aconteçam outros fatos como esse, desagradáveis e perigosos pelo fato de as pessoas estarem apavoradas.

O dia do aniversário de Nícolas chegou. Lílian nos convidou e Mary e eu fomos. A festa estava muito bonita, a meninada alegre corria pelo jardim. Um palhaço e um mágico brincavam com as crianças. Nícolas estava contente, ria, pulava e gostou muito de abrir os presentes. Fernando veio com a família e pediu ao tio:

– Titio, parto depois de amanhã. Esperei pela festa de Nícolas. Isabelle e eu queremos fazer um bom passeio. Quero lhe pedir um favor. Meus filhos ficarão com os meus sogros, o senhor sabe que com os pais de Isabelle não preciso me preocupar. Disse ao meu sogro que se meus pais forem lá incomodar, para lhe telefonar. Se isso acontecer o senhor resolve para mim?

– Pode deixar Fernando, viajem tranqüilos, você merece essas férias, vá sossegado. Se minha irmã e o cunhado se atreverem a incomodar seus sogros, tiro-os de lá nem que seja à força.

– Obrigado, titio!

Evitaram comentar sobre os assassinatos na festa, muitas pessoas olhavam com apreensão para a vela de número sete no bolo. Os pais, principalmente mães com filhos com nome de sete letras não desgrudavam deles. Escutamos uma mãe comentar que colocou o filho até para dormir com ela.

– *Todos estão temerosos* – comentou Mary. – *O pânico domina a cidade.*

A festa durou toda a tarde de domingo e Nícolas ficou muito feliz.

À noite, a irmã do senhor Nico, Nelva, ligou para ele.

– Então, irmão ingrato, fez uma festa em sua casa e não nos convidou! Esqueceu de sua irmã, a única que tem. Ficamos ofendidos! Você se prepare, sabe bem o que faço quando fico ofendida. Vai me pagar!

Desligou o telefone não o deixando falar nada. Naquela noite, o senhor Nico estava inquieto, tinha uma sensação estranha, como se algo perigoso fosse acontecer. Não sabia o que era e ficou pensando se não estava aflito por esses assassinos estarem soltos e, talvez, se preparando para cometerem outro crime.

"Será", pensou, "que eles se atreveriam a assassinar meu neto? Seria coincidência as duas crianças mortas serem do sexo masculino e com nome de sete letras e sete anos de idade? Matariam alguém que não fosse pobre? A mãe de Marcelo teria razão? Com pobre não se faz justiça? Ofereci uma boa recompensa em dinheiro para quem desse informação sobre esses crimes. Nada! Ninguém sabe, ninguém viu nada!"

Pegou no cofre um revólver, carregou-o e deixou na gaveta da mesa de cabeceira e trancou-a.

– Se precisar usá-lo, aqui é mais fácil pegá-lo – exclamou baixinho.

Procurou por Odete, encontrou-a na cozinha.

– Foi uma festa perfeita! – comentou Odete. – Nícolas estava tão cansado que já foi dormir. Vou guardar esses doces e também vou descansar.

– Odete – pediu senhor Nico –, quero que você feche bem a casa e fique atenta a qualquer movimento estranho.

– O senhor está preocupado?

– Com esses assassinos soltos, quem não está? É melhor nos acautelar.

Foram dormir.

Mary e eu nos despedimos de Lílian, que também estava preocupada.

– *Lílian* – falei –, *vamos permanecer esperançosos. Temos tempo, o grupo vai demorar para se reunir novamente. Vamos estudar um plano de ação. Voltaremos a nos encontrar na terça-feira.*

Saímos da casa. Mary e eu tínhamos uma visita marcada.

As histórias dos dois meninos

Mary e eu fomos à colônia no espaço espiritual em que se situam as cidades Pitoresca, Encontros e uma outra pequena. A colônia é muito bonita e arborizada. É sempre agradável conhecer uma cidade do plano espiritual. Atravessamo-la para ir ao educandário.

– *Pena que não dispomos de tempo para conhecer esse singelo local* – lamentou Mary.

No educandário, fomos recebidos por Silas, um senhor simpático que nos convidou a entrar.

– *Agradecemos por nos receber* – falei. – *Viemos aqui para ter notícias de Rodolfo e Marcelo, os garotos assassinados recentemente na cidade Pitoresca. Gostaríamos de vê-los e, se possível, saber o porquê de terem tido um desencarne violento.*

Silas nos acompanhou, passamos por pátios e corredores. Os educandários, locais onde abrigam crianças desencarnadas, são muito bonitos, todos decorados como a garotada gosta. Neles reina a alegria, tudo é feito para o bem-estar desses pequeninos, que têm ali seu lar temporário. Ao chegar a uma ala onde estão os quartos, Silas abriu uma porta e nos informou:

– *Aqui está Marcelo. Ainda não acordou porque sua mãe e avó têm chorado muito, estão revoltadas e as vibrações das duas com sentimento de culpa podem incomodá-lo. Por isso está adormecido.*

Observamos o garoto. Marcelo estava corado, dormia tranqüilo e não tinha nenhum ferimento. Somente seu corpo físico foi ferido. O desencarnado somente traz ferimento no perispírito quando fixou a lesão e a sente como reflexo. Marcelo não viu nem sentiu ser ferido, estava sedado. É muito difícil crianças terem reflexo de um ferimento. Os reflexos do físico neles são suaves e fáceis de serem superados.

– *Ele, quando acordar, saberá que desencarnou, como foi?* – quis Mary saber.

– *Como ele permanecerá aqui e não voltará à sua casa, damos explicações de acordo com seu entendimento. Normalmente, crianças aceitam com naturalidade, pois o desencarne é natural. Não temos muitos problemas na aceitação deles dessa mudança de planos. Quanto ao modo como desencarnou, diremos a ele somente o que quiser saber. Não complicamos. Crianças são simples e respostas claras as satisfazem.*

– *Dirão a Marcelo que ele foi assassinado?* – perguntou Mary.

– *Sim* – respondeu Silas –, *que um grupo de fanáticos o assassinou.*

– *Os habitantes da cidade Pitoresca estão aterrorizados* – comentou Mary, que quis saber mais: – *Falar muito sobre os crimes prejudica os meninos aqui?*

– *Comentários* – explicou Silas – *sobre o desencarne de uma pessoa normalmente a afeta, porque escuta, sente o que muitos pensam e falam. Adultos desencarnados não socorridos perturbam-se demais. Se os encarnados comentam com piedade, eles ficam com dó de si mesmos. Se falam de seus defeitos e atos ilícitos, eles ficam com raiva. Mesmo estando socorridos, também são afetados, porém com menor intensidade. Recomenda-se muito, e com toda a razão, para que em velórios as pessoas orem e evitem conversas inoportunas. Nos educandários, existe uma proteção maior para evitar que nossos pequeninos abrigados sintam ou escutem falatórios. Mas não temos como evitar que recebam as vibrações de dor de afetos, principalmente familiares, porque estão ligados pelo carinho, o amor é laço forte. São raras as exceções em que as crianças não necessitam ser adormecidas para não sentirem as dores dos encarnados. E quando o desencarne se deu por um motivo que comoveu muitas pessoas e os comentários são muitos, necessitamos proteger mais ainda nossos abrigados, como esses meninos assassinados. Ao mesmo tempo, são muitas as orações que recebem e essas energias piedosas anulam as outras e, como vêem, eles estão bem.*

– *Como orações têm forças!* – exclamou Mary.

– *Sim* – continuou Silas explicando –, *dá conforto, consola, orienta e quando endereçada aos desencarnados, eles sentem-se amados e amparados. Agora vamos ver Rodolfo.*

Encontramos Rodolfo brincando no pátio com outras crianças.

– *Rodolfinho está se adaptando e bem* – informou Silas.

As crianças, ao verem nosso cicerone, correram ao nosso encontro e nos cumprimentaram alegres. Silas as abraçou e pediu para que elas voltassem a brincar e nos convidou a segui-lo.

– *Vamos para minha sala. Lá conversaremos sem sermos interrompidos.*

Mary gostou muito do educandário, foi olhando tudo, cumprimentando as crianças que encontrávamos. Chegamos e Silas nos convidou:

– *Por favor, acomodem-se.*

– *Gostaria de saber as histórias dos meninos* – pedi. – *Vamos entender melhor o que lhes aconteceu conhecendo o passado deles.*

Silas pegou um caderno de anotações, abriu e disse:

– *Anotei o que pode lhes interessar. Rodolfo! A penúltima encarnação dele foi no século dezenove. Era um jovem filho de fazendeiro, ambicioso e romântico, que se apaixonou por uma jovem que estava prometida a outro moço. Ele não se conformou em perdê-la. Esse outro moço era boa pessoa; estava também enamorado por sua prometida e ia vê-la todos os sábados, pois morava numa fazenda. Rodolfo planejou assassiná-lo. Para isso, agiria sozinho; estudou o caminho que o rival fazia e, num sábado, ficou de tocaia a esperá-lo. Numa curva da estrada, Rodolfo jogou uma pedra na cabeça do moço, que caiu do cavalo. Aproximou-se com um punhal na mão. Embora ferido, o rival de Rodolfo não perdeu os sentidos, pensou que ia ser roubado e rogou: "Por favor, por Deus, não me mate! Leve o cavalo, o que tenho, mas me poupe. Sou jovem, estou noivo, quero casar e ter filhos". Rodolfo escutou os rogos do moço e ficou com mais raiva quando ele falou da noiva e dos sonhos de casar. Friamente, golpeou-o no peito. Para parecer roubo, tirou dele tudo de valo, assustou o cavalo e voltou para casa. Os pais do moço preocuparam-se com a demora do filho e, quando viram o cavalo retornar sozinho, saíram à sua procura e o encontraram agonizando na estrada. Ele desencarnou em seguida. Ninguém descobriu o autor desse crime. Rodolfo, meses depois, pediu a mão da amada em casamento e passaram a namorar. Casaram-se. Ele, porém, não foi feliz como imaginava. A esposa estava sempre triste e ele achava que ela amava o antigo noivo. Às vezes, ele achava que ouvia vozes, os rogos daquele que assassinou. Sentia remorso. O jovem morto por ele era realmente uma boa pessoa, aceitou o desencarne, perdoou seu assassino e foi socorrido. Mas Rodolfo não se perdoou, tornou-se agressivo, estava sempre com medo, tinha pesadelos. Desencarnou idoso e infeliz. Socorrido depois de alguns anos, pediu para reencarnar e receber a reação desse ato que tanto o fazia sofrer. Achava-se incapaz de reparar seu erro pelo trabalho edificante. E reencarnou num lar que reunia pessoas endividadas, todas necessitadas de se equilibrar. Antes, ele se sentia como devedor, e essa dívida o incomodava muito. Agora, embora não sabendo, não tendo recordado nada do seu passado, ele se sente aliviado, tranqüilo, está pronto a recomeçar sem esse peso do remorso.*

Silas fez uma pausa e continuou a falar:

– Marcelo! Em sua encarnação anterior,quis estudar e o fez com muito sacrifício. Seus pais trabalharam muito, a mãe fazia doces

e ia vendê-los na rua. Formou-se e estava para arrumar um bom emprego. Tinha muitos planos: de ajudar seus pais, não queria que trabalhassem mais, compraria uma boa casa para eles; de auxiliar os irmãos; de trabalhar muito e ser um ótimo profissional. Mas uma noite encontrou-se com uns amigos e ficaram conversando e bebendo num bar. Depois de algumas horas, a maioria já tinha saído; ficaram três e beberam muito. Resolveram ir embora quando o proprietário do bar falou que ia fechar o estabelecimento. Um deles seguiu em direção contrária. Marcelo e Rômulo seguiriam juntos por uns dois quarteirões e depois se separariam. Rômulo insistiu para que Marcelo fosse com ele por mais algumas quadras, ele foi. Bêbados, começaram a discutir e acabaram por trocar socos. Rômulo tirou do bolso um canivete e atacou Marcelo, que se defendeu. Os dois rolaram pela calçada e Rômulo caiu em cima da lâmina afiadíssima ferindo seu próprio peito. Marcelo, com o susto, ficou sóbrio. Olhou para o amigo que agonizava, apavorou-se e pensou: "Não tive culpa! Será que alguém vai acreditar em mim?" Perderia tudo, o emprego, talvez não pudesse exercer sua profissão, não poderia mais ajudar seus familiares. Tudo perdido por causa de uma discussão banal! Olhou por toda a rua, que estava deserta. Achou mesmo que ninguém o vira e resolveu fugir. Chegou em casa e foi dormir.

"No outro dia, sua mãe lhe contou que encontraram Rômulo morto e que com certeza fora um assalto, porque levaram tudo o que ele tinha de valor, até seus sapatos. Roubaram o cadáver. Marcelo foi chamado a depor, falou que se separara do amigo a duas quadras do bar e foi para casa. A polícia acreditou, pois eram amigos e beberam conversando amigavelmente. O crime ficou por conta de roubo e ninguém foi preso.

Mas, dois meses depois, um mendigo procurou por Marcelo dizendo que vira o crime e chantageou-o. Apavorado, Marcelo lhe deu dinheiro. Esse mendigo morava no subúrbio e, às vezes, dormia na rua. Ele realmente vira o acontecido. Marcelo, em vez de ter socorrido o amigo, fugiu e estava sendo chantageado. Novamente pensou e concluiu que ninguém deveria saber o que ocorreu naquela noite infeliz. Se descobrissem, perderia o emprego e, em vez de ser o orgulho da família, seria a vergonha. Não ter socorrido Rômulo agravava sua falta. No outro mês, outra chantagem. Assim, entendeu que seria sempre extorquido. Planejou matar o mendigo. Seguiu-o e viu o local em que morava. Ele residia sozinho numa casinha com um quintal grande, onde havia uma horta e descobriu que o mendigo estava sempre com uma faca. À noite, Marcelo foi para a casa do mendigo, entrou no quintal e fez barulho, ele saiu com uma vela na mão para ver quem era. De onde estava, Marcelo viu-o e quando passou por ele golpeou-o com um pau, ele caiu, Marcelo pegou a faca de sua mão e enfiou-a no peito do mendigo e fugiu. Ferido, perdendo muito sangue, o mendigo arrastou-se em busca de socorro e desencarnou duas horas depois sem receber ajuda. Rômulo e o mendigo não o perdoaram e começaram a perseguir Marcelo, que passou a ter acessos, pesadelos horríveis e saúde frágil. Obsediado, não parava nos empregos e não realizou nenhum dos seus sonhos. Permaneceu morando com os pais e, quando eles desencarnaram, continuaram ajudando o filho, conseguindo fazer com que os dois obsessores o perdoassem e fossem socorridos. Mas, mesmo sem os dois desafetos, Marcelo continuou infeliz."

Silas fechou seu caderno de anotações. Mary e eu estávamos atentos ao seu relato. O orientador do educandário completou sua elucidação:

– *Os dois cometeram os crimes quando jovens e viveram no plano físico por muitos anos. Tiveram muitas oportunidades de repararem seus erros, mas não o fizeram. Rodolfo, encarnado, foi defensor dos bons costumes, gabava-se de ser honesto e condenava os que erravam. Ele morava numa fazenda perto de uma cidade onde havia uma prisão, porém nunca ajudou esses presos, nem com visitas, nem oferecendo emprego aos que tinham cumprido pena ou lhes doando algo. Uma de suas filhas queria fazer um trabalho assistencial na prisão, mas ele não deixou e até ameaçou lhe bater. Poderia pelo menos ter dado assistência às famílias dos condenados, e não o fez.*

Não foi caridoso; embora rico, distribuiu poucas esmolas. Marcelo também teve oportunidades de reparar seus erros com a caridade, poderia ter doado de si tempo e conhecimento resolvendo problemas alheios para ter ao menos o seu amenizado, mas não o fez. Como advogado, poderia ter atendido pessoas que não possuíam dinheiro para os honorários. Também não o fez. Deixou-se obsediar e, com dó de si mesmo, permitiu que o remorso o tornasse improdutivo.

– *São muitas as pessoas que agem assim!* – exclamou Mary. – *Comete um erro, se arrepende, pede perdão, mas não anula o erro com ações benéficas. Mas você disse que ele se deixou obsediar! Explique, por favor, o que você quis dizer ao afirmar isso.*

Silas sorriu e respondeu nos esclarecendo:

– *Quando cometemos atos errados, somos devedores por termos prejudicado alguém. Não devemos fazer nenhuma maldade, mas, se fizermos, devemos pedir perdão e tentar reparar esse erro fazendo o bem, de preferência a quem prejudicamos ou a outras pessoas. O remorso, o arrependimento deve ser sincero e não deve ser destrutivo, nos punir ou nos tornar improdutivo. Se uma pessoa está sendo obsediada é porque não pediu perdão; não se arrependeu ou, se o fez, não usou desse sentimento para se melhorar. Permitir que a vítima se torne carrasco se vingando, obsediando, é continuar a lhe fazer mal. A culpa não deve fazer da pessoa vítima.*

– *A dívida ficou pendente e a colheita chega!* – exclamou Mary.

– *É isso mesmo* – afirmou Silas e continuou a nos elucidar. – *Quem assassina uma pessoa comete um erro grave, porque interrompeu a existência dela no estágio físico. Se foi preso, cumpriu pena na prisão, costuma-se dizer que já pagou pelo crime, e quase sempre é isso mesmo o que acontece, quita a dívida. Mas, se na prisão cometeu mais crimes, além de não ter resgatado a dívida anterior, endividou-se mais ainda.*

– *Sofrer desencarnado não quita dívidas?* – perguntou Mary.

– *Às vezes sim* – respondeu Silas –, *porém, se um desencarnado está sofrendo é porque não reconheceu seus erros e se afinou com as vibrações inferiores, indo para o umbral, ou sente remorso destrutivo. Mesmo um ser que foi um criminoso cruel, se ele se arrependeu com sinceridade e quer mudar a forma de viver – mas isso com muita sinceridade, não para se livrar do sofrimento – pode ser socorrido. Mas o socorro não o livra de uma reparação e de ser devedor. Para ser auxiliado, é necessário que o desencarnado queira realmente se modificar para melhor. Se erros foram cometidos no físico, o melhor é resgatá-los ou repará-los enquanto encarnado. Mas as conseqüências dos erros podem ser amenizadas, também, com o sofrimento enquanto desencarnado.*

– Se os dois ou um deles tivesse feito o bem encarnado, repara-riam o erro? – quis Mary saber.

– Amenizaria com certeza, e nessa encarnação em que tiveram os nomes de Rodolfo e Marcelo poderiam continuar, pelo amor, a reparar seus erros. Nos ensinamentos de Jesus contidos no Sermão da Montanha, o Mestre disse: "Com a mesma medida com que medirdes ser-vos-á medido"[8]*. Aqueles que erraram emitem vibrações que causam desequilíbrio, atraindo o negativo do sofrimento. Porém, se o indivíduo se modificar, reparar com boas ações o erro ou resgatá-lo pela dor, produz-se o equilíbrio, anulando o negativo. Se o indivíduo aprender, não errar mais, torna-se positivo. As conseqüências – reações a atos maus ou bons, negativos ou positivos – nem sempre aparecem de imediato, podendo demorar até séculos, mas é infalível. Rodolfo e Marcelo cometeram assassinatos em suas encarnações anteriores e foi nesta, em que aparentemente eram inocentes, que sofreram a reação. Com certeza, livres dessa ação negativa, estarão aptos nas próximas reencarnações a progredir sem o remorso que tanto os fizeram sofrer.*

– Mas se eles não perdoarem seus assassinos, como fica a situação deles? – indagou Mary querendo tirar todas suas dúvidas.

Silas respondeu pacientemente, como um professor diante de uma aluna querendo aprender.

8. Evangelho de Mateus, 7: 2. (N.A.E.)

– *Crianças, principalmente com pouca idade no corpo físico, ao desencarnarem de maneira brutal, não guardam mágoa, não se sentem ofendidas, portanto não têm nada a perdoar. Mas se sentirem a maldade, perdoam com mais facilidade.*

– *Será que foi por isso que Rodolfo e Marcelo quiseram ser assassinados na infância? Não tendo eles confiança em si mesmos, preferiram resgatar essa dívida quando no corpo físico infantil? Para terem certeza de que perdoariam?*

Silas e eu sorrimos. E o orientador respondeu somente:

– *Talvez, Mary. Se você tivesse de resgatar um erro como esse, o que faria?*

– *Um erro como esse ou um outro que julgasse muito grave, no qual eu como adulta poderia não perdoar ou me revoltar, se tivesse como escolher, preferiria resgatá-lo na infância. Adulto complica mais. Espero que Rodolfo e Marcelo não guardem rancor, aproveitem as lições que receberam e caminhem para o progresso.*

Não querendo mais abusar do tempo precioso de Silas, porque ele como orientador do educandário tinha muito o que fazer, despedimo-nos abraçando-o.

– *Obrigado, Silas* – falei.

– *Escutá-lo foi uma preciosa lição! Obrigada!* – agradeceu Mary.

Sorrindo, Silas recebeu nossos agradecimentos e nos acompanhou até a saída do educandário. Passamos pela colônia e saímos pelo portão pelo qual entramos e volitamos. Voltei aos meus afazeres e Mary foi para perto de Lílian.

A ajuda da sensitiva

Como combinamos, reunimo-nos na terça-feira. Mary, ao me ver, informou-me:

– *Nada de novo, Antônio Carlos. Lílian e eu fomos à delegacia e lá não conseguimos fazer alguém ter intuição nem para dar uma olhada na gruta. Os policiais não têm pista nenhuma.*

– *Lílian* – disse –, *você não conhece ninguém que poderia ajudar o senhor Nico? Algum amigo dele, antigo conhecido?*

Lílian pensou uns instantes e lembrou:

– *Nico tem um amigo, estudaram juntos, ele é detetive. Estou lembrando que, um dia, Nico após ter ido à fábrica de tecidos chegou em casa contente por ter se encontrado com essa pessoa. Recordo que me disse: "Querida, encontrei hoje perto da fábrica um colega de escola. Ele era muito inteligente e bisbilhoteiro, sempre sabia de tudo o que acontecia conosco e na escola. Fez faculdade comigo e diplomou-se com ótimo desempenho e foi trabalhar como detetive particular e deve ser bom. Ele é esperto!"*

– *Vamos fazer o senhor Nico recordar-se desse amigo* – falei.

– *Vou pedir ao Nico que veja o álbum de fotografias de sua formatura* – sugeriu Lílian.

O avô e o neto estavam conversando na sala e Lílian pediu ao netinho:

"Pergunte ao seu avô sobre os estudos dele".

E Nícolas a atendeu de modo diferente, olhou para o avô e indagou-lhe:

– Vovô, o senhor gostava de estudar?

– Sim, gostava muito.

– O senhor se formou?

– Sim, tenho até fotografias. Quer ver?

O menino ia responder que não, mas nós três, Lílian, Mary e eu fixamos nossos pensamentos nele e o garoto quase instintivamente respondeu:

– Quero!

Os dois foram para o escritório e nós os acompanhamos. O senhor Nico pegou um álbum que estava junto de muitos outros na estante e sentaram-se nas poltronas e o avô foi mostrando ao neto.

– Este sou eu! Era jovem! Estou muito diferente?

– Não, vovô – respondeu o garoto. –. Eu saberia que era você. E esses quem são?

– São os meus colegas, os que se formaram comigo. Este é Celso, Rony, Luciano.

"Luciano!", pensou ele: "o detetive!"

"Querido, por favor, lembra desse seu amigo, o detetive, talvez possa ajudá-lo!", Lílian pediu a ele e nós, Mary e eu, a ajudamos.

Para nosso alívio, ele captou nosso pedido e pensou:

"Vou telefonar para o Luciano. Talvez ele possa ajudar a solucionar esses crimes, porque, se deixar somente para a polícia, teremos com certeza outro assassinato".

Acabou de mostrar as fotos para Nícolas, e o menino foi brincar na sala. O senhor Nico pegou um papel que estava no final do álbum, onde estavam anotados os nomes completos de todos os formandos.

– Luciano! – disse ele baixinho. – A última vez que o vi, ele me disse que morava numa cidade perto da cidade das Fábricas. Vou pedir informação para a telefonista. Quero conversar com ele ainda esta noite.

E assim fez. Conseguiu o número do telefone dele pelo serviço de informações e ligou. Uma voz feminina atendeu e o senhor Nico pediu para falar com o antigo colega de faculdade. Instantes depois, estava conversando com Luciano. Depois de falarem por uns minutos, recordando o tempo de escola, o senhor Nico perguntou:

– Luciano, você continua trabalhando como detetive?

– Continuo sim e sou bom no que faço. Sigo esposas, pretendentes, descubro empregados desonestos e....

– Assassinos? – interrompeu o senhor Nico.

– Como?! – perguntou Luciano estranhando.

– Vamos marcar um encontro amanhã na cidade Pitoresca? Você conhece o restaurante Classic? Às doze horas está bem?

– Nico, trabalho para viver.

– Pretendo contratá-lo e, com certeza, será remunerado – afirmou o senhor Nico.

– Esse restaurante é caro, não podemos ir a outro mais simples?

– Eu o estou convidando.

– Sendo assim, estarei lá, serei pontual – disse Luciano.

O senhor Nico sentiu-se melhor; e nós, esperançosos. No outro dia, ele saiu cedo de casa, passou na fazenda, foi à fábrica e, no horário marcado, foi ao restaurante. Fomos juntos ao encontro. Ele chegou cinco minutos antes e encontrou o amigo à sua espera. Cumprimentaram-se com alegria. Conversaram por alguns minutos trocando informações.

– Nico, as pessoas agora me chamam de Luck. Por favor, me chame assim também.

– Você é mesmo um bom detetive? – perguntou o senhor Nico.

– Sou sim! Fale o que quer que eu faça. Você disse ontem pelo telefone: assassinato? Mas isso não é trabalho da polícia?

– Você – respondeu o senhor Nico – não leu nos jornais sobre duas crianças, meninos assassinados nesta cidade?

– Li sim, todos pela redondeza sabem desses crimes. Mas o que você tem que ver com isso?

– Nada e tudo! – afirmou o senhor Nico. – A polícia, por mais que eu a incentive, até ofereci recompensas, não tem pista nenhuma. Gosto muito da minha cidade e acho que ajudando a descobrir esse assassino estarei dando segurança aos seus moradores. Depois, como lhe disse, meu neto veio morar comigo, ele tem sete anos e o nome dele tem sete letras.

– Esses crimes parecem feitos por fanáticos de alguma seita diabólica. Será que eles teriam coragem de assassinar seu neto? – perguntou Luck.

– Não sei. Mas, mesmo que não matem meu neto, não quero outro assassinato por lá.

– Com certeza, você tem segurança, não é? Sendo difícil pegar seu neto, eles escolheriam outra criança.

– Não tenho segurança! – exclamou o senhor Nico.

– Não?! Você sendo tão rico não tem segurança? – perguntou Luck espantando-se.

– Nunca pensei ou precisei de segurança, minha vida é tranqüila.

– Você se engana, *era* tranqüila, tanto que está tenso, preocupado e está me contratando.

– Aceita então o serviço? – indagou o senhor Nico.

– Claro. Cobro por dia e, se resolver, quero recompensa.

– Contratado.

– Quero segredo absoluto – pediu Luck. – Você não deve dizer a ninguém, mas a ninguém mesmo, que me contratou. Vamos nos encontrar cada vez em um restaurante. O sigilo é a arma mais eficaz de um detetive. Você, por favor, fale tudo o que sabe desses assassinatos, os jornais com certeza não noticiaram tudo.

O senhor Nico falou o que sabia.

– Nico – disse Luck –, você já pensou que por algum motivo você e seu neto podem ser assassinados?

– Não vejo motivo, mas confesso que tenho pensado muito nisso. Meu neto teve alguns pesadelos em que um homem queria matá-lo com uma faca. E eu tenho me sentido inquieto.

Luck brincava com a colher de sobremesa, parecia pensar. Após uns instantes, falou:

– Não sei se você acredita, Nico, mas minha esposa é paranormal, ela vê coisas que a maioria de nós não vê ou sente. Ela tem recebido recados de pessoas mortas. Será que você não quer consultá-la? O trabalho dela é à parte.

Ficamos esperançosos ao escutar isso. Lílian pediu ao esposo: *"Por favor, querido, aceite!"*

– Quero consultá-la! – exclamou o senhor Nico. – Talvez ela possa nos ajudar.

– Vou telefonar a ela avisando.

Luck pediu para telefonar e avisou a esposa. Seguindo seus pensamentos, descobrimos, Mary, Lílian e eu, onde morava.

– *Lílian* – disse –, *você irá com eles; Mary e eu iremos na frente.*

Pelo telefone, Luck informou a esposa:

– Mara, estou indo para aí com aquele meu colega. Ele me contratou e nem pediu abatimento dos meus honorários. Disse que você cobra e ele irá pagar. Vê se capricha. Se você tiver consultas, desmarque por favor.

O senhor Nico pagou o almoço e saíram conversando. Cada um deles foi no seu carro. Luck possuía um modelo velho, mas potente. Lílian foi com eles. Mary e eu volitamos. Fomos à casa de Luck para conhecer Mara, a sensitiva, com esperança que ela pudesse nos ajudar.

A casa do detetive estava localizada num bairro popular. Sua casa era grande; ao lado havia um escritório com duas placas: uma dele, de detetive particular e a outra de Mara, a sensitiva, oferecendo-se para resolver todos os tipos de problemas. Íamos entrar quando fomos barrados por um desencarnado.

– Vocês aí! Se identifiquem, por favor. Por que vieram?

Quem nos indagou era o espírito de um homem que aparentava uns 30 anos e falava com voz delicada, imitando o falar feminino. Estava vestido com roupas coloridas, tinha os cabelos castanhos aloirados, estava maquiado. Colocou as mãos na cintura e nos observou. Mary aproximou-se de mim e permaneceu atrás do meu lado esquerdo. Respondi com naturalidade:

– *Boa tarde! Estamos acompanhando o senhor que virá se consultar com madame Mara. Ele virá com o marido dela, o Luck.*

– *E o que vocês fazem juntos?*

– *Eu me chamo Antônio Carlos* – falei estendendo a mão para cumprimentá-lo e ele ignorou. Continuei a falar: – *Minha amiga chama-se Mary. O senhor Nico, que virá aqui se consultar, está acompanhado de sua esposa desencarnada, a Lílian e...*

– *São muitos espíritos para um encarnado somente* – interrompeu ele. – *Já que se apresentaram, chamo-me Gildo, ou simplesmente Gil. Trabalho com a sensitiva e aviso: não gosto de intrusos. É melhor explicar logo: o que vieram fazer aqui?*

– *Não é nada do que você está pensando, não viemos nos confrontar ou bisbilhotar. Viemos em busca de ajuda* – expliquei.

– *Ah, é?!* – exclamou Gil aliviado. – *Pois então falem o que querem.*

– *O senhor Nico, o consulente, vai remunerar bem madame Mara* – falei. – *É que estamos numa situação complicada, necessitamos urgente que alguém o alerte. Você ouviu falar dos assassinatos de crianças na cidade Pitoresca?*

Gil fez sinal da cruz e falou:

– Cruzes Credo! Ave Maria! Aquilo é obra de espíritos malignos. Você não está querendo nossa ajuda para enfrentar esses trevosos, está?

– Não – respondi. – *Queremos somente que os encarnados, o senhor Luck e madame Mara, nos ajudem para que não tenhamos outro crime.*

– É melhor explicar direito – ordenou Gil. – *Não vou deixar minha Marinha se envolver com algo perigoso. Você não está mentindo? Se nos envolvermos e esses trevosos nos atacarem, nos daremos mal.*

Mary me olhou e me disse em pensamento:

"Antônio Carlos, dê a ele uma demonstração do que você é capaz".

"Não, Mary – respondi. – *Ele está somente tentando proteger a companheira encarnada".*

Gil nos olhou desconfiado. Falei a ele tentando convencê-lo:

– Gil, somos trabalhadores do bem, não queremos envolvê-los em nada que seja perigoso. Somente peço-lhe, por favor, que deixe Lílian dar pela sensitiva um recado ao marido encarnado. Garanto a você que esses trevosos não vão incomodá-los. Eles abandonaram os encarnados criminosos. Depois lhe garantimos: se vocês forem atacados por eles, nós os socorreremos.

– Estou em dúvida – disse Gil. – *Mara faz o que eu quero, preciso decidir.*

Gil me olhou, fitei-o e pedi que falasse a verdade. Então, ele se corrigiu.

– Quase sempre ela faz o que eu mando. Mas quando envolve dinheiro... Eu a entendo, precisa de dinheiro para viver, tudo está muito caro, os filhos estudando e...

– Sabemos disso – concordei –, *por isso o senhor Nico pagará bem a eles.*

– Você é muda? – perguntou Gil olhando para Mary.

– Eu não! – respondeu Mary. – *É que estou encantada com este lugar, com sua roupa. É de grife? Você manda mesmo numa encarnada? É bom trabalhar assim? Admiro você!*

Gil sorriu, deu uma virada mostrando a bolsa. Mary o conquistou e mudando o tom de voz falou gentilmente sentindo-se importante e lisonjeado.

– *É muito bom trabalhar com uma sensitiva. Essa roupa fui eu mesma que fiz. Gostou? Tenho realmente muito bom gosto. Mas entrem, vamos esperar pelo consulente.*

Entramos no escritório, Mara estava organizando uns papéis numa escrivaninha. Gil falou apontando:

– *Esta é a Mara e esse encarnado que fazendo a limpeza é o Teddy, seu ajudante. Ele também é homossexual! Vocês têm preconceito? Quando encarnado, fui um, e continuo sendo com muito orgulho!*

Ia responder, mas Mary o fez rápido:

– *Claro que não! Nada contra! Somos todos filhos de Deus! Por favor, Gil, nos explique como Mara trabalha.*

– *Gosto que usem o termo "trabalha". De fato, é isso que fazemos: trabalhamos. Mara é uma excelente sensitiva, sua principal paranormalidade é a psicometria. Sabem o que é isso?*

– *Nossa!* – exclamou Mary. – *Ela é capaz de ver um objeto e saber onde está o dono? O que aconteceu num local? Meu Deus! Que fenômeno! Isso é incrível! Nunca tinha visto antes uma pessoa com dom de psicometria!*

– *É mesmo incrível* – concordou Gil. – *Mara é capaz de pegar uma roupa usada por uma pessoa, descrevê-la e até dizer o que ela pensa. Isso com a minha ajuda!*

– *Como você é importante!* – exclamou Mary, demonstrando surpresa. – *É difícil fazer isso? Eu nunca trabalhei com encarnados.*

– *Muitos desencarnados não gostam de trabalhar com encarnados, dizem que ser babá deles é muito chato. Eu gosto!*

Os dois, Mary e Gil, conversavam animados, como dois velhos amigos. Ela soube conquistá-lo. Percebemos ao entrar ali que Mara usava de sua paranormalidade, sua mediunidade, como uma profissão para obter dinheiro. Eles, tanto os encarnados, quanto Gil, desencarnado, desconheciam até o termo mediunidade. Não seguiam preceitos religiosos nem freqüentavam nenhum culto. Achavam explicações na ciência para aqueles fenômenos. Mara via, escutava espíritos, e para ela, eram energias dos mortos. Mara e Gil se gostavam de maneira fraterna. E Gil, como nos disse, era homossexual e o desencarne não mudou sua forma de ser, de pensar ou agir. Interferi na conversa porque escutei os veículos pararem na porta.

– *Gil, por favor, permita que Lílian dê um recado ao senhor Nico.*

– *Está bem, vou permitir.*

– *Obrigado!* – agradeci sorrindo.

O senhor Nico e Luck chegaram, Mara foi recebê-los e, enquanto eles conversavam, se conhecendo, Mary informou a Lílian da possibilidade de aproximar-se da sensitiva e dar o recado ao seu esposo. Lílian ficou apreensiva e eu aconselhei:

– *Aproveite, Lílian, essa oportunidade. Você terá de ser breve. Com nossa ajuda, você dirá o que a sensitiva repetirá aos encarnados. Fale algo que faça seu esposo reconhecê-la. Mara também a verá, plasme uma roupa que você ou que o senhor Nico apreciava e sorria. Depois de identificada, você pedirá a ele para ter cuidado.*

Lílian concordou afirmando com a cabeça. Mara pediu ao seu consulente:

– *Sente-se aqui, por favor. Vamos começar a sessão.*

Mara também sentou-se. Acomodaram-se em volta de sua mesa redonda. Ela se concentrou. Teddy ficou ao lado dela e Gil atrás. Sem que Gil percebesse, transmiti energias à sensitiva.

– *Sinto-me diferente!* – exclamou Mara. – *Uma energia especial, muito agradável!*

O senhor Nico, incrédulo, desconfiado, ficou quieto observando tudo. Luck, acostumado com essas cenas, brincava com uma caneta. Teddy demonstrava ser um ajudante perfeito, estava contente com o consulente importante e endinheirado. Lílian plasmou[9] em si uma veste, um vestido azul muito bonito, soltou os cabelos e ficou diante de Mara, que a viu e a descreveu:

– *Vejo uma mulher alta, magra, muito bonita, seus olhos castanho-claros brilham. Está com os cabelos soltos e veste um vestido azul de pregas e no decote um lacinho de cetim...*

O senhor Nico arregalou os olhos na tentativa de ver. A sensitiva descrevera a sua adorada Lílian. Mara continuou falando:

– *Ela quer lhe dar um recado. Vou repetir o que ela está dizendo:*

Mary e eu nos esforçamos muito para tudo dar certo. Gil, com quem ela estava acostumada e em quem confiava, também ajudou. Lílian disse e Mara repetiu quase na íntegra:

– *Querido, minha alma ama a sua! Amo você pelo espírito! De uma união pode existir sexo, mas sexo não é amor!*

– Lílian! – gritou o senhor Nico se levantando. – É você, minha amada?

– Calma, Nico! – pediu Luck. – Sente-se e acalme-se senão, o intercâmbio torna-se impossível!

O senhor Nico sentou-se e ficou olhando com os olhos arregalados. Lílian emocionou-se, porém, firme, continuou a dizer e Mara a repetir:

– *Sou eu querido! Nosso neto merece, como o nosso filho, ser criado num lar de amor. Tenho de ser rápida. Preste atenção: Nícolas e você correm perigo! Tome providências! Desconfie de todos! Querem matar o nosso menino!*

Lílian não conseguiu transmitir mais. Gil interferiu e ordenou:

– *Basta!*

Mara, com exagero, saiu do transe. Teddy solícito massageou os pulsos dela, lhe deu tapinhas no rosto e depois água para

---

9. Lílian plasmou sua aparência, modificando seu perispírito. No capítulo 8, "Laboratório do mundo invisível", de *O Livro dos Médiuns* (São Paulo: Petit Editora), de Allan Kardec, encontram-se explicações sobre a formação de objetos no Além. (N.E.)

beber. Mara sabia o que ocorrera, não perdera a consciência, mas como fazia cenas para impressionar, perguntou:

– Como foi?

– Tudo certo, meu bem! – respondeu Luck.

– Estou pasmo! – exclamou o senhor Nico. – Maravilhado! A senhora viu, descreveu e me deu recado da minha amada esposa.

– Ah, sim? – comentou Mara fingindo cansaço.

– Quanto lhe devo? – perguntou o senhor Nico.

– O senhor pode acertar com Teddy. – respondeu Mara.

– Nico, pelo esforço Mara precisa descansar – informou Luck. – Ela irá se deitar por uns instantes. Teddy a acompanhará. Nós ficaremos aqui e vamos conversar e acertar detalhes do trabalho que farei a você. Mas antes vou pedir a empregada para nos preparar um café. Você ficou emocionado.

– Estou emocionado sim! Mara poderia ter visto ou conhecido Lílian, mas com certeza não sabia do vestido azul, o que ela mais gostava e que usava somente quando estava em casa. Mas o que não deixou dúvidas foi o que ela disse.

– Você está espantado? Eu não, isso acontece sempre – falou Luck.

– O que sua esposa é de fato? Sensitiva? Médium como a Doutrina Espírita afirma? – o consulente quis saber.

– Não seguimos religião nenhuma – respondeu o detetive. – Mara procurou entender o que acontecia com ela, leu muitas coisas a esse respeito e se tachou de paranormal, sensitiva. Já ouvimos falar do Espiritismo, religião que afirma ser possível se comunicar com os mortos, com aqueles que mudaram deste mundo material para o outro. Mas os espíritas não cobram. Mara e eu usamos desse fenômeno para viver, por isso não os procuramos. Vou buscar um café.

Mary abraçou Lílian.

– *Você esteve maravilhosa!* – exclamou Mary, acalmando-a. Ela também estava emocionada.

– *Antônio Carlos, porque não consegui dizer o nome da pessoa com quem Nico deve ter cautela?* – perguntou Lílian.

– *Lílian* – respondi –, *desde a Antiguidade existem esses intercâmbios: os mortos da carne, desencarnados, falando com os encarnados. São espíritos se comunicando, uns num estágio e outros noutro. Muitos nomes já foram dados a esse fenômeno. Allan Kardec, estudioso e pesquisador, deu o nome de mediunidade. São médiuns os encarnados sensitivos. Mas esse intercâmbio obedece a certas normas. Médiuns que são conscientes têm dificuldades para repetir o que ele desconhece e também datas e nomes. O médium, para ser fiel ao que escuta e vê, necessita de treino e estudo, normalmente de muitos anos. O encarnado sensitivo, se trabalha para o bem, necessita de muito preparo e confiança em si mesmo para não correr o risco de deixar a vaidade nublar sua mediunidade. As certas normas que citei existem para não trazer mais desavenças aos encarnados, pois os desencarnados também podem mentir. O que pudemos dizer, foi dito. Acho mesmo que o senhor Nico acreditou e, agora, com a ajuda de Luck e Mara, mais nenhuma criança será assassinada por esse grupo.*

– *Por que necessitamos da ajuda de Gil nesse intercâmbio?* – perguntou Mary.

– *Você agiu certo conquistando-o* – respondi. – *Necessitamos e ainda precisaremos muito dele. Mara o conhece, confia nele e nós lhe somos desconhecidos. Sem a presença dele, Mara ficaria insegura e essa comunicação não seria possível.*

– *Nós vamos ajudá-lo também, não é?* – indagou-me Mary, já preocupada com o seu mais recente amigo.

– *Claro!* – respondi. – *Vamos primeiro fazer com que ele confie em nós, depois o ajudaremos.*

Encerramos a conversa porque Luck voltou com uma bandeja e os dois tomaram o café.

Os desencarnados do lago

— Nico – disse Luck –, você entendeu bem o recado de sua mulher morta?

– Entendi – respondeu o senhor Nico. – Ela me pediu para ter cuidado, que corremos perigo.

– E para tomar providências, não falar a ninguém, desconfiar de todos, principalmente daqueles que lhe parecem confiáveis.

– Ai, meu Deus, como viver desconfiando de todos? – perguntou o senhor Nico desconsolado.

– Ora, será por pouco tempo! – exclamou Luck consolando-o. – Depois, pode confiar em mim e em Mara. Vou ajudá-lo! Prometo resolver logo esse assunto. Descoberto o *traidor*, você voltará a viver tranqüilamente. Mas até lá, lembre-se: todos são culpados, traidores e maus.

– Você não está exagerando?

– Os dois meninos não foram mortos? Esses crimes é que são exageros! Se existiu a ação maldosa foi porque existem pessoas más. Não fui eu quem disse, foi sua esposa morta, e ela deve saber de tudo, se ela lhe pediu para desconfiar, é porque deve. Não diga a ninguém sobre mim, senão com certeza estarei na lista dos que serão eliminados, serei a próxima vítima. Eu também tenho o nome com sete letras.

– Mas você não tem sete anos! – exclamou o senhor Nico sorrindo.

– Não! Tenho um pouquinho mais que sete vezes sete. Espero que esses criminosos não saibam disso.

– Luck, você disse "criminosos". Acha que são mais de um? – perguntou o senhor Nico.

– Respondo lembrando um famoso detetive de livros antigos, do qual sou fã: "elementar, meu caro Nico". São alguns. Não sei ainda quantos. Mas tenho certeza absoluta de que são no mínimo três. Acompanhe meu raciocínio: alguém teve de pegar a criança, não deve ter havido luta, porque, se ela tivesse gritado, alguém teria ouvido ou visto. Um deles deve ter feito amizade com o menino. Pegou-o e levou-o a algum local isolado. As crianças, segundo a polícia, não foram mortas no local onde foram encontradas. O local onde estavam os cadáveres era de difícil acesso. Os corpos estavam sem sangue. É muito sangue para uma pessoa somente. Entendeu?

– Sim e fica então mais perigoso! Mais pessoas oferecem mais perigo que uma – comentou o senhor Nico suspirando.

– Quando trabalho num caso, me envolvo tanto que o problema passa a ser meu. Resolvo para você! Terá, porém, de jurar que não contará nada a ninguém.

– Não sou de jurar. Nunca jurei. Meu falar é sim ou não. Já disse que não falo.

– Isso é importante, Nico – explicou Luck devagar, olhando fixamente para o amigo. – Se você falar para alguém achando que é confiável e se for ele a pessoa com quem deve ter cautela? Estraga tudo e colocará a vida do seu neto em risco. Lembro-o de que você também tem sete letras no nome.

– Você acha mesmo que corremos, meu neto e eu, risco de sermos assassinados? – perguntou o senhor Nico.

– Acredito mais que esses fanáticos criminosos estejam pensando em matar seu neto. Vamos impedi-los começando por dificultar suas ações. Pelo que me descreveu, é muito fácil entrar em sua casa. As providências que têm de ser feitas de imediato são: aumentar a altura do muro, colocar portões eletrônicos, e estes devem ficar trancados, e contratar seguranças para a casa, para você e seu neto. Eu vou começar a trabalhar já, quero que me envie os jornais com as notícias desses crimes, vou estudá-las. Descubro esses assassinos!

Teddy, que aguardava uma pausa na conversa, entrou no escritório e entregou um papel ao senhor Nico.

– Senhor, aqui está o que deve à madame.

O senhor Nico olhou, tirou a carteira do bolso, preencheu o cheque e deu em dinheiro uma gorjeta ao ajudante de Mara.

– Isto é para você.

– Obrigado!

Teddy, contente, deixou-os novamente sozinhos. O senhor Nico fez outro cheque e entregou-o ao detetive.

– O pagamento pode ser no final – disse Luck.

– Isso é para as despesas que tiver. Agora vou embora.

– Vamos evitar falar por telefone – recomendou Luck. – O traidor pode estar em sua casa. Vamos marcar um encontro para segunda-feira.

– Vamos almoçar juntos em outro restaurante – concordou o senhor Nico.

Tudo acertado, o senhor Nico foi embora.

– Antônio Carlos, por favor, nos acompanhe. Vamos à agência de segurança com Nico – Lílian me convidou.

Concordei. O senhor Nico voltou para a cidade das Fábricas. Atendendo também ao nosso pedido, foi à agência. Não falou por que precisava de seguranças, disse somente que se sentia ameaçado, com medo de seqüestros. Examinou alguns planos e optou por um completo.

“Se sinto que corremos perigo”, pensou ele “e se Lílian me pediu providências e se atualmente os ricos estão se sentindo ameaçados, é melhor eu me proteger. Depois, se Luck ajudar a prender ou a polícia achar esses criminosos, diminuo a quantidade de seguranças".

– Está contratado – afirmou o dono da agência, muito contente. – Serão doze seguranças que se revezarão. Amanhã lá já estarão quatro. Um deverá ficar na escola, disfarçado como um trabalhador, no horário em que seu neto estuda. Outro acompanhará o senhor a todos os lugares. Dois deverão ficar com o seu neto. Farão guarda à noite permanecendo acordados vigiando a casa. Pode ter certeza, senhor, de que estarão protegidos. Meus empregados são bem treinados, confio muito neles e todos possuem porte de armas.

O senhor Nico saiu da agência e foi para a fábrica. Lamentou que Fernando estivesse de férias e viajando, pois o sobrinho poderia ajudá-lo.

"Não é justo chamá-lo", pensou. "Fernando trabalha muito e faz tempo que não descansa".

Alberto, seu empregado antigo e de confiança, um advogado competente que estava substituindo o sobrinho com muita eficiência, estranhou a volta do proprietário à fábrica. O senhor Nico lhe pediu:

– Alberto, quero que amanhã a equipe de trabalhadores da construtora que faz a reforma na fábrica vá à minha casa. Quero aumentar a altura do muro e colocar portões eletrônicos.

– Mas amanhã?

– Sim, é urgente!

Alberto concordou e foi tomar providências. O senhor Nico telefonou para o engenheiro responsável, ordenou que providenciasse os materiais.

– Quero, por favor, que comece amanhã cedo. Quero também que providencie grades para as janelas e vitrôs do térreo e equipamento de segurança, como câmeras de filmagem, alarmes, cercas elétricas e portões eletrônicos.

O engenheiro afirmou que providenciaria tudo. O senhor Nico foi para casa muito aborrecido.

"Eu vou ter de ficar preso e vigiado. Com certeza, terei até de me privar dos encontros na cidade Encontros".

– *Querido, é por pouco tempo!* – exclamou Lílian tentando consolá-lo.

Ele não a escutou, mas sentiu sua energia confortando-o e lembrou-se da esposa.

"Lílian! Só pode ter sido você mesma que me deu o recado. Acredito que continuamos a viver quando o corpo físico morre. Minha Lílian continua a me amar, sabe que corremos perigo e tentou me avisar. Vou tomar providências, querida. Embora isso me incomode, vou ter esses homens em casa nos protegendo. Espero que Luck descubra esses criminosos e, aí, voltarei a ter sossego".

Chegou em casa, pediu a Odete para chamar Ada e Francisco e os três foram conversar com ele no escritório. Informou aos empregados:

– Resolvi ter seguranças! A partir de amanhã teremos homens a vigiar a casa e para atender o portão.

– Eu já não faço isso? – resmungou Francisco.

– Fazia, Francisco – disse o proprietário da casa com pena do seu antigo empregado, mas se não era para confiar em ninguém... continuou a falar: – Vamos mudar algumas coisas por aqui. Amanhã virá o construtor com seus empregados; eles aumentarão a altura do muro que cerca a casa e colocarão grades nas janelas e mais trancas nas portas. Os portões serão eletrônicos e haverá sistema de alarme por toda a casa. A partir de amanhã, Nícolas não irá a lugar nenhum sozinho, estará sempre acompanhado por mim ou por um de vocês três e junto de um segurança. Ele pode ir à sorveteria com os amigos, e vocês com o segurança deverão ficar esperando.

– Posso perguntar o porquê disso tudo? – disse Odete desaprovando.

– Não pode perguntar, mas já que o fez, respondo: estou somente tendo cautela. Não me importava comigo, mas agora existe Nícolas e, com o aumento de seqüestros e violência, é melhor prevenir.

– Que violência? Seqüestros aqui? – perguntou Odete.

– Não houve dois crimes recentemente? – indagou Ada.

– Vou achar muito ruim ter pessoas a andar pelo jardim pisando nos canteiros – resmungou novamente Francisco.

– Você pede a eles para terem cuidado; se não tiverem, pode chamar a atenção. A reforma será rápida.

– Acho que não será mais a mesma coisa trabalhar aqui. Seremos vigiados – falou Francisco se queixando.

– Já decidi! Somente os estou informando! – esclareceu o senhor Nico aborrecido, não com o empregado, que achava ter razão, mas com a atitude que teve de tomar e falou suavizando: – Francisco, estou agindo certo. A polícia não prendeu esses assassinos. Não quero me arrepender por não me prevenir.

– Está bem, senhor Nico – conformou-se Francisco –, o senhor deve estar certo. Nunca ninguém entrou nessa casa sem ser anunciado, mas antes não havia assassinatos. Se o senhor pode fazer isso tudo para se proteger, faça-o. Penso nos outros pais com filhos ameaçados, pois todos os que têm filhos com sete anos estão com medo. Eles não têm como ter seguranças.

O senhor Nico resolveu não responder, achava que Francisco estava certo. Luck havia sido contratado para prender esses criminosos, mas não podia falar. E com certeza, muitos na cidade pensariam como ele.

– E que faço com eles, com esses seguranças? Eles farão as refeições aqui? Onde vão dormir? – perguntou Odete, demonstrando também estar aborrecida.

– Amanhã, quando chegarem, resolveremos isso. Acho que poderão almoçar ou jantar, mas dormir não. Os que ficarem à noite somente vigiarão. Francisco, venha me ajudar, vou colocar a cama de Nícolas no meu quarto, ele passará a dormir comigo.

– E eu, onde dormirei? – perguntou Ada.

– Você não usa o quarto da esquerda para se vestir? Dormirá lá. Quero meu neto comigo.

Nícolas gostou muito da mudança. O avô queria o neto perto dele, se não era para confiar em ninguém, o melhor era ficar atento.

No outro dia foi uma confusão na mansão. Seguranças, trabalhadores... Somente Nícolas gostou e exclamou:

– Vovô, a casa está mais alegre com tanta bagunça!

Foi ele mesmo que levou o neto à escola acompanhado de um segurança. Aproveitou para conversar com a diretora.

– Desculpe-me senhora – disse ele gentil –, não quero interferir na escola. Sei que todos estão apavorados, as crianças estão com medo e ainda não foram presos esses maldosos assassinos. Tive de tomar algumas providências. Peço-lhe para tomar bastante cuidado durante a entrada e principalmente durante a saída dos alunos. Meu neto deverá sair somente acompanhado por algum dos meus três empregados: Odete, Francisco e Ada, mas se estiverem com um segurança, entendeu? Além disso, um segurança deverá ficar na escola no horário em que Nícolas estudar e para todos será um trabalhador contratado do colégio. Essas medidas com certeza deixarão a senhora e os professores mais seguros.

– O senhor acha então que matarão mais crianças? Que todos os garotos com os sete correm perigo? – perguntou a diretora.

– Até serem presos esses assassinos, acho que sim – respondeu o senhor Nico. – Esse segurança não protegerá somente meu neto, como todos os alunos. Recomendo à senhora para que fique atenta e, a qualquer suspeita, chame a polícia.

A diretora concordou. O senhor Nico voltou para casa contrariado com tanta bagunça. O segurança que o acompanhava, embora educado, incomodava-o. Sentiu muita vontade de ir ao encontro na cidade Encontros, mas resolveu não ir mais e também não falar nada do que estava acontecendo.

"Será que não posso confiar na pessoa que lá encontro?", pensou ele suspirando.

Telefonou e foi breve:

– Vou ficar uns tempos sem ir aí. Não quero me ausentar muito de casa, afastar-me do meu neto. Desculpe-me, mas devemos até evitar falar pelo telefone. Não se aborreça comigo. Prometo que, assim que for possível, volto a estar com você e lhe conto tudo. Até logo.

Ficou mais triste ainda. Sua casa estava um caos. Muitas pessoas falando, barulho de ferramentas e sujeira. Foi à fazenda, lá também deu algumas ordens e recomendou ao seu administrador:

– Quero que você, José, preste muita atenção em tudo e em todos. A qualquer movimento suspeito, chame a polícia. Pedi aos empregados para ficarem atentos também. Não quero ninguém estranho por aqui. Devo vir menos à fazenda, e você cuide de tudo. Darei ordens pelo telefone.

Voltou para casa e em cinco dias os trabalhadores transformaram seu lar numa fortaleza. Os muros ficaram altos e com cerca elétrica, foram colocadas grades em todas as janelas e vitrôs, as portas foram reforçadas com trancas especiais. Alarmes foram instalados por todos os lados, os dois portões de entrada passaram a ficar trancados e um segurança ficou de porteiro. Foi um alívio para o senhor Nico quando tudo terminou e ele passou a ficar mais em casa, saindo somente no período em que o neto estava na escola; ficava muito no escritório resolvendo seus problemas por telefone.

Mandou os jornais para Luck e, na segunda-feira, como combinado, foram almoçar. Como não havia novidades, outro almoço foi marcado. O detetive prometeu ao seu cliente organizar um plano de ação, e também por sua vez disse que tentaria não ficar ansioso.

Quando o senhor Nico chegou em casa, Francisco e Odete vieram lhe contar os mais recentes comentários: que o lago estava assombrado. Isso o deixou mais aborrecido.

– Alguma coisa de estranho deve estar acontecendo no lago – comentou Odete. – O senhor sabe que não acredito nisso, mas foi meu sobrinho que me falou e ele não mente. Meu sobrinho e mais três amigos foram pescar no lago. Estavam numa canoa longe das margens, quando escutaram uns gemidos e um galho de árvore caiu perto deles. Ficaram com medo, remaram apavorados e foram embora.

– Foram muitas pessoas que afirmaram que escutaram esses gemidos. Alguns até dizem ter escutado vozes de crianças, dos meninos mortos, pedindo socorro – contou Francisco fazendo com a mão uma cruz no peito.

– O padre vai celebrar missas. No domingo às quinze horas ele e um grupo de católicos vão ao lago orar e benzer o local – informou Odete.

– Irão também os evangélicos – falou Francisco –, e os espíritas farão uma sessão especial. Com tantas orações, esses meninos terão paz, o descanso eterno.

– Espíritas? Aqui têm muitos espíritas? – o senhor Nico quis saber.

– Existe um centro espírita pequeno – respondeu Francisco. – Freqüenta-o um grupo de pessoas boas e responsáveis; eles fazem muita caridade.

– Na opinião de vocês, o que está acontecendo no lago? – perguntou o proprietário da casa.

– Acho que é impressão – respondeu Odete. – Como aqui não acontecia nada disso, quando aconteceu, impressionou a todos.

– Acho – opinou Francisco – que são almas penadas, aqueles que não encontraram o caminho do céu. Talvez esses meninos não consigam ir para o paraíso porque seus assassinos estão soltos. Eles somente terão sossego quando esses malvados forem presos e castigados.

Em outra ocasião, com certeza, ele teria rido, mas todos esses acontecimentos o incomodavam muito. Escutou sério e depois pediu:

– Francisco, procure saber para mim em que dia e hora os espíritas se reúnem e se posso ir ao centro espírita.

– O senhor está querendo ir a uma sessão espírita? – perguntou Odete espantada.

– Estou sim, por que, não posso?

– Estou apenas estranhando – respondeu Odete.

Nícolas passou a dormir no quarto do avô e o senhor Nico estava sempre muito atento, ansioso e com o revólver na mesinha de cabeceira.

No outro dia, logo após o café da manhã, Francisco veio lhe trazer a correspondência e reclamou:

– Estou me sentindo muito mal com esses homens xeretando por aqui. Olham-me como se desconfiassem de mim. Parece que trabalho aqui somente há alguns meses e não anos. Estou aborrecido!

Como o senhor Nico escutou e não falou nada, o jardineiro falou enfezado:

– Os espíritas se reúnem dois dias por semana. Hoje eles farão orações às vinte horas.

O senhor Nico pegou a correspondência e Francisco saiu da sala. Todos estavam aborrecidos; o proprietário mais ainda, e com medo. Temia não conseguir evitar outro assassinato e, pior, que poderia ser o dele ou o de seu neto. Olhou para a correspondência, recebia pouca em sua casa. As referentes aos negócios da fábrica eram tratadas lá e as da fazenda e outras iam para o escritório do seu advogado. Prestou atenção numa carta, cujo remetente assinava Gregório. Abriu e nela somente estava escrito: "Não se esqueça da minha receita de bolo em fatias". Ele riu e falou baixinho:

– Ah, esse Luck!

Haviam combinado que se o detetive necessitasse comunicar-se com ele, escreveria usando nomes dos antigos colegas da faculdade, e por charadas. Luck havia pedido a ele para pensar bem e lhe dar os nomes das pessoas que poderiam ter motivos ou que se beneficiariam com sua morte ou de seu neto. Concluiu que as fatias do bolo eram as pessoas. Ele já tinha pensado muito nisso.

"Será", pensou, "que coloco a pessoa da cidade Encontros? Não! Não vou colocá-la. Será que devo? Estou me tornando um neurótico! Luck está me deixando louco! Mas duas crianças foram mortas e isso é realidade! Se, pelo menos, Lílian me dissesse o que devo fazer! Ela me disse somente: tome providências!"

Ligou para Fernando, não contou nada, disse que tudo estava bem. Escutou-o falar de passeios e visitas a outras fábricas.

– Titio, prenderam o assassino daquele garoto? – perguntou Fernando.

– Não, não prenderam e a polícia não tem pistas – respondeu o tio.

Falaram mais um pouco, mandando abraços, desligaram e depois o senhor Nico ligou para a casa do sobrinho, conversou com os filhos dele, certificando-se de que tudo estava bem, desligou e pensou:

"Logo que possível, vou batizar Nícolas e os padrinhos serão Fernando e Isabelle. Farei uma grande festa".

No domingo, Lílian, Mary e eu fomos com os grupos de orações num ato muito bonito, ecumênico, que aconteceria no lago.

Encontramos um desencarnado socorrista que trabalhava no centro espírita, que ali estava com outros trabalhadores desencarnados interessados em fazer o bem. Ele nos explicou o que ocorria ali.

– *Um grupo de desencarnados farristas que vagava por aqui querendo se distrair resolveu assustar os encarnados. Aqui estão concentrados muitos fluidos da natureza: temos terra, muitas pedras, vegetações variadas, água e a presença de muitos encarnados com mediunidade. Sabendo usar tudo isso, eles conseguiram alguns efeitos físicos e, a cada susto, eles gargalhavam se divertindo. Como os encarnados que virão orar estão para chegar, prenderemos esses desencarnados arruaceiros nesse local perto do lago, onde ficarão cercados.*

Os encarnados chegaram orando e o padre jogou água benta por todos os lados. As águas jogadas com as orações convertiam-se em energias benéficas, luminosas, parecia um chuvisco de luzes. Os desencarnados farristas olhavam assustados e alguns emocionados ajoelhavam-se chorando. Logo atrás dos católicos, estavam os evangélicos, que cantavam hinos de louvores e oravam. E os brincalhões recebiam essas energias sem conseguir sair do lugar.

Um espírito de expressão bondosa, muito calmo, que quando estava no corpo físico fora um sacerdote, um verdadeiro pastor de almas, falou com os desencarnados que assombravam o lago, oferecendo-lhes ajuda. Cinco, emocionados, quiseram. Esses queriam realmente mudar a forma de viver.

O ex-sacerdote pegou os cinco pelas mãos tirando-os do cercado e os deixou ao seu lado e falou aos brincalhões sobre Jesus, do amor e da outra maneira de viver que eles desconheciam, da alegria de fazer o bem e finalizou:

– O centro espírita está lhes oferecendo ajuda. Se alguém entre vocês estiver necessitado de auxílio para resolver algum problema antes de aceitar o abrigo que estamos propiciando, podem vir para perto desta senhora – e mostrou uma mulher que estava ao seu lado. – Os que querem continuar a viver como desgarrados têm o livre-arbítrio, podem ir. Mas peço-lhes para fixar bem o que viram: a beleza e força da oração. Afirmo que aqui não poderão voltar. O local foi cercado pela energia benéfica e vocês não têm como voltar aqui.

O cercado em que estava os desencarnados brincalhões se desfez e três procuraram a senhora e com ela foram para o posto de socorro situado no espaço espiritual do centro espírita. Mais dois deles ajoelharam-se aos pés do antigo sacerdote lhe pedindo a benção, perdão e socorro. O ex-padre, sorrindo bondosamente, com mais seis companheiros volitaram com os socorridos. Outros oito, desconfiados, tentaram andar por ali, volitar pelo lago, mas foram repelidos. Então sumiram, foram embora. Mary olhava tudo curiosa e me indagou:

– *Para onde eles foram?*

– *Com certeza, para outros locais ou para o umbral.*

– *Eles voltarão?* – perguntou Lílian.

– *Por enquanto não* – respondi. – *Orações dos encarnados mais o trabalho dos espíritos bondosos fizeram uma barreira que impedirá os desencarnados maldosos ou esses brincalhões de voltarem aqui.*

– *Por quanto tempo? Isso é para sempre?* – Lílian quis saber.

– *Nada é para sempre* – respondi. – *Com certeza, se não for alimentada, essa barreira durará meses. A união faz a força! Aqui reuniram-se pessoas de diversas crenças com vontade de ajudar, sem querer competir entre eles. Vieram orar como cristãos. Aqui termina a brincadeira deles e o local não é mais assombrado.*

– *Escutei, quando encarnada* – falou Lílian –, *que um lugar mal-assombrado deixava de sê-lo quando o padre o benzia. Vi agora que, quando o padre jogava a água benta, energias luminosas brilhavam por todo o local.*

– *Lílian* – expliquei –, *atos externos servem às vezes para concretizar as atitudes internas. Pensamentos bondosos e as orações são o que realmente produzem energias positivas. A água é condutora de energias. As orações para benzê-la é que a tornam luminosa. Vemos muito isso acontecer na água fluidificada nos centros espíritas. Aqui se reuniram pessoas em orações, que geraram energias benéficas fazendo a barreira e auxiliando esses arruaceiros que vagavam pelo lago. Em lugares que os encarnados dizem ser assombrados é normalmente isso o que acontece: ou os desencarnados que lá estão são socorridos ou impedidos de permaneceram no local.*

– *Antônio Carlos* – interveio Mary –, *ouvi pessoas dizerem que eram as crianças, os dois meninos assassinados que assombravam o lago.*

– *Como vimos, não eram* – falei. – *Desencarnados brincalhões fingem e podem tentar enganar se fazendo passar por qualquer coisa, sejam animais, crianças, pessoas com nomes importantes; basta ter alguém ingênuo para acreditar e eles se tornam qualquer um. Por isso, Mary, nós, espíritas, aconselhamos às pessoas muita cautela e que estudem as Obras Básicas do Espiritismo, de Allan Kardec, para não serem enganadas por esses espíritos brincalhões. Pessoas que desencarnaram na infância, sem ser regra geral, não ficam vagando, são levadas para abrigos próprios. Ao desencarnarem com mais idade, com mais de dez anos, vão receber ou não socorro dependendo muito da vivência de seus atos. Mas quase sempre crianças e adolescentes são socorridos. Se for encontrado um desencarnado com feições infantis, sofrendo, vagando, pode-se afirmar com pouca margem de erro que são espíritos que desencarnaram adultos. Tenho visto, porém, que alguns desencarnados plasmam suas feições como se fossem crianças e se sentem assim não somente para enganar, mas também por carência, querendo atenção ou porque foram felizes na infância e querem ser novamente, é uma fuga. Esses desencarnados necessitam de orientação, precisam ser levados a casas de auxílio e de tratamento.*

– *Agora, não tendo mais assombrações, o lago voltará a ser freqüentado e tudo voltará a ser como antes* – afirmou Mary.

– *Não* – disse Lílian –, *acho que não. A cidade Pitoresca só voltará a ser como antes depois que prenderem esses criminosos e não se comentar mais sobre esses assassinatos. Depois, mesmo não tendo nenhum desencarnado assombrando o local, ficará por um tempo a impressão. Vento movimentando as plantas, algum barulho facilmente explicado etc. muitas pessoas poderão crer que sejam assombrações. Muitas coisas vistas como sobrenaturais nada mais são que acontecimentos corriqueiros que foram agravados pelo medo e aumentados pelos envolvidos. Quero muito ver a cidade novamente tranqüila.*

Deixei as duas, Lílian e Mary, na casa do senhor Nico, e voltei aos meus afazeres. Na segunda-feira às dezenove horas e trinta minutos, elas me chamaram e fui rápido encontrá-las. Ao vê-las contentes, tranqüilizei-me, e Lílian me informou:

– *Nico resolveu ir ao centro espírita. Vamos junto. Você quer ir conosco?*

Fomos ao centro espírita, o único da cidade Pitoresca. Ficava em uma pequena sala de uma casa, numa rua tranqüila. O trabalho daquela noite era a leitura do texto de *O Evangelho Segundo o Espiritismo*, comentário e oração. Fomos muito bem recebidos pela equipe espiritual que ali estava. A senhora que vimos ao lado do ex-sacerdote nos recebeu contente:

– *Sejam bem-vindos! Nossa casa é pequena e singela, por favor sintam-se à vontade. Nós também estamos preocupados com esses crimes e, se pudermos ajudar, contem conosco.*

Agradecemos e oramos juntos. Centros espíritas são para mim um oásis, um porto seguro, um local de fluidos benéficos. O senhor Nico também se sentiu tranqüilo, prestou atenção e gostou muito da leitura e da explicação do texto lido. E gravou na memória: a benevolência é fruto do amor ao próximo. Temos de ser pacientes e a paciência, assim como o perdão, é caridade. E mais: devemos perdoar aqueles que Deus colocou no nosso caminho[10].

No final, quando as pessoas iam saindo, um senhor encarnado aproximou-se do senhor Nico para cumprimentá-lo e este aproveitou para perguntar:

– É possível uma pessoa morta dar recado para a gente por meio de uma paranormal?

– É possível sim – respondeu o senhor. – Para determinar esses fenômenos usamos nomes específicos. Mortos do corpo

10. O texto lido e comentado foi de *O Evangelho Segundo o Espiritismo* (São Paulo: Petit Editora), de Allan Kardec, Capítulo 9 – "Bem-aventurados aqueles que são mansos e pacíficos", itens 6 e 7. (N.M.)

físico chamamos desencarnados; nós, que usamos este corpo, de encarnados e pessoas com dom de ver, ouvir desencarnados, de médiuns.

– Gostaria de entender mais o Espiritismo! – exclamou o senhor Nico.

– Venha sempre, é um prazer tê-lo conosco. Se o senhor quiser, posso lhe emprestar nossos livros básicos. Leia-os, e teremos prazer em esclarecer possíveis dúvidas que o senhor tiver.

O senhor Nico pegou os livros, agradeceu e voltou para casa sentindo-se melhor. Depois que Nícolas dormiu, ele sentou-se numa poltrona, acendeu o abajur e folheou os três livros: *O Evangelho Segundo o Espiritismo*; *O Livro dos Espíritos* e *Céu e Inferno*. Achou-os muito interessantes; escolheu pelo índice o que queria saber e ficou lendo até uma hora da manhã, anotando numa folha o que queria perguntar.

– Tudo isso tem muita lógica! – exclamou baixinho e foi dormir.

O obsessor

No dia do encontro com Luck, o senhor Nico saiu cedo de casa depois de muitas recomendações para que vigiassem bem o neto e, com o segurança como motorista, foi para a cidade das Fábricas. Passou pela fábrica, resolveu problemas e depois dirigiu-se ao escritório de seu advogado. Após ter resolvido algumas questões com Maciel, este lhe perguntou:

– E então, Nico, Richard, o padrasto do seu neto, lhe deu notícias?

– Que nada Maciel, nem um telefonema para saber como o garoto está – respondeu o senhor Nico.

– Ele sabe que Nícolas está bem – afirmou Maciel.

– Sabe? Como? – indagou admirado.

– Eu falei. Quando conversei com Richard pelo telefone, ele perguntou e eu contei que Nícolas já era rico porque você já tinha lhe dado muitos bens e que seria seu herdeiro.

O senhor Nico ficou branco ao escutar isso e falou gaguejando:

– Como você fez isso? Advogado não deve guardar segredo?

– Desculpe-me, Nico, pensei somente em ajudar. Concluí que se Richard soubesse que o enteado está bem, ficaria mais tranqüilo e deixaria a filha visitá-los. Eu não agi por mal.

– O grande sus... – disse o senhor Nico e, percebendo que não deveria falar nada sobre a investigação, continuou: – Está bem Maciel, mas por favor, não fale mais nada a ninguém sobre nossos assuntos, principalmente a esse Richard. Anote o telefone, endereço, tudo o que tiver dele e me dê.

Maciel ficou chateado com a bronca do amigo, seu melhor cliente, queria saber o que ele ia dizer com o "sus", mas não teve coragem de perguntar, pegou numa pasta os dados pedidos e entregou ao amigo. O senhor Nico pegou-a, despediu-se e foi ao encontro marcado com Luck. Chegou mais cedo e ficou no restaurante pensando nas fatias, isto é, nas pessoas. Suspirou triste. Luck chegou e almoçaram conversando baixinho.

– Estou muito aborrecido e preocupado com tudo isso – queixou-se o senhor Nico. – O bolo tem muitas fatias.

E falou de todos os seus empregados mais próximos. E do que Maciel fez, da raiva da irmã e do cunhado, somente não falou da pessoa da cidade Encontros. Luck escutou em silêncio e, quando seu cliente terminou, disse:

– Se você morrer, seu neto herdará toda a sua fortuna. Se Nícolas morrer depois de você, é a irmã dele que ficará com a herança. Como ela é menor, é o pai dela, esse Richard, que ficará como tutor. Aí está um bom motivo para matá-los. Se matarem primeiro Nícolas e depois você, tudo ficará para Fernando. Para mim, sua irmã e cunhado são os mais prováveis suspeitos, eles não herdarão nada, mas o filho sim.

– Para mim, o criminoso é Richard – afirmou o senhor Nico.

– Não está descartado! O fato é que existe um mandante e alguém de sua confiança é cúmplice, e o informa de tudo o que acontece com você.

– Luck, não será exagero o que estamos fazendo? Talvez esses crimes não tenham nada a ver comigo.

– Como você me explica os sonhos de seu neto? E a sua inquietação? O recado de sua esposa morta? Se não fosse por esses detalhes, diria que realmente não teriam nada a ver com você. Lembro-o, porém, que, se esses criminosos não estiverem pensando em matá-lo, eu os descobrirei da mesma maneira e você livrará a cidade dessa ameaça.

O detetive fez uma pausa em que saboreou o café e, após, continuou a falar:

– Nico, eu não fiquei parado esses dias, investiguei as fatias, menos a do Richard. Você tem empregados que aparentemente parecem ser de confiança. Esse doutor Alberto, o da fábrica, é muito honesto, respeitado, mas não confio em aparências. O doutor Maciel aparentemente é um bom advogado, tem recebido depósitos considerados em sua conta bancária, mas parece que sempre foi assim, ele é um profissional que cobra altos honorários. Pode ser que ele queira mais. Quanto aos empregados de sua casa, não achei nada que os comprometam, verifiquei até se têm recebido dinheiro extra, nada constatei. Se alguém dentre eles recebeu, não colocou no banco. Sua irmã e cunhado são dois golpistas, farristas e gastadores, creio que fariam qualquer coisa por dinheiro. Verifiquei e soube que sua irmã tem saído sozinha às sextas-feiras à noite dizendo que vai fazer novena numa igreja.

– Minha irmã rezando? Muito estranho, nunca foi religiosa – comentou o senhor Nico.

– Como pode você ter uma irmã assim? – perguntou Luck.

– Como pode? Eu não tenho culpa! Às vezes me envergonho de suas atitudes e tenho dó do coitado do Fernando que está sempre consertando os erros deles.

– Fernando! – exclamou Luck. – Ele é suspeito também. Embora ele seja rico, porque você lhe deu muitos bens e pelo que apurei ele é muito trabalhador e competente, poderá se beneficiar sendo o único herdeiro novamente. Temos também a pessoa da cidade Encontros. Por que não me falou dela?

– Você também me investigou? – perguntou o senhor Nico demonstrando não ter gostado.

– Por não querer acreditar na possibilidade de ser traídos, podemos omitir alguém, isso acontece sempre conosco. Não me pareceu suspeito, mas vou verificar melhor. Espero que você não lhe tenha contado nada.

– Não falei! – respondeu o senhor Nico aborrecido. – É melhor você investigar Richard, ele é o meu suspeito.

– Todos são! Todos são culpados até que provem o contrário. Ele mora em outro país, não tem como eu ir lá, nem falo o idioma.

– E aí, como fica? Por isso ele não será investigado? – perguntou o senhor Nico.

– Claro que vai! – afirmou Luck. – Eu não posso ir, mas se você quiser contrato uma agência no país em que ele mora para fazer isso. Só que ficará caro.

– Contrate e já! Luck, se possível, veja isso ainda hoje. Com certeza eles irão querer pagamento adiantado. Quando souber como pagá-lo, me avise.

– Pedirei ao Teddy para lhe ligar de um orelhão e lhe dizer mais ou menos o seguinte: são tantas as sacas de soja, esse "tantas" é o dinheiro que tem de depositar. As vacas são o número da agência bancária e o número da conta são os bois. Se necessitar de mais alguns números serão touros e carneiros. Certo?

– Se isso acontecesse em outra ocasião, iria aconselhá-lo a ir a um bom psiquiatra. Mas tudo bem. Sabendo, faço o depósito. Peça a eles agilidade. Com certeza Richard é o criminoso. Estou vivendo num inferno! Como é ruim suspeitar de todos! Mas se houver um traidor, quero-o preso!

– Lamento por você Nico, mas não há outro jeito. Realmente acredito que esse criminoso tem cúmplice, senão sua falecida esposa não lhe pediria para ter cautela.

Sem mais nada para falar, os dois se despediram. O senhor Nico voltou para casa e nós, Mary e eu, fomos visitar Gil.

Encontramos Mara atendendo uma cliente. Ela via por meio de cartas a sorte de uma senhora.

– *É sorte ou azar que se fala?* – perguntou Mary a mim.

– *Fala-se sorte* – respondi – *porque é o que as pessoas querem para si, mas nessas leituras também se vêem muitas desgraças.*

Mara era uma boa pessoa, aconselhava a consulente dando ânimo e esperança.

– *Como ela é coerente!* – admirou-se Mary.

Gil sorriu feliz com o elogio e nos explicou:

– *Mara é sempre coerente e bondosa! Está sempre aconselhando as pessoas nas consultas dando a elas incentivo e otimismo.*

– *Você, Gil, deve ter aprendido muito com esse trabalho!* – exclamou Mary, que sorriu e falou olhando para ele. – *Todos nós temos problemas. E, na maioria das vezes, resolvemos os nossos quando ajudamos os outros a resolverem os seus, não é mesmo?*

– *Sei lá, nunca reparei nisso* – respondeu Gil. – *Mas é verdade, todos nós temos problemas.*

– *Até Mara?* – perguntei.

– *Claro que tem, coitadinha!* – condoeu-se Gil.

Mary contou algumas de suas dificuldades queixando-se, fazendo expressão triste. Compreendi que minha amiga queria conquistar a amizade de Gil, fazer com que ele confiasse em nós e nos ajudasse. E deu certo. Gil sentou-se ao lado dela, prestou atenção e consolou-a.

Todos nós realmente temos problemas, embora eles possam ser vistos e solucionados de maneiras diversas. Como não perdem sua individualidade, desencarnados também têm os seus e são muitos. Se estão vagando, ou no umbral, se estão sofrendo têm acúmulo de dificuldades. Todos de modo geral têm algum problema com afetos: como estão? Sofrem? Os desencarnados que estão adaptados e com mais conhecimentos preocupam-se com as suas deficiências, erros cometidos, como repará-los, como agir no bem e a melhor maneira de progredir.

– *Você, Gil, parece preocupado com Mara. Que acontece com ela?* – perguntei.

– *Mara e Luck têm filhos e uma filha, uma garota que no momento estuda em outra cidade e é perseguida por um obsessor. É isso mesmo que ouviram!*

Mary fez uma expressão de espanto. Gil continuou a explicar:

– *É um espírito trevoso, mau, que não esquece nem perdoa, está sempre prejudicando a menina. Eu, coitado de mim, não posso com ele! O malvado está sempre aprontando! Nada dá certo para ela, não consegue namorar ninguém porque ele não deixa. É um horror.*

Mary me olhou, compreendi que ela queria ajudá-los. Sorri concordando. Minha amiga disse:

– *Gil, Antônio Carlos é um especialista em resolver esses assuntos de obsessões. Tem um talento especial para convencer obsessores.*

– *É mesmo? Vocês me ajudariam? Porém, como eu sou honesto, afirmo que esse espírito é terrível!*

– *Podemos tentar* – falei –, *como você também tentará que Mara nos ajude a descobrir aqueles assassinos.*

– *É uma troca?* – perguntou Gil nos olhando. Como não respondemos, ele falou: – *Podemos ajudar, mas tenho medo de que esses assassinos encarnados e esses desencarnados trevosos nos ataquem.*

– *Seu medo é infundado* – respondi. – *Os encarnados não saberão e esses umbralinos não atacarão porque fizeram um acordo conosco e estaremos atentos. Vamos agora visitar a filha de Mara. Resolveremos esse problema e depois conversaremos sobre como vocês poderão nos auxiliar.*

– *Agora?* – perguntou Gil. – *Temos mais duas consultas. À noite é melhor, pois Tati estará sozinha no apartamento, e o "terrível", com certeza, estará com ela.*

Combinamos o horário. Mary e eu volitamos para a cidade Pitoresca, tínhamos um encontro marcado com Angelina, a mãe desencarnada de Tonho, na praça. Enquanto a esperávamos, ficamos conversando.

– *Nós vamos ajudar Gil também, não é? Gosto muito dele! Você o levará para algum lugar? Digo, colônia ou escola?* – perguntou novamente a minha amiga preocupada.

– *Mary* – respondi –, *não podemos afastar Gil de Mara de repente. Casos assim em que o médium e seu companheiro de trabalho desencarnado necessitam aprender, estudar, é aconselhável que os dois o façam juntos e se um precisar se ausentar que seja aos poucos e que um outro desencarnado fique em seu lugar. Para Mara nos ajudar, necessitamos dele. Sem que ele aceite, queira, ela não fará nada, não confiará de imediato em nenhum outro espírito. Mara não sabe o que é ser médium nem como se deve trabalhar com a mediunidade. Mas, com certeza, no decorrer dos acontecimentos, nós a ajudaremos a conhecer os conceitos espíritas. O senhor Nico já foi ao centro espírita, está lendo as obras doutrinárias, e a família de Luck com certeza também o fará. Vamos ajudar seu amigo sim, mas não o levaremos, por enquanto, a lugar nenhum. Pedi informações sobre Gil para a espiritualidade e o que sei nos ajudará a orientá-lo.*

– *Eu não conquistei a amizade dele somente esperando ajuda, meu afeto é sincero!* – exclamou Mary.

– *Eu também gosto dele* – afirmei. – *Minha amiga, temos de aprender a amar a todos. Você gostou de Gil, pessoa fácil de se amar, mas vamos também tentar amar esses assassinos e os umbralinos.*

– *Isso é mais difícil!* – exclamou Mary, suspirando. – *Pelo menos eu não tenho raiva deles nem lhes desejo mal.*

– *Já é um começo. Vamos desejar que eles se tornem melhores e, aos poucos, amá-los.*

– *Como tenho de aprender! Esforçando-me muito, consigo desejar algo de bom a eles. Mas não consigo gostar deles como gosto de Gil, de você, de Nícolas...*

– *Não precisa comparar, ame somente. Afetos são bens preciosos, ama-se diferente. Devemos, Mary, amar Deus dentro deles. Embora nós escondemos pelos vícios, maldades, Deus dentro de nós, em alguns seres parece até que está dentro de pedra, de lama, mas o Criador está lá, aqui, aí.*

– *Cabe então tirarmos os véus e nos purificarmos para que essa luz se irradie* – Mary me interrompeu.

– *Sim* – afirmei. – *É pelo amor que tiramos os véus e nos purificamos. Assim será com eles também. Quando amamos irradiamos nosso amor. Esse sentimento maravilhoso cobre multidão de pecados, primeiramente os nossos e, se conseguimos irradiá-lo, ajudamos as pessoas que se aproximam de nós.*

– *Antônio Carlos, se Mara e Luck não conseguirem descobrir esses crimes, que faremos?*

– *Apelaremos para Tonho, o filho de Angelina. Por isso pedi a ela para ficar com ele e continuar insistindo para que ele se arrependa e não tenha sossego.*

– *Isso não é obsessão?* – perguntou Mary.

– *É* – respondi. – *Segundo Allan Kardec, obsessão é o domínio que um ou alguns espíritos logram adquirir sobre certas pessoas. Obsessão é a ação persistente de uma pessoa sobre outra, é a influência maléfica que um espírito exerce sobre um indivíduo. Mas, nesse caso, Angelina ama seu filho e não quer que ele erre mais. Se não der certo com Luck, podemos ajudar Angelina e fazer com que Tonho acabe por falar, vá à polícia e se entregue.*

Angelina chegou, nos cumprimentou e informou:

– *A não ser meu filho, que continua inquieto, com medo e arrependido, o resto do grupo está bem. Dirceu planeja, depois do terceiro assassinato, uma viagem de meses por diversos países com a jovem esposa. Lázaro dirá a todos que ganhou na loteria, sairá do emprego, comprará uma loja e casará. Lemão, ao se livrar da velha, irá namorar uma jovenzinha e quer expandir o negócio. Naldo também quer ficar rico e ser o homem de confiança do Sexto. Raramente vejo os umbralinos; de vez em quando, um deles vai à gruta verificar se está tudo certo. Eles acham que os encarnados não serão descobertos e que outros crimes acontecerão.*

– *Fique atenta, Angelina* – pedi. – *Você está nos ajudando bastante. Nos avise se tiver novidades.*

Despedimo-nos dela. Mary ficou na mansão com Lílian e voltamos a nos encontrar no horário que marcamos com Gil.

Ele nos levou ao apartamento de Tati, a filha de Luck e Mara. De fato, com ela estava um desencarnado vestido com roupas usadas do século dezoito. Tati estava deitada estudando, esforçava-se para se concentrar na leitura e ele, o desencarnado obsessor, estava sentado numa cadeira com expressão aborrecida e infeliz. Ele não nos vira e Mary me perguntou:

– *Antônio Carlos, ele está infeliz! Por que todos os obsessores que já vi estão infelizes? Mesmo aqueles que parecem estar alegres em ver seus desafetos sofrerem, não estão bem.*

– *Mary* – respondi –, *eles sabem que se vingar é errado. Quando se está agindo errado, pode-se pelos atos externos ter momentos de euforia. Mas a felicidade é algo interior, de consciência tranqüila, do agir certo, de sentir Deus dentro de si. Aquele que se vinga, obsidia, não perdoou. O ódio, a mágoa e a inveja não deixam a pessoa sentir Deus em si e criam uma energia negativa que a infelicita.*

– *Boa noite!* – Mary e eu cumprimentamos o obsessor.

Ele então nos viu. Estávamos na frente dele e Gil ficou atrás olhando desconfiado, temendo que piorássemos a situação. Ele nos observou, riu e respondeu:

– *Boa noite, maricas! Então Gil, trouxe mais alguém para apanhar junto? Já lhe disse que não o quero aqui! Já não foi surrado o suficiente? Está querendo que eu o leve para o umbral e o deixe preso?*

Levantou-se. Era muito alto e forte; com olhar ameaçador, xingou e deu dois passos na direção do nosso amigo. Gil apavorou-se, ia fugir, Mary o segurou. Eu o olhei e o fiz sentar novamente.

– *Viemos aqui para conversar* – falei. – *Estamos sendo educados e queremos que você também o seja. Você não agredirá ninguém.*

Ele tentou se mexer. Como não conseguiu, nos olhou furioso e com expressão de raiva nos ameaçou:

– *Quem são vocês que acompanham esse aí? Não gostei do seu truque. Logo que conseguir me soltar, vocês dois vão apanhar junto com ele.*

– *Olhe aqui, valentão!* – exclamou Mary. – *Não temos medo de você! E me respeite! Sou uma senhora!*

Ele riu, esperei que ele parasse de rir e disse:

– *Oliveira, por favor, não somos lutadores, não viemos aqui para apanhar, bater ou medir forças. Viemos conversar.*

– *Por que me chamou de Oliveira?* – perguntou ele.

Com estudo e muitos anos trabalhando tentando ajudar, aprendemos a conhecer encarnados e desencarnados por suas auras, ler pensamentos. Foi isso que aconteceu quando vi o obsessor da filha de Mara. O que fiz muitos desencarnados fazem, e não somente os bons. Ter conhecimentos depende de esforço e estudo. E não é com todos que conseguimos fazer isso. Aqueles que sabem fazer sabem também como não deixar que outros saibam de si.

– *Sei muitas coisas sobre você* – respondi. – *Agora gosta de ser chamado de um apelido, mas encarnado era chamado por seu sobrenome. Vamos nos sentar. Como está o seu processo de perseguição?*

– *Quem é você? Quer também se vingar dela? Não quero ajuda nem intromissão. Se quer que ela sofra, me diga que faço o trabalho para você. Também foi enganado?*

– *Tati não me enganou. Estou conhecendo-a neste momento* – respondi. – *Não creio que alguém possa realmente nos enganar. Somos nós que nos iludimos, idealizamos, queremos que o outro seja fiel, perfeito, em vez de nos esforçarmos para sermos.*

Ele nos olhou novamente e dessa vez observando bem; depois, fixou o olhar em Gil e perguntou:

– *Onde você arrumou esses dois?*

Gil não falou nada, continuou atrás de nós, quieto e com medo. Foi Mary quem respondeu:

– *Gostamos de Gil, somos amigos dele e não vamos permitir que o ofendam. Ele somente quer ajudá-los.*

– *Ajudar-nos?* – disse ele rindo. – *Vocês estão querendo ajudar uma traidora? Eu não quero ajuda e não vou permitir que a auxilie. Diga logo o que vocês querem e por que vieram aqui.*

Sentei ao lado dele e falei tranqüilamente:

– *Oliveira, vamos relembrar o passado. Nós temos a facilidade de lembrar e, às vezes, com detalhes, as ofensas de que fomos vítima, mas as que fazemos esquecemos com facilidade e quando lembramos temos sempre desculpas para justificá-las. Você não quer falar do que se lembra?*

Ele ficou zonzo, relaxou no sofá, me olhou e, embora não querendo, começou a falar com voz cadenciada. Eu não o forcei, pedi somente e lhe doei energias. Para dar resultado nesse processo, necessita-se de que o outro queira falar de si. Mary, ao vê-lo, percebeu que ele estava infeliz e, normalmente, todas as pessoas que sofrem querem falar de si e ter alguém para escutá-las; basta, às vezes, um incentivo. Rodeamos atentos e Oliveira foi relatando:

– *Morávamos numa cidade pequena. Eu era um jovem alegre, trabalhador e então, conheci essa aí, que tinha outro nome, Maria do Socorro. Todos na região a conheciam, ela era casada com um fazendeiro mais velho e era muito linda. Minha vida mudou quando numa festa Maria do Socorro me enviou um bilhete marcando um encontro. Ela sempre me usou! Teve cinco filhos e afirmava que dois eram meus. Eu queria que ela se separasse do marido para ficar comigo, mas a mentirosa me dizia não ter coragem, que casara obrigada, que o marido era poderoso e influente e, se ela o abandonasse, os filhos teriam de ficar com o esposo, que sofreriam etc. Minha mãe sabia, temia que acontecesse uma tragédia, me pedia sempre para abandoná-la, para que casasse com outra, mas eu a amava. Maria do Socorro ficou doente e morreu. Quase morri também de tanta dor e tristeza. O marido também sofreu muito. Os filhos, já adultos nessa época e quase todos casados, também sentiram a morte da mãe. Eu não sabia quais deles eram os meus filhos. Três anos depois de sua morte, a empregada que me levava os bilhetes me contou que sua patroa teve outros amantes. Não acreditei e acusei minha mãe de enlamear sua memória, achei que minha genitora pagara a empregada para mentir para mim.*

Mas quando desencarnei é que vim a saber que realmente ela me enganou e a outros também. Acho que ela nem sabia quem era o pai de seus filhos. Usava-nos, eu e mais três amantes para que o marido continuasse rico e para seu prazer. Não amou ninguém. O marido a perdoou, me disse que não ia perder tempo vingando-se dela porque Maria do Socorro já sofria e que quando encarnado não soube de suas traições. Então eu e um outro resolvemos nos vingar. Esse homem era rico e ficou pobre por lhe dar todo seu dinheiro. Infelizmente esse senhor não ficou muito tempo comigo, me disse que estava sofrendo e que queria esquecer essa que agora chama Tati, que o enganara, mas ele também enganou muitas pessoas inclusive a esposa fiel. Maria do Socorro lhe pedia dinheiro e ele deu porque quis. E foi embora.

– *E como foi que ela o usou?* – perguntou Mary quando Oliveira fez uma pausa.

Mary, muito sensível, bondosa, já esquecera que ele fora grosseiro. Sentou-se ao lado dele, pegou em sua mão com carinho, acariciou seu rosto e lhe sorriu meigamente. O obsessor se desarmou, recebeu os afagos daquela senhora idosa e muito simpática que usava um chapeuzinho na cabeça que, além de deixá-la muito elegante, deixava-a com uma expressão doce e carismática.

– *Percebe como sofri?* – disse Oliveira. – *Pelo emprego que tinha, sabia de muitas coisas, eram sigilosas e eu contava a Maria do Socorro para que seu marido ganhasse dinheiro com essas informações.*

Nova pausa.

– *Foi enganado, mas enganou!* – falei. – *Oliveira, quando ela o procurou era casada. Se você fosse honesto, não se envolveria com ela, embora a achasse atraente. Agiu errado. Traiu e não tem motivos para se sentir traído. Disse-nos que o marido era mais velho e que Maria do Socorro fora obrigada a se casar. Isso ocorria muito no passado. Porém, isso não justifica os atos dela de trair o esposo. Ela foi leviana! E você também! Já se colocou no lugar desse marido? O que não se quer para si não devemos querer para os outros. Você teve sua mãe para alertá-lo, não a escutou. Poderia ter tentado esquecê-la, namorar outra pessoa, tentar amar, casar e ter vivido de um jeito diferente. Foi sua a escolha continuar sendo amante e trair.*

– *Ela me fez perder tempo! Dizia que me amava!* – queixou-se Oliveira.

– *Somente perdemos tempo quando queremos. E você continua querendo!* – afirmei.

– *Como?* – perguntou ele espantado.

– *Os outros ofendidos compreenderam que se enganaram e foram enganados, que a vida continua e não se pode parar. Um outro somente por uns tempos quis se vingar; depois compreendeu que era melhor cuidar da vida dele e não mais da dela. Até o marido, sabendo das traições, a perdoou. Você novamente em vez de cuidar de si continua a se preocupar com ela.*

– *Eu não!* – gritou Oliveira.

– *Você sim* – afirmei. – *Passou sua juventude e boa parte de sua vida acreditando que a amava sem coragem de tomar uma atitude de forçá-la a se separar do marido ou abandoná-la. Você era livre para essa escolha e preferiu continuar como você disse: escravo. No momento, Tati está encarnada, tenta, está se esforçando para ser honesta, estuda para trabalhar como enfermeira, uma profissão que ameniza dores, que ajuda enfermos a se tornarem sadios. E você, o que está fazendo?*

– *Eu estou fazendo Maria do Socorro pagar pelo que me fez* – respondeu Oliveira.

– *Repito a pergunta: o que você está fazendo por você mesmo? Ela está reencarnada, estuda, quer trabalhar, reparar com acertos os erros que cometeu. E você? Também errou, traiu, enganou, ganhava para fazer um trabalho, desrespeitou as regras do seu emprego. Agora está parado, observando os outros caminharem. Não está fazendo nada por você. Tudo isso por que, Oliveira? Por ódio? Não! Você a ama!*

– *Não! Não é verdade!* – exclamou ele, deixando-se abraçar por Mary.

– *Liberte-se dessa atitude, meu amigo!* – pediu Mary. – *Não a acuse! Reconheça seus erros. Todos nós temos nosso livre-arbítrio. Você fez o que fez porque quis. Se no passado não pensou em você, pense agora. Está fazendo-a sofrer, mas sofre também, pois ela está caminhando e você está parado. Deixe-a e vá cuidar de sua vida. Merece ter paz e alegrias!*

– *Mas se ela arrumar namorados, casar e continuar traindo?*

– *Você não acha que se Tati agir errado é problema somente dela?* – respondi. – *Mas não acredito que ela fará isso; nessa reencarnação não é bonita nem atraente. Talvez tenha escolhido ser assim para não ter a tentação de muitos homens se interessarem por ela. E por ter sofrido quando desencarnou, com certeza aprendeu e quer agora agir corretamente. Somente você, Oliveira, está parado. Continua se prejudicando. Ame-se! Quando aprender a se amar, amará a todos desejando o bem. Obsessão? É você que obsidia a si mesmo cultivando essa paixão. Gosta dela mais do que de você. Ninguém é feliz sentindo-se assim.*

Ele chorou amparado por Mary. Tati fechou o livro e chorou também. A garota estava muito triste. Gil, que continuava quieto, encostado na parede, emocionou-se.

– *Oliveira* – continuei falando –, *perdoe Tati, esse espírito endividado que está com vontade de reparar seus erros com o trabalho edificante. Peça também a Deus perdão pelos seus erros e faça um propósito de acertar. Convido você para vir comigo conhecer outra forma de viver, em que poderá estudar e se preparar para reencarnar.*

– *Se eu for embora ficarei longe dela!* – exclamou Oliveira suspirando. – *Você está certo: eu ainda a amo!*

– *Aprenderá a gostar dela como uma irmã, uma amiga, ou talvez como uma mãe!* – falei, consolando-o.

– *Vamos, Oliveira, venha comigo! Mas, antes, perdoe-a.* – rogou Mary.

Ele levantou-se, olhou para Tati, que chorava e disse:

– *Vou embora! Perdôo você!*

Tati chorou mais ainda, soluçava, lágrimas escorriam abundantes pelo rosto. Pedi à Mary e ao Gil que me esperassem e volitei com o ex-obsessor. Voltei em seguida. Tati ainda chorava e Mary e Gil a olhavam com piedade.

– *Agora vamos limpar o ambiente* – ordenei. – *Vamos tirar toda a energia negativa do apartamento e da garota.*

Comecei eu e os dois me acompanharam. O ex-obsessor morava no apartamento e ali estavam plasmados objetos dele, que pegamos.

– *Mary, por favor* – pedi –, *leve esses objetos para longe daqui, deixe-os no umbral.*

– *Que acontecerá com esses objetos?* – Gil quis saber.

– *Objetos plasmados* – expliquei – *duram enquanto forem sustentados por quem os plasmou. Tudo o que é plasmado no plano espiritual necessita de sustentação: desde colônias, postos de socorro, às cidades umbralinas. Até mesmo o umbral desaparecerá quando não houver imprudentes para ir para lá. Objetos simples, como roupas, utensílios, armas etc., quando não servem mais, simplesmente desaparecem.*

Mary pegou roupas, algumas armas, livros, retratos e volitou voltando em seguida.

– *Muito bem. Agora que o apartamento está livre da energia negativa, vamos colocar a positiva. Para começar, vamos orar para Tati.*

Rodeamos Tati, que chorava não sabendo bem o porquê; sentia saudade, remorso e tristeza. Oramos por ela, que começou a orar também, pedindo a Deus proteção. Sentiu-se bem, acomodou-se no leito e adormeceu.

– *Nossa, como a oração faz diferença!* – exclamou Gil.

– *É verdade* – confirmou Mary. – *Deixamos o ambiente suave, luminoso com nossas orações.*

Aproximei-me de Tati, que dormia e falei a ela:

– Confie em Deus, Tati! Seja otimista e esperançosa! Estude para ser uma boa profissional e como enfermeira reparará seus erros. Você se sentirá bem melhor agora! Faça sempre o bem!

Virei para os dois que me observavam e falei:

– Vocês, por favor, venham aqui durante um período, à noite, marquem um horário, e façam isso que acabamos de fazer: orem por ela. Tati logo estará se sentindo feliz. Agora vamos embora.

A história de Gil

Volitamos para a casa de Luck e Mara e ficamos no escritório. Acomodamo-nos. Gil estava contente e grato e nos pediu:

– *Por favor, me esperem aqui, volto logo, vou contar a Mara a boa novidade. Ela ainda está acordada e, com a notícia, ficará mais despreocupada. Direi que vocês dois são meus amigos e que um de vocês é especialista em obsessão e levou o "terrível" embora, e em troca querem ajuda para resolver o caso no qual Luck trabalha.*

Gil entrou na casa e ficamos esperando.

– *Antônio Carlos* – perguntou Mary curiosa –, *você levou o ex-obsessor para a escola de regeneração?*

– *Não* – respondi. – *Oliveira não era trevoso, somente um apaixonado traído que não conseguia perdoar. Ele sofria muito mais que ela. Levei-o para uma colônia onde estudará e, com certeza, será daqui alguns anos filho de Tati. Então os dois aprenderão a se amar fraternalmente.*

Gil voltou e escutou o finalzinho de nossa conversa e perguntou:

– *Será que ele voltará a importunar Tati?*

– *Não, Gil* – respondi. – *Oliveira entendeu que o mais prejudicado era ele e para onde foi terá acompanhamento fraterno, estudo que o fará compreender a necessidade de caminhar rumo ao progresso.*

– *Agradeço a vocês. Muito obrigado! Com certeza eu nunca convenceria aquele obsessor, pois, sempre que nos víamos, brigávamos. Eu nunca quis escutá-lo, achava-o errado e pronto.*

– *Gil* – falou Mary –, *normalmente para tudo há explicações e todos têm seus motivos, sejam eles certos ou errados.*

– *Puxa, você, Antônio Carlos, é um especialista mesmo!* – exclamou Gil.

– *Não sou especialista em nada* – falei. – *Foi uma brincadeira de Mary em me chamar assim. Sou um espírito carente de aprendizado, mas que aproveito sempre para adquirir conhecimentos em qualquer ajuda de que participo. Eu somente tentei compreender Oliveira. O fato, Gil, é que ele estava cansado, queria mudar mas não sabia como, bastou um incentivo e conseguimos ajudá-lo.*

– *Falei à Mara da ajuda que nos deram: ela teme que o obsessor, a energia negativa como ela fala, volte com mais fúria ainda.*

– *Ele não voltará* – afirmei.

– *Vamos então conversar. Como acham que podemos ajudá-los?*

Mary falou a ele das duas crianças assassinadas, que as visitamos na espiritualidade, contou a história delas e do porquê de terem recebido essa reação. Depois falou dela sempre com sua voz agradável e jeitinho meigo.

– *O que queremos, Gil* – disse –, *é que Mara veja o local onde mataram os dois meninos e que consiga ler a data do próximo encontro deles.*

– *Não podemos demorar muito, o tempo passa e o dia logo chegará* – falou Mary.

– *Vamos amanhã de manhã marcar um horário para Mara se concentrar. Comigo ajudando, faço-a falar. Foi bom vocês me contarem tudo.*

Ficamos em silêncio por instantes. Mary olhou para Gil e disse com seu jeitinho delicado:

– Você está pensando em Oliveira, não é, Gil? O coitado perdeu tempo precioso deixando de fazer algo para si, por causa dela, de outra pessoa. A gente faz tanto isso! "Estou assim porque você é culpado!" Quero fazer o outro sentir culpa e sofrer e, não interessa se sofremos ou não.

Gil a olhou sério, por instantes. Achei que ele não gostara do comentário de Mary, porém, ele foi sentar-se ao lado dela, que pegou carinhosamente a mão dele e continuou a falar:

– Gil, onde está sua mãezinha?

– Ela me disse que está num lugar muito bonito – respondeu ele.

– Sua mamãe não o convidou a ir para lá? – perguntou novamente Mary.

– Sim, já, mas recusei, não quero ir para o lugar onde ela está, não quero ficar perto dela.

– Você quer que ela continue preocupada com você e que se sinta culpada, não é mesmo?

Mary falava devagar como se o assunto fosse corriqueiro, um tema comum. Gil ficou sem saber o que fazer por momentos, depois colocou a cabeça no colo de Mary, que afagou seus cabelos com muito carinho. Ele chorou de mansinho. Ficamos quietos, então ele começou a falar:

– É verdade! Acho que é isso mesmo o que acontece! Quero, queria que ela sofresse por mim, pelo muito que me fez sofrer!

Gil recordou o passado. As cenas em sua mente eram tão fortes, reais, que Mary e eu víamos e ouvíamos:

– Minha família era numerosa, todos moravam na mesma cidade, avós, tios e muitos primos. Em casa era meu pai, mãe, três irmãos e duas irmãs. Eu era o quarto filho. Comecei a ser castigado, surrado sem mesmo entender o porquê. "– Isso não se faz! Menino, não aja assim! Seja homem!"

Realmente eu não entendia o que não podia fazer. Maiorzinho, tive de imitar meus irmãos, porque minha vontade era brincar com minhas irmãs, ser como elas. Piorou, foi a pior fase de minha vida. Meus irmãos contavam, queixando-se para meu pai: "– Não queremos Gildo conosco! Ele nos envergonha! Tem medo da bola, não corre, dá gritinhos e a turma ri e critica. Ele nos envergonha".

Mais surras e castigos. Cheguei a pedir para minha mãe:

"– Mamãe, eu quero ser como vocês querem que eu seja. Por favor, me ensine, me leva ao médico".

Levaram-me a um médico em outra cidade. Infelizmente, ele recomendou que me educasse com mais severidade. Minha mãe até tentou me ensinar: "– Sente-se assim! Fale pouco! Não faça esse movimento!" E eu tentava, porém, bastava um susto ou algo que me fizesse sair dos movimentos ensaiados para dar vexames. Fui proibido de sair com meus irmãos e raramente me deixavam sair de casa. Na escola, os garotos riam de mim, criticavam-me e me xingavam. Eu chorava e aí era pior. Até as meninas me olhavam rindo. Na quarta série do ensino fundamental, não quis ir mais à escola e meus pais acharam melhor eu não ir mesmo e parei de estudar. O que eu mais escutava dos meus familiares era que eu os envergonhava.

Fui excluído: festas de família não era para eu ir; todos saíam e eu ficava sozinho chorando. Passei a ajudar mamãe nos serviços de casa para não ficar sem fazer nada. Um dia, escutei papai falando a mamãe: "– Se tivesse coragem, levava Gildo para um lugar longe, isolado e matava-o. Como sofremos por ter um filho assim!"

Isolei-me, falava pouco; se chegavam visitas em casa, me escondia. Tudo que acontecia de errado era minha responsabilidade. Minha irmã brigou com o namorado, era porque eu era homossexual; meu irmão não conseguia emprego, eu era o culpado por isso. Ninguém da família me teve amizade, tentou me compreender, nem minha mãe. Eu tinha 17 anos, quando de um infarto fulminante meu pai desencarnou. O culpado fui eu. "– Você matou papai", disse meu irmão mais velho. "– Não o queremos no velório e nem no enterro."

Não fui ao enterro. Senti-me culpado. Quando voltaram do cemitério, a família se reuniu, me chamaram e mamãe falou: "– Gildo, nós tentamos consertá-lo, você não quis. Sempre foi o nosso maior desgosto. Acho mesmo que seu pai morreu de tanta vergonha. Decidimos que você tem de ir embora de casa, ir para longe dessa cidade e não nos dê mais notícias. Arrume suas coisas, vou lhe dar dinheiro para ir para longe. Faça isso amanhã cedo! – E não precisa se despedir!", falou um dos meus irmãos.

Gil fez uma pausa. Pela casa, pelas roupas que vimos nas lembranças dele, sua família era de classe média alta. Foram muitos os castigos que ele recebeu, como ficar preso no quarto escuro, sem alimento e foram muitas as surras que o deixaram marcado com hematomas. Mary o beijou e pediu:

– Continue a nos contar, Gil, por favor!

– Saí de casa com muito medo, peguei o trem de manhãzinha e fui para longe. Parei nessa cidade e hospedei-me numa pensão. Meu dinheiro não era muito, tinha de procurar trabalho. Fui andar pela cidade, quando vi uma placa anunciando que uma senhora lia a sorte e resolvia problemas. Paguei pela consulta e pensei: "Quem sabe se essa senhora não me ajuda? Estou perdido, talvez ela ache uma solução para mim".

E foi Deus que me fez consultá-la. Minha família era socialmente religiosa, eu gostava de rezar e um dia meu pai, ao me ver ajoelhado na frente do oratório de minha mãe, ordenou: – Levante-se daí! Não ofenda a santa de sua mãe! Você é sujo e não deve orar. Ofende a Deus com suas orações.

Então, sempre que orava, era escondido, sentia remorso por rezar achando que estava ofendendo a Deus. Mas na viagem orei muito, pedi a Deus perdão por ser desse jeito, orei e prometi que se Ele me ajudasse, eu não O ofenderia mais orando.

A senhora cartomante, dona Adelle, apiedou-se de mim e me ofereceu emprego. Fui morar num quartinho nos fundos da casa dela, fazia o serviço doméstico e a ajudava com os clientes. Dona Adelle tinha três filhos: dois homens e Mara. Ela era muito bondosa e eles moravam aqui, nesta casa. O marido dela andava com muletas e com muita dificuldade. Desgostoso, bebia muito, estava sempre embriagado. Eles sofriam também com o preconceito. Dona Adelle lia sorte e criou os filhos com o dinheiro que recebia. E, com eles, tive sossego. Ninguém nesse lar me ofendia, tratavam-me bem.

Dona Adelle conversava muito comigo, me fez entender que eu não fui ou era culpado, não fui carrasco e sim vítima. Falava-me sempre:

– Somente se é culpado quando por livre vontade fizermos alguém sofrer. Você, meu querido, não quis, não desejou que seus familiares sofressem por você. Por favor, não se culpe! Eles sofreram porque são preconceituosos; se assim não fossem, eles o aceitariam e todos seriam melhores e mais felizes. Sofreram por eles mesmos.

O dinheiro na casa era contado e todos trabalhavam. Os dois moços arrumaram empregos em outras cidades e mudaram. Mara, a caçula, desde pequena gostava de ver a mãe fazendo o trabalho dela, aprendeu e descobriu que herdara o dom de sua genitora, o da paranormalidade. O pai de Mara desencarnou depois de ter ficado muito tempo doente. Mara casou-se com Luck, foram morar num apartamento pequeno aqui perto e tiveram os filhos. Luck tinha um bom emprego. Sempre gostei muito dele, nunca teve preconceito da família, de Mara ou de mim.

Eu gostava muito de dona Adelle e ela de mim. Ficamos nós dois morando aqui por muitos anos. Escrevi à minha mãe somente uma vez, dando notícias de mim, que estava bem, ela me respondeu que se alegrava por eu estar bem, mas que era para não escrever mais. Eles disseram a todos que eu havia falecido. Fiquei muito chateado, triste, mas resolvi fazer o que ela queria e nunca mais entrei em contato com minha família.

Gil fez uma pequena pausa e continuou a falar:

– Tive alguns relacionamentos amorosos, mas nada sério. Fiquei doente, com câncer, sofri muito. Dona Adelle, Mara e Luck cuidaram de mim. Desencarnei, e o esposo de dona Adelle me orientou, me ensinou como poderia viver desencarnado e continuei na casa. Mara com a família mudaram-se para cá para não deixar a mãe

dela sozinha, mas ela desencarnou logo depois. E dona Adelle, em espírito, não quis ficar aqui, foi embora com uma irmã dela. Luck, que tinha um bom emprego, nessa época foi demitido e eles se viram em situação financeira complicada. Mara, então, passou a fazer o que aprendera com sua mãe e eu me tornei seu ajudante. Deu certo. Luck faz pequenos trabalhos e eles estão conseguindo o suficiente para os filhos estudarem. Esta casa, que era de dona Adelle, ficou para Mara e para os dois irmãos dela que querem vendê-la. Se isso acontecer, se eles venderem esta propriedade, Mara e Luck terão que alugar um lugar para morar e tudo ficará muito difícil, pois o dinheiro que receberá com a venda será muito pouco para comprar outra casa.

Gil deu por encerrada a narrativa, fazendo um sinal com a mão que acabara, suspirou e exclamou:

– *É essa a minha história!*

Mas Mary não a deu por encerrada e comentou:

– *Sua mãe desencarnou, arrependeu-se e veio lhe pedir perdão, deseja levá-lo para viver de outro modo, morar com ela, onde estudará e aprenderá muitas outras coisas. Você não quer não é?*

– *É isso mesmo! Não consigo dizer que não desculpo a quem me pede. Falei à mamãe que tudo bem, a perdôo, mas não a quero por perto como ela não me quis. Nasci com a alma feminina num corpo masculino. Somente fui entender isso quando dona Adelle me explicou. Na casa dos meus pais, foram castigos e surras sem explicações. Eu não queria ser, depois me aceitei, mas nunca fui feliz. Recebi favores de dona Adelle e de sua família, retribuí e o faço até hoje ajudando Mara. Quando precisei de mãe, ela não me deu carinho, nem apoio e não ficou ao meu lado. Ela me repeliu; agora que não preciso, ela vem e quer que eu fique ao lado dela! Impossível! Acho que gosto de saber que ela se sente culpada! Até que gostaria de ver minha família com remorso. Não se trata uma criança assim!*

– *Gil, o mundo espiritual é imenso. Você poderá ir para uma colônia, estudar, aprender e não precisa ser aquela em que sua mãe mora. Pode muito bem ser em outra* – falei.

– *E por pirraça você não aceita sua mãe? Ela não o ajudou e agora você não aceita sua ajuda!* – exclamou Mary.

– *Desde quando escutei vocês conversando com Oliveira, o terrível ex-obsessor, que estou pensando: se vivo assim porque quero ou é porque quero pirraçar minha mãe. Será que eu também, em vez de viver minha vida, estou agindo assim para feri-la?*

Mary ia argumentar, mas eu a interrompi:

– *Pense, Gil, e ache você mesmo a solução. Agora temos de ir embora. Voltaremos amanhã às oito horas e trinta minutos para sabermos em que horário Mara irá se concentrar para ver a gruta.*

Abraçamos Gil e o deixamos pensativo. Volitamos para a praça. Expliquei à minha companheira de trabalho:

– *Vamos deixar Gil pensar e, por enquanto, não devemos achar solução para ele. Nosso trabalho é fazer com que esses criminosos sejam presos e que não se cometam mais assassinatos.*

– *Como Gilzinho sofreu!* – lamentou Mary. – *Como podem maltratar uma criança daquele jeito?*

– *O preconceito é algo grave, que machuca muito o alvo, porém muito mais aquele que o sente. De fato, foi muito triste o que aconteceu com Gil e infelizmente ocorre com tantos outros.*

– *Que acontecerá com Gil, quando ele for abrigado numa colônia? Ele terá de escolher ser homem ou mulher?* – Mary quis saber.

– *Para muitos homossexuais, o prazer é mental e muitos desencarnam e querem continuar assim. A modificação virá por meio de uma compreensão maior, pelo entendimento e estudo. Gil já sabe que não tem o corpo físico, mas terá de se livrar dos reflexos do corpo carnal, isto é, aprender a viver sem as sensações da matéria, e se conscientizar de que é um espírito. Com certeza, Gil precisará fazer um tratamento e escolher para viver com o corpo perispiritual um sexo, masculino ou feminino. Quando for reencarnar, terá de preparar-se e se conscientizar bem sobre que sexo escolherá para viver encarnado. Com certeza, ele aprendeu com essa vivência, nessa sua última encarnação, uma lição útil e preciosa: não será mais preconceituoso!*

– *Luck, Mara e a família não são preconceituosos* – disse Mary. – *Tinham Gil como irmão e têm muito carinho por Teddy.*

– *Como é bom aprender lições com o "mestre amor". Tudo fica mais fácil, porque senão a dor ensina* – respondi.

Antes das oito horas estávamos na casa de Mara e ela falava ao telefone. Desligou alegre e contou a novidade ao Luck.

– Ontem à noite senti Gil me contando que ele e uns amigos tinham resolvido o problema de Tati. Telefonei a ela agora cedo. Nossa filha disse que ontem à noite chorou muito, depois se sentiu aliviada. Dormiu e viu um casal de velhinhos a lhe dar ânimo. Acordou disposta e feliz. Luck, vamos nos concentrar hoje às quatro horas. Farei tudo para ajudar você a resolver esse caso.

– Está bem, Mara, às quatro horas nos reuniremos.

Teddy chegou aborrecido. Mara, ao vê-lo, perguntou:

– Que aconteceu, Teddy?

– O de sempre – respondeu ele chorando. – Aqueles vizinhos me xingaram. Dizem coisas horríveis de mim.

Mara o abraçou, e Luck disse:

– Se Deus quiser, resolvo o caso do Nico e com o dinheiro da recompensa vamos mudar de casa e você virá morar conosco. Que pessoas faladeiras! Por que não cuidam da própria vida?

– Falam da gente também – disse Mara. – Que eu sou charlatã e que você é um desocupado que bisbilhota vidas alheias.

– Eu não sou nada disso que falam. Sou puro! Nunca me relacionei com pessoa nenhuma. Não faço mal a ninguém!

– Não se aborreça, Teddy! – pediu Luck. – Agora, já vou. Tenho muito que fazer.

Teddy chorava e Mara o abraçou, consolando-o. Gil suspirou e falou para Mary e eu:

– *Coitado do Teddy! Ele é realmente bonzinho! A família dele também não o quis, ele mudou para esta cidade, estuda à noite e trabalha com Mara. Está sempre sendo ofendido e chorando.*

– *Gil* – pedi –, *observe bem o jovem Teddy. Veja mais além do físico dele. Examine-o!*

Com minha ajuda, Gil viu.

– *Mas, mas...* – não conseguiu dizer mais nada.

Gil ficou parado, olhando-o. Quando passou o susto, exclamou emocionado:

– *Mas Teddy foi meu pai!*

– *Sim, Gil. Teddy, que hoje sofre com o preconceito, foi na encarnação passada seu pai.*

– *Puxa, meu pai! Que coisa horrorosa! Incrível! Que faço agora?* – perguntou Gil atordoado com a descoberta.

– *Continue amando-o e ajude-o* – respondeu Mary. – *Retribua o mal que ele lhe fez, por não compreendê-lo, com o bem que você já compreende.*

Gil abraçou Mary e chorou.

– *Tenho muito mesmo que pensar, não é minha amiga? Gosto de Teddy e vou continuar gostando.*

– *Eu esperava isso de você e não me decepcionou!* – alegrou-se Mary.

– *Antônio Carlos, todos nós temos defeitos, não é? E como temos!* – falou Gil. – *Será que, por ser assim, posso orar? Ontem quando você me pediu para rezar no apartamento de Tati, fiquei envergonhado, sou indigno, porém não quis ser indelicado com Mary e orei. Senti-me bem. Você acha que posso orar? Não ofendo a Deus por rezar?*

– *Tive um mestre* – respondi – *que sempre nos alertava: – Quem é digno de trabalhar, de servir em nome de Deus, de Jesus? Fazemos por misericórdia! Penso sempre, quando me sinto inábil, na passagem do Evangelho em que Jesus impediu de que fosse apedrejada a mulher adúltera. – Quem estiver sem pecado que atire a primeira pedra. Se acharmos que estamos procedendo errado, a oração nos dará forças para nos modificarmos. Cultivar sentimento de culpa não nos ajuda em nada. Devemos sim nos arrepender e fazer um propósito de não voltar ao erro. Como também não devemos culpar outros. Cada um sabe de si e a colheita pertence a quem plantou. Se esquecermos os atos alheios, concentramo-nos mais nos nossos e com a oração os resolveremos com mais facilidade. Ninguém é órfão do amor paternal de Deus e nunca devemos nos envergonhar de orar.*

– *Quando estava encarnada* – disse Mary –, *conhecia uma moça que era amante de um homem casado. Ela o amava, mas se sentia mal por essa atitude e também dizia não orar por ter vergonha. A história não acabou bem, o homem preferiu ficar com a família e ela ficou muito triste; somente melhorou quando voltou a freqüentar a igreja e a orar.*

– *Nossos atos* – expliquei –, *sejam bons ou maus, nos pertencem e receberemos suas reações, mas, em qualquer situação, seja de plantação ou de colheita, a oração nos faz a diferença. Gil, não se envergonhe nunca de orar! Pelo preconceito, tentaram fazer com que você se sentisse um ser desprezível. Porém, não o é, e, por favor, não se sinta assim, indigno!*

– *Você não é nada disso que lhe falaram* – afirmou Mary com determinação. – *É um ser humano que teve uma reencarnação difícil, sofreu e não fez ninguém sofrer porque quis. Se seus pais sofreram foi porque não o compreenderam. Tanto que seu pai está aprendendo a se livrar do preconceito. Não seja teimoso! Ame-se, Gil, e sinta o amor de Deus em você!*

Gil chorou. Seu choro era calmo, de alívio. Falou agradecido:

– *Obrigado Antônio Carlos, obrigado minha amiga Mary. Estou muito feliz porque me sinto filho de Deus! Quero amar nosso Criador e vou orar com fé. Estou me sentindo muito bem.*

– *Alegro-me Gil* – respondi. – *Mas agora vamos embora para voltarmos quando Mara for se concentrar. Lembre-se de que contamos com sua ajuda.*

Quando saímos da casa de Luck, Mary me perguntou:

– *Antônio Carlos, uma pessoa pode encarnar e ser homossexual para aprender a não ser preconceituosa?*

– Quando somos preconceituosos a ponto de maltratar alguém, agindo por maldade, estamos errando. Podemos reparar os erros, anulá-los, com atitudes benéficas, ou então a dor tenta nos ensinar e muitas vezes sofremos o que fizemos outros sofrerem. Na espiritualidade não existe regra geral, e para uma mesma ação pode haver reações diversas. Muitos aprendem a ter boas atitudes pelo amor. Como Luck e Mara não são preconceituosos, o pai de Gil, encarnado em Teddy, teve oportunidade, pelo amor, de aprender a não ter preconceito. Poderia ter amado seu filho, aceitado sua maneira de ser, ajudando-o. Agora, como Teddy, a dor tenta ensiná-lo a não ter mais preconceito. A homossexualidade não pode ser vista somente como uma reação negativa: uma pessoa o é por vários motivos. O importante, Mary, é aprendermos a ser bons, sermos pessoas justas, caridosas, caminhar para o progresso independentemente de sermos brancos, negros ou qualquer crença escolhida e da opção sexual.

Voltamos no horário marcado à casa de Luck. Mara se preparava para se concentrar e Teddy, solícito, ficou ao lado dela. Luck com um gravador e um bloco de anotações sentou-se do outro lado. Gil permaneceu pertinho de Mara e Mary e eu à frente. A paranormal colocou as mãos no rosto, sobre os olhos. Transmitimos a ela, minha companheira e eu, toda a energia que pudemos. Plasmamos um telão e nele, pelos nossos pensamentos, foram passando imagens do local e Mara pela sua mediunidade foi vendo. Ela não sabia se seu espírito foi lá ou se via. Isso ocorre muito a médiuns sem estudo, não percebem a diferença. Mara poderia ter desdobrado, isto é, seu espírito poderia ter ido até a gruta. Nós optamos por mostrar a ela, que foi vendo e falando:

– Na cidade Pitoresca, perto da rodovia tem os motéis, contornando-os existe um terreno grande e uma trilha que sobe alguns metros. Ai! Que horror! É uma gruta! Está fechada com tábuas. Não quero entrar! Está bem, eu vou! Segura minha mão, Gil! É um salão, passa-se por uma pedra e entra-se em outro salão. É ali que se

matam as crianças! Um horror! Vejo energias maldosas por lá, mas elas não me vêem. Estou protegida! Ai! Ai! Quero sair dali!

– Pode sair – disse Luck. – Desperte-a Teddy! Com esses dados acharemos a tal gruta!

Teddy, com delicadeza deu tapinhas no rosto de Mara, que despertou sem muito vexame.

– Luck, o local é muito lúgubre – informou Mara com medo. – É uma gruta bonita, mas a energia está muito carregada. Tenho certeza de que foi lá que mataram esses meninos.

– Você me parece bem! – comentou Luck.

– De fato estou! Quando faço isso, perco tanta energia que tenho de ir para a cama. Mas hoje senti doação de energia. Acho que é dos dois velhinhos que ajudaram a Tati e que são amigos de Gil.

– Amanhã almoçarei com Nico, falarei a ele que me dará detalhes do lugar e iremos até a tal gruta.

– Deverá ser muito ruim para mim ir lá! – exclamou Mara.

– Você indo com certeza descobrirá muito mais detalhes. Faça esse sacrifício. Com a recompensa que Nico me dará, acertaremos nossa vida. Depois, se hoje não se sentiu tão mal, por causa desses velhinhos, eles com certeza nos ajudarão na nossa ida à gruta.

– Está bem, Luck, será como você quiser.

Gil, Mary e eu ficamos satisfeitos. A ida de Mara à gruta com certeza seria benéfica.

– *Vocês irão conosco e ajudarão Mara, não é?* – perguntou Gil.

– *Iremos sim e auxiliaremos* – respondi. – *Médium necessita de estudo e há bons livros que ensinam a lidar com a mediunidade, como* O Livro dos Médiuns, *de Allan Kardec. Em reuniões de centros espíritas, médiuns não sentem mal-estares, como Mara, após se concentrar.*

– *Nos centros espíritas com certeza há desencarnados como vocês, que os ajudam a repor a energia deles, não é?* – interrompeu-me Gil com sua pergunta.

– *É isso mesmo* – afirmou Mary. – *Nas casas espíritas se unem encarnados e desencarnados para fazer o bem e todos são beneficiados.*

– *Desculpe-me pelos velhinhos* – falou Gil. – *Tati os percebeu, assim, falou a Mara e aí...*

– *A aparência não nos importa* – falei sorrindo.

– *Eu* – informou Mary – *quis ficar na espiritualidade com a aparência que tinha ao desencarnar; Antônio Carlos também, só que ele aparenta ter uns 65 anos. Sabe, Gil, gosto de ser assim, faço as pessoas verem em mim um pouco de mãe, avó.*

Despedimo-nos e Gil ficou de nos informar sobre qualquer novidade que houvesse.

O local do crime é encontrado

Nico saiu de casa para ir ao centro espírita, escutou a palestra com atenção. Estava gostando cada vez mais do que ouvia e lia. Quando a palestra terminou, conversou um pouco com um senhor e se desculpou:

– Não trouxe os livros que me emprestou, não acabei de lê-los. É que tenho voltado muitas vezes a algumas questões.

– Não tem problema, senhor Nico.

– Esses livros são fáceis de ser adquiridos? – o senhor Nico quis saber.

– Na cidade das Fábricas há uma livraria que vende obras espíritas – informou o senhor.

O senhor Nico pegou o endereço. Resolveu comprá-los no outro dia, já que iria à fábrica e almoçaria com Luck.

Assim o fez. Resolveu os problemas da fábrica, passou na livraria e foi separando muitos livros, as Obras Básicas codificadas por Allan Kardec e alguns outros títulos que lhe interessaram pelo que leu na contracapa.

– Por favor, mocinha – disse ele à balconista –, faça dois pacotes um com estes que separei e outro em duplicado. Vou levar todos.

Deixou os seus livros no carro e entrou com o outro pacote embrulhado para presente no restaurante. Estava dez minutos atrasado. Procurou por Luck e não o achou. O garçom veio ao seu encontro e lhe disse:

– Senhor Nico, a senhora o espera na mesa cinco. Por aqui, por favor!

"Senhora?", pensou ele. "Que senhora?"

Acompanhou o garçom e defrontou-se com uma mulher desconhecida, sentada, que lhe acenou sorrindo.

– Nico, querido! Sente-se aqui, meu bem! – "ela" falou alto.

Ele foi sentar-se, "ela" pegou sua mão, puxou-o para perto de si e falou baixinho:

– Cumprimente-me, por favor, como uma dama!

E lhe deu dois sonoros beijos no rosto.

– Lu... – exclamou ele baixinho e espantado.

– Geórgia, querido!

– Você me beijou – queixou-se Nico surpreso.

– Ora, foi no rosto. Queria que eu o beijasse na boca? Sente-se e comporte-se, por favor, você está diante de uma "senhora" – ordenou Luck.

– Muito enfeitada para meu gosto! – retrucou o senhor Nico.

– É muito difícil, no meu caso, ser discreta! O garçom vem vindo. Querido, escolha você. Tem sempre bom gosto! Conhece este restaurante!

– Está bem, meu amor! – exclamou o senhor Nico.

Escolheram o prato, e o garçom afastou-se.

– Nico – pediu Luck baixinho –, atenção! Chame-me somente de Geórgia. Não fique com expressão de espanto! Estamos nos encontrando muito, tive de disfarçar. Que tem de mais você encontrar-se com uma mulher? É viúvo! E Mara não se importaria! – riu. – Você tem novidades?

O senhor Nico suspirou. Olhou para Luck que, de fato, estava irreconhecível, aparentava ser mesmo uma mulher, e muito enfeitada. Ainda estava com o pacote de livros na mão.

– Comprei livros espíritas para mim que explicam essas conversas entre os mortos e vivos. Estou gostando muito e comprei para presentear você e Mara.

– Oh, querido! – exclamou Luck alto, imitando com perfeição uma voz feminina. – Presente para mim? Que delicadeza! Obrigada!

Pegou o pacote e colocou numa cadeira.

– Será que não pode ser mais discreta? – perguntou o senhor Nico.

– Como? Você já notou que todos, até os garçons, nos observam desde que chegamos?

– Vamos ao assunto – pediu o senhor Nico. – Em casa, na fazenda, na fábrica, tudo normal, ninguém viu nada suspeito. Fernando, meu sobrinho, chega de viagem nesse sábado. No domingo a sogra dele dará um almoço para recebê-los.

– Vá e aja com naturalidade – recomendou o detetive. – E, por favor, não fale a ninguém, nem a Fernando.

– Não costumo esconder nada de Fernando – resmungou o senhor Nico. – Mas não vou falar. Se os pais deles estiverem metidos nessa confusão, é bom ele não saber.

O garçom veio servir e Luck, agindo como uma mulher, o chamou de querido, amor etc. O senhor Nico não sabia se estava com vontade de rir ou de sair correndo dali e esquecer esse louco do Luck. Tudo para ele estava sendo muito ridículo. Quando o garçom os serviu, Luck voltando a falar baixo:

– Tenho muitas novidades, Nico. Quer escutar primeiro as ruins ou a boa?

– Vamos começar pelas más. Diga logo!

– Sua irmã tem saído sozinha todas as sextas-feiras à noite. Na primeira, Teddy a seguiu, ela entrou na igreja e ele ficou esperando do lado de fora. A igreja fechou e nada de ela sair. Na sexta-feira última fui eu que a segui. Entrei na igreja também, ela se ajoelhou, orou por minutos, depois entrou na sacristia; para mim ela ia falar com o padre. Como demorou, fui lá e encontrei o padre com outras pessoas conversando sobre uma festa religiosa que vai acontecer. Sua irmã não estava lá. Perguntei dela e me responderam que não a viram. Então, vi que ao lado da sacristia há uma porta lateral que fica sempre aberta e dá para outra rua. Perdi-a de vista e a pista. Fui à casa dela no sábado à tarde, claro que nem bati à porta, somente observei do lado de fora. Perguntando, obtive a informação de que Nelva pode entrar e sair da casa dela também por um outro lado.

– Pode mesmo – concordou o senhor Nico. – No fundo da casa dela, existem umas seis casas pequenas que têm entrada do outro lado do quarteirão. No quintal da casa de Nelva, há um portãozinho e por lá ela pode entrar e sair de sua casa pela rua lateral.

– Não sei o que sua irmã fez ou aonde foi. O fato é que Nelva entrou na igreja nessas duas últimas sextas-feiras que a seguimos e sumiu. Depois, sexta-feira é um dia conhecido por ser preferido para encontros macabros e reuniões de bruxos.

– Por quê? – perguntou o senhor Nico.

– Sei lá – respondeu o detetive. – É o que se diz! Pode ser porque Jesus morreu numa sexta-feira. Bem, vamos à outra notícia ruim: de Richard. O safado colocou a filha em um colégio interno, uma espécie de orfanato pago a preço muito acessível para ser bom. Informaram-me também que Eva, a mãe do seu neto, não tem parentes. Ela foi deixada recém-nascida num orfanato onde ficou até a adolescência. Richard está gastando o dinheiro que deveria ser para a menina com viagens e com a amante, uma atriz sem sucesso. A agência me mandou um relatório, ainda bem que foi no nosso idioma. Disseram que Richard sai muito, viaja dentro do seu país e até para outros. Pediram mais dinheiro para segui-lo nas viagens internacionais. Marquei aqui, neste papel, a quantia que eles querem.

– Mas é exorbitante! – exclamou o senhor Nico ao ler a quantia no papel.

– Também achei! – concordou Luck.

– Vou enviar. Para mim é ele o mentor do crime! E se ele está viajando muito, pode muito bem estar vindo aqui organizar esses crimes.

– Eu acho que é sua irmã! – afirmou o detetive.

Enquanto mastigava, o senhor Nico pensou:

"Já usei todo o dinheiro que dispunha no banco e metade do que coloquei no nome do Nícolas, que é conta conjunta comigo. Pagando agora essa agência, não terei mais dinheiro disponível. Se precisar, terei de vender alguns cavalos e touros".

– Agora Luck, por favor, a notícia boa – pediu o senhor Nico.

– Mara concentrou-se e achou o local onde os dois meninos foram mortos!

O senhor Nico ia fazer uma expressão de espanto, mas concluiu que nada mais o espantaria partindo de Luck. Continuou olhando para o detetive que, vestido de mulher, estava muito ridículo e até podia adivinhar os comentários das pessoas que estavam no restaurante onde ele era muito conhecido. Como ele não falou nada, Luck continuou a informar:

– Mara viu a rodovia e antes de chegar à cidade, motéis, depois uma estrada de terra que vai dar ao sopé de uma das montanhas, sobe-se a pé por uma trilha e chega-se a uma gruta.

– Incrível, Geórgia! Acompanhei sua descrição e é isso mesmo. Ali existe uma gruta! Chamava-se, há tempos atrás, Gruta das Orquídeas por ter muitas dessas flores pelas árvores próximas. Depois, ela teve sua entrada proibida.

– Foi isso mesmo que Mara viu: a entrada fechada com tábuas grossas e pesadas.

– O que ela viu está correto! – afirmou o senhor Nico. – Atrás dos motéis, são três perto, tem uma estrada que sai da rodovia e vai até um terreno na encosta da montanha. Existe a trilha que vai dar na gruta. Não existe somente a estrada dos motéis para chegar a esse terreno, há outra rua do centro da cidade que vai até lá e outro caminho pelo subúrbio. Essa gruta é perigosa e, como sua entrada foi lacrada, ficou conhecida como a gruta proibida.

– Fale-me dela tudo o que sabe – pediu Luck.

– Dizem que há muitos anos, eu ainda não morava na cidade Pitoresca, um casal de noivos foi namorar ali e sumiu. Falaram pela cidade que eles fugiram, mas eles nunca mais apareceram nem deram notícias e eles não tinham motivos para fugir. Com o escândalo, o máximo que aconteceria seria casar e tudo indicava que era isso que eles queriam. Já morava na cidade quando aconteceu uma desgraça. Uma família, pai, mãe e duas crianças foram fazer um passeio ali perto. O pai com o filho, um menino, entraram na gruta e de repente o pai não viu mais o filho. Gritou por ele, não obteve resposta, desesperado saiu e procurou ajuda. Polícia, voluntários, bombeiros procuraram o garoto por cinco dias e não o encontraram. Uns disseram que ele deve ter ficado preso numa fresta, outros que caiu em algum abismo e foram muitos os comentários como: a gruta seria uma das entradas do inferno. Depois dessa tragédia, foi lacrada e teve a entrada proibida. É um local perigoso!

– Ideal, não acha? – perguntou Luck.

– Ideal?! – falou estranhando o senhor Nico.

– Claro, se alguém quer fazer algo escondido, não existe local melhor que naquele que ninguém vai, que é proibido. Vou lá!

– Luck, tome cuidado! – pediu o senhor Nico.

– Vou entrar somente alguns metros. Mara viu um salão na entrada e atrás de uma pedra, um outro. Vamos somente até onde ela viu. Vou amarrar uma linha forte na entrada para não nos perder.

– Cautela! Se alguém vir vocês entrarem lá, podem chamar a polícia e serem presos.

– Existe lei para isso? – perguntou o detetive admirado.

– Sei lá! Na época em que o menino sumiu, o delegado proibiu de entrar lá e afirmou que prenderia quem se atrevesse a desobedecer.

– Se eu não ficar perdido na gruta, ficarei preso na cadeia! – exclamou o detetive sorrindo.

– Deixemos isso para lá! Mas se você for, tome muito cuidado! – pediu o senhor Nico.

– Vamos embora. Por favor, puxe a cadeira para mim. Vamos no seu carro até onde deixei o meu. Cheguei aqui de táxi. E, obrigado pelos livros. Pode ter certeza de que vamos lê-los.

Saíram do restaurante sob os olhares de todos. O senhor Nico sentiu raiva e teve vontade de perguntar por que os observavam. Mas olhando de novo para o amigo, achou melhor ficar quieto, abriu a porta de trás do carro e sentou-se junto dele. Informou ao segurança para onde deveria se dirigir.

– Por que você está olhando tanto para trás? – perguntou o senhor Nico.

– Para nos certificar de que não estamos sendo seguidos.

Luck deixou o carro dele perto de uma área onde havia alguns motéis, saiu do carro e entrou no seu.

O senhor Nico estava cansado de ficar muito em casa, quando o neto não estava na escola, ficava muito com ele, ajudando-o até fazer as lições da escola. Chegou em casa e Nícolas estava no colégio; pegou os livros que tinha comprado e procurou nas obras de Allan Kardec sobre sacrifícios lugares ditos assombrados, premonições e ficou satisfeito com as respostas[11].

---

11. As obras de Allan Kardec contêm ensinamentos preciosos. Feitos de perguntas e respostas, encontramos neles muitas coisas que queremos saber. Os leitores, se tiverem as mesmas curiosidades que o personagem da história, encontrará com certeza explicações, basta para isso procurar no índice. (N.A.E.)

Luck em casa também folheou os livros, comentou com Mara e ambos se interessaram e começaram a ler. Mary presenteou Gil com as mesmas obras. Na espiritualidade, postos de socorro, nas colônias existem grandes e lindas bibliotecas, onde encontramos obras que os encarnados dispõem para ler e outras de grandes conhecimentos. Mary pegou na biblioteca da colônia onde reside. Isso é possível, desde que justifique a retirada deles. Gil alegrou-se muito de ser presenteado. O casal encarnado lia e comentava, ele também lia nos seus livros. Gil gostou muito do que estava lendo.

No sábado à tarde, Odete chamou seu patrão:

– Telefone para o senhor. É uma mulher que diz chamar-se Rosely.

– Alô – falou o senhor Nico pegando o telefone.

– Alô – respondeu alguém.

– Rosely! Que prazer! Quanto tempo! Que bom que tenha se lembrado de mim. Como está você? Onde está? – falou o senhor Nico entusiasmado.

– Nico, sou eu, Rosely!

– Ah, sei. – Nico reconheceu o Luck. Por instantes pensou mesmo que fosse uma antiga colega da faculdade com quem tivera um curto namoro.

"Que chato", pensou ele, "é esse louco do Luck de novo!"

– Nico, se é muito notado ir ao proibido? Qual é a melhor hora para ir?

"Proibido? Só pode ser a gruta" , pensou ele e respondeu:

– Final de semana pode haver pessoas passeando por ali, mas durante a semana, principalmente de manhã, raramente se encontra alguém por aqueles lados.

– É só isso! Beijos, querido!

– Outro para você. Até logo.

Odete estava parada olhando-o.

– O que foi, Odete? – perguntou o senhor Nico, encarando-a.

– Nada! Queria perguntar se o almoço estava bom.

– Ora! – respondeu ele.

Entendeu que a empregada inventara uma desculpa para ficar escutando.

No domingo, saiu às dez horas com o neto e o segurança para ir à casa dos pais de Isabelle. Estava com saudades do Fernando. O almoço foi muito agradável. O sobrinho estava alegre falando muito do passeio. A irmã e o cunhado do senhor Nico foram e se comportaram. Fernando trouxe presentes para todos, dois brinquedos lindos para Nícolas e um casaco para o tio. Todos se divertiram. Fernando, depois de perguntar da fábrica para o tio, informou-o:

– Amanhã cedo estarei na fábrica. Depois de verificar tudo, começarei a planejar algumas mudanças. Titio, por que o senhor veio com motorista? Por que contratou um?

– Meu joelho, Fernando. Tive uma dor forte e o médico me recomendou não dirigir por uns tempos e então contratei um motorista.

– O senhor melhorou? – perguntou Fernando preocupado.

– Estou quase bom, não se preocupe.

Ia chamá-lo para ser padrinho do neto, mas não conseguiu falar.

"Vou deixar passar todos esses transtornos que Luck armou", pensou.

E não falou nada do que acontecia ao Fernando. Ele estava alegre, os dois, Isabelle e o sobrinho, comentavam da viagem com entusiasmo. Nícolas estava contente, brincou, gostou do almoço e dos brinquedos que ganhou. Regressaram para casa somente à noite.

Luck se preparou para ir na segunda-feira à cidade Pitoresca. Colou adesivos em seu carro, fazendo listras pretas nas laterais e outros nos vidros, mudou as calotas e modificou os números das placas. Mara e Teddy já estavam acostumados com as atitudes do detetive e, por isso, não deram importância.

– O que vocês acham? Precisarei talvez ir mais vezes à cidade Pitoresca e é melhor não ir com o carro do mesmo modo.

– Está muito bom, Luck! – concordou Teddy.

E lá fomos, os três encarnados: Mara, Luck e Teddy e nós os desencarnados: Gil, Mary e eu. Minha companheira e eu fomos para evitar que algum umbralino os visse. Nós dois planejamos que, se encontrasse um deles ali, iríamos adormecê-los até que Luck acabasse com a inspeção. Gil não podia deixar de ir, pois estava sempre com Mara.

Luck, ao chegar perto dos motéis, pediu para Teddy agachar-se no banco de trás.

– É comum casais irem aos motéis! – explicou ele.

Contornou os prédios, passou para a estrada de terra e chegou ao terreno.

– É aqui! Ai, estou começando a me sentir mal! – exclamou Mara, sentindo dificuldades para respirar.

Nós a socorremos, doando-lhe energias, e Gil ficou ao seu lado, bem pertinho dela, que melhorou. Luck estacionou o carro, escolhendo um local que não ficasse muito visível e, por coincidência, onde Dirceu costumava deixar o seu.

– É por aquela trilha! – apontou Mara.

Luck concordou. Pelos dados que Nico lhe dera, a trilha só poderia ser aquela.

Subiram os três calados. Angelina que estivera de guarda ali nos comunicou:

– Não há nenhum umbralino por aqui!

– Angelina, por favor, fique atenta, vamos entrar na gruta com eles. Se vir alguém, me chame.

Logo os encarnados encontraram a entrada da gruta.

– É aqui! – exclamou Mara ofegante. – Não gosto deste lugar Luck, não queria entrar. A energia negativa é muito forte!

Mary aproximou-se de Gil e conseqüentemente de Mara e os dois tentaram acalmar a médium e protegê-la para que não recebesse em demasia a energia nociva, isto é, os fluidos negativos que se concentravam na gruta. E essa negatividade não era somente pelos assassinatos cruéis realizados, mas também pelas blasfêmias proferidas pelos encarnados ambiciosos e pelos umbralinos que se deliciavam em ver aqueles atos.

Luck examinou a entrada e as tábuas.

– É aqui, não é Mara? Você tem alguma dúvida?

A sensitiva balançou a cabeça, estava se sentindo melhor com Mary por perto. Teddy segurava uma cesta de piquenique, mas dentro estava cheia de apetrechos que Luck calcularia precisar. Foi o garoto que leu a placa já um tanto deteriorada pelo tempo.

– A entrada é proibida! O local deve ser perigoso!

– Gruta proibida! – confirmou o detetive. – É assim que esse lugar chama atualmente. Um bom local para fazer coisas indevidas. Vejam essas tábuas estão soltas. Afastando-as podemos entrar.

Afastou as tábuas com cuidado. Os três encarnados olharam para dentro.

– É escuro! – exclamou Teddy.

– Não muito – falou Luck. – As tábuas impedem que a luz solar entre. Vou entrar primeiro. Teddy, pegue a minha lanterna.

Entrou, acendeu a lanterna e examinou o salão.

– Entre, Mara! Para dentro, Teddy!

– É aqui mesmo, Luck – confirmou Mara. – Tenho certeza absoluta! Vi este salão e o outro que está atrás daquela pedra.

– O que pode haver atrás daquela pedra? – perguntou Luck.

Luck aproximou-se do local apontado por sua esposa. Iluminou-a e com a outra mão foi tateando a pedra.

– Você tem razão como sempre, querida! Aqui tem uma passagem! – exclamou Luck admirado.

– Cuidado, Luck – recomendou Mara. – Tem de se arrastar para entrar no salão.

– Nós só entraremos aí com a devida cautela. Teddy, me dê a linha.

Teddy tirou da cesta uma linha de náilon vermelha e Luck amarrou-a com cuidado em uma das tábuas da entrada.

– Vou entrar primeiro. Vocês dois me esperem aqui. Teddy, acenda a outra lanterna e fique perto de Mara.

Luck entrou pelo vão e logo estava no outro salão, olhou tudo e voltou para buscar Mara. Mesmo conosco sustentando a paranormal, ela tremia, estava ofegante, tinha medo, mas, decidida, foi com o marido e, no segundo salão, afirmou convicta:

– É aqui, Luck! Nessa pedra senta quem comanda, ele tem uma energia negra como eu jamais vi ou senti. Outros vultos, de corpos carnais, dançam e blasfemam aqui no meio. Nessa outra pedra as crianças foram deitadas e mortas. Ali, embaixo dessa outra pedra achatada, vejo cálices, uma arma, acho que é uma faca grande e roupas escuras. Agora podemos sair?

– *Ainda não!* – pedi a Gil. – *Por favor, faça-a ler a data escrita naquela parede de pedra.*

– *Marinha, por favor* – pediu Gil à sensitiva olhando em seus olhos. – *Olhe aquela pedra! Leia o que está escrito nela!*

E Mara conseguiu ler. Devagar ela foi vendo as letras e sem erro falou a data. Era dotada realmente de uma grande sensibilidade, uma psicômetra excepcional[12] e viu a data escrita por mim no paredão de pedra.

– *Pronto, Gil* – disse –, *eles não têm nada mais a fazer aqui.*

– Vamos sair, querida – determinou Luck.

Os três passaram ao outro salão e saíram. Luck deixou Mara e Teddy sentados embaixo de uma árvore e voltou à gruta. Examinou bem o segundo salão e com cuidado apagou as pegadas deles onde havia areia, o mesmo fez no primeiro salão. Desamarrou a linha,

---

12. Psicometria: mediunidade em que o sensitivo colocado em contato com objetos, pessoas ou lugares, sintoniza-se com o clima psicológico e é capaz de descrever o que ocorreu com eles ou neles. Psicômetra é o indivíduo, médium, que possui faculdades de percepção. Se o leitor se interessar pelo assunto, encontrará explicações excelentes no livro de Ernesto Bozzano, *Enigmas da psicometria*, FEB, RJ. (N.A.E.)

colocou as tábuas no lugar e foi para perto da esposa. Encontrou-os quietos tomando água.

– Luck – explicou Mara –, em outra ocasião, se fizesse isso, desmaiaria, com certeza, e ficaria desacordada por horas. Nunca estive num lugar de tamanha concentração negativa. Espíritos cruéis dos dois planos devem reunir-se aqui.

– Eu falei a ela – opinou Teddy – que não se sentisse mal porque está fazendo um bem enorme! Quando se faz o bem, recebe-se o bem. Está escrito naqueles livros que o senhor Nico nos deu.

– É verdade! – concordou Mara. – Acho, Luck, que eu vou fazer o bem com o meu dom. Nunca me senti assim tão tranqüila, em paz e com sensação boa.

– Não tenho nada contra – falou Luck. – Também estou gostando do que estou lendo. Podemos ir ao centro espírita nesta quarta-feira e veremos como seremos recebidos, se esses espíritas seguem mesmo o que seu orientador Allan Kardec escreveu nesses livros.

– Tudo acabou, não é meu querido? – indagou Mara.

– Que nada! Não posso ir à polícia e dizer a eles que encontrei o local do crime, mas que não sei quem são esses criminosos. Esses malvados usarão outro local. É preciso pegá-los em flagrante!

– Você fará isso, Luck? – perguntou Teddy assustado.

– Claro que não! – respondeu o detetive. – Tenho planos. Colocarei microfones no segundo salão e na sexta-feira venho para cá, arrumarei um esconderijo numa dessas árvores e os escutarei, gravarei a reunião deles. Aí com certeza eles marcarão a próxima e aí sim, a polícia os prenderá.

– Luck, querido, cuidado! Você lida com assassinos que devem estar armados.

– Eles podem ter armas, mas eu tenho a inteligência! Não se preocupe, querida, nada de mal acontecerá comigo. Você já leu minha sorte e afirmou que tudo dará certo.

Desceram pela trilha e foram embora. À tarde, Luck foi atrás do material de que precisava, mas somente na terça-feira acabou de comprar tudo. Na quarta-feira pela manhã voltou sozinho à gruta. Mas, para despistar, parou num posto de combustível perto da cidade Pitoresca. Seu carro desta vez estava com outros adesivos e faixas amarelas. Deixou estacionado em frente ao borracheiro, deu uma gorjeta ao proprietário e pediu:

– Vou sair com a moto que trouxe no carro para ir a um encontro, volto à tarde. Tome conta do meu carro, por favor.

O homem sorriu tendo a certeza de que seria um encontro amoroso. E Luck pegou uma moto pequena e rumou para os motéis. Ele estava irreconhecível. Colocou bigode e uma peruca. Deixou a moto escondida no terreno e subiu a trilha. Novamente, Mary e eu fomos juntos e contamos novamente com a ajuda de Angelina. Não queríamos que os umbralinos vissem Luck e soubessem o que ele estava fazendo. Gil ficara com Mara.

O detetive era realmente esperto, colocou quatro microfones no segundo salão, fez tudo muito bem feito. Apagou os vestígios que deixara. Enquanto isso, Mary e eu plasmamos um torrão de terra em cima dos microfones para que nenhum desencarnado conseguisse ver. Apaguei a data na pedra. Luck escolheu a uns trinta metros da entrada uma árvore para se esconder. Deixou tudo arrumado e foi embora. Chegou ao posto, deu mais uma gorjeta ao borracheiro, acomodou a pequena moto no bagageiro do carro e foi embora.

À noite, Luck e Mara foram ao centro espírita que se localizava perto de sua casa. Naquela noite, estava marcado para ter uma palestra e depois os freqüentadores que quisessem receberiam o passe. Os dois entraram na casa com cismas, mas foram cumprimentados com sorrisos de boas-vindas. Sentaram e observaram tudo curiosos; o local era simples, um salão grande e agradável. Uma mulher leu um trecho de *O Evangelho Segundo o Espiritismo* e o comentou. Mary, Gil e eu os acompanhamos e também fomos bem recebidos. Esclareci ao orientador desencarnado da casa quem era o casal, que eles estavam lendo as obras de Allan Kardec e outros livros espíritas e estavam gostando. Luck e Mara foram receber o passe e se sentiram muito bem. Após a oração final, os encarnados ficaram conversando e dois encarnados, trabalhadores do centro espírita, foram conversar com eles. Informaram os dias das reuniões, da possibilidade de pegar livros da biblioteca da casa emprestados, que duas vezes por semana havia reuniões de estudos e finalizaram dizendo que eles seriam sempre bem-vindos.

O casal gostou muito e Luck comentou quando saíram:

– Como são educados e agradáveis esses espíritas!

– Tive medo – confessou Mara – que eles nos pedissem para não voltar mais. Com certeza, eles devem saber que sou cartomante e você um detetive e que não seguimos religião nenhuma.

– Querida, você não escutou na palestra a senhora dizer que Jesus falou que os sãos não têm necessidade de médico e sim os doentes? Acho que todos nós somos de certa forma doentes espirituais, necessitados das orientações do Evangelho de Jesus. Gostei e vou voltar!

– Venho com você! – exclamou Mara, entusiasmada.

Mary e eu agradecemos aos trabalhadores desencarnados do centro espírita e expliquei:

– Mara é médium, mas desconhece o que seja mediunidade. Com certeza, ao ter conhecimento e compreender, poderá ser útil com sua sensibilidade. Agora usa de sua paranormalidade para obter dinheiro. Mas tenho certeza de que ao ter compreensão não fará mais isso. Foi muito bom a eles serem bem recebidos aqui.

– Todos os que aqui vêm recebem esse tratamento carinhoso – esclareceu o orientador desencarnado da casa espírita. *– Não perguntamos aos freqüentadores o que eles fazem. Ajudamos com afeto. Para servir, porém, ser um ajudante na casa, orientamos que se melhore interiormente e que queriam progredir.*

– Espero que Mara seja num futuro próximo uma trabalhadora da casa! – exclamou Mary.

Gil permaneceu quieto, não falara uma palavra sequer e ficou o tempo todo perto de Mary, somente observando. O orientador que conversava conosco dirigiu-se a ele:

– *E você, meu jovem, gostou? Não quer freqüentar nosso grupo de estudo? Além dos que já foram citados, aqueles que os encarnados podem freqüentar, temos mais dois específicos aos desencarnados. Teremos muito prazer em tê-lo conosco*[13].

Como Gil não sabia o que responder, Mary o fez por ele.

– *Aceitamos e agradecemos. Gil e eu viremos e freqüentaremos o curso da casa.*

Despedimo-nos com abraços fraternos. Na rua, Gil comentou:

– *Eu achei que eles não iam gostar de mim. Mas eles me trataram bem, nem comentaram sobre minhas roupas. Mary, você, com certeza, não precisa fazer esse curso.*

– *Gil, sempre é bom estudar e esses cursos são valiosos. Será um prazer vir com você. Achei que você estava sem coragem para vir sozinho* – disse Mary.

– *Como você já me conhece, amiga!* – respondeu Gil. – *Ainda tenho medo de ser enxotado. Vamos combinar: você me fará companhia até me adaptar, depois venho sozinho. Também decidi que, para vir, vestirei roupas mais discretas. Por alguns instantes, tive medo de ser diferenciado no centro espírita. Foi tão bom eu ter vindo! Senti-me bem! Não vou mais me envergonhar de orar. Deus não deve ter vergonha de mim nem aqueles que aprendem a ser caridosos. Quero ser um aluno aplicadíssimo!*

Despedimo-nos e aguardamos a sexta-feira.

---

13. Em muitos centros espíritas existem cursos voltados somente aos desencarnados que, por algum motivo, não podem estudar em colônias. São muito úteis essas reuniões de estudos. (N.M.)

As prisões

Luck planejou tudo com cuidado. Nós, Mary, Angelina e eu, nos organizamos para ajudá-lo. Nosso trabalho seria somente fazer com que os desencarnados não vissem Luck.

Na sexta-feira à tarde, o detetive e Teddy partiram para a cidade Pitoresca. Na estrada, antes de chegarem, pararam. Luck pediu ao seu ajudante que se deitasse no banco de trás e se cobrisse com uma manta. Ele havia modificado pouco o carro colocando somente alguns enfeites.

– Puxa, Teddy, como eu gostaria nesses momentos de ter pelo menos uns três carros!

Chegaram à área dos motéis. Luck escolheu um que dava fundo para o terreno. Na portaria, fez o quc sc costuma fazer nessas ocasiões e avisou:

– Vou pagar uma parte adiantada. Aviso que vamos demorar e não queremos ser incomodados. Quero um quarto no fundo esquerdo.

Foi atendido, entraram no quarto e Luck, pela décima vez, recomendou a Teddy:

– Logo mais vou sair. Bagunça o quarto, tome banho e, se perguntarem, responda que está tudo bem. Devo voltar tarde.

– Luck, se acontecer algo com você, que faço?

– Nada. Se de manhãzinha eu não voltar, telefone para Nico, chame a polícia e os leve até a gruta. Mas nada acontecerá. Mara leu minha sorte e disse que tudo dará certo, não foi?

– Mara não erra! Disse isso mesmo: dará certo! – exclamou o mocinho confiante.

– Então, fique tranqüilo. Ligue a TV e distraia-se.

Mary olhou tudo curiosa e opinou:

– *Antônio Carlos, nunca estive antes num motel. Aqui estão fluidos e energias misturadas. Sensuais! Não gostei deste lugar!*

– *Boa noite!* – cumprimentaram-nos dois trabalhadores do centro espírita da cidade Pitoresca a quem pedimos ajuda.

– *Boa noite!* – respondemos e eu disse:

– *Que bom que vieram! Vocês dois devem ficar com Teddy. Vamos limpar o ambiente somente deste quarto. O garoto ficará algumas horas sozinho aqui e não queremos que ele receba pensamentos que aqui estão impregnados. Teddy não é sensual, é um rapaz muito bom.*

– *Talvez um ambiente como este possa despertar nele a sensualidade, não é?* – perguntou Mary.

– *Talvez* – respondi. – *Existem pessoas que não recebem influências, outras com mais sensibilidades podem receber energias e até pensamentos em certos ambientes.*

– *Pode deixá-lo conosco, cuidaremos dele e o protegeremos, aqui não entrará nenhum desencarnado que goste de visitar estes motéis* – afirmou um dos nossos amigos que gentilmente viera atender ao nosso apelo.

Tanto encarnados quanto desencarnados vão a lugares de que gostam e em que se sentem bem. Vão a templos de orações para orar, locais de estudo para aprender, bares para lazer e até mesmo para se embriagar, a hospitais se se sentem doentes e a motéis em busca de prazeres sensuais etc. Vemos muitos desencarnados em motéis para se divertirem.

Conversamos enquanto Luck se preparava. Trocou o sapato por um tênis confortável, colocou uma roupa escura, pegou sua mochila e pela terceira vez conferiu o que estava dentro.

– Tchau, Teddy! Fique tranqüilo! Não se esqueça de nada que tem de fazer. – Luck recomendou.

Em seguida Luck abriu a janela devagar, olhou pelo corredor e, como não viu ninguém, pulou-a, e Teddy a fechou. O detetive pegou uma escada de corda que na ponta tinha dois ganchos de metal e a jogou sobre o muro. Os ganchos encaixaram-se na borda. Ele subiu devagar, em cima observou com atenção, como não viu ninguém, jogou a escada para o outro lado e desceu. O local tinha pouca claridade, a tênue luz vinha de alguns poucos postes distantes. Puxando um cordão, os ganchos se abriram e ele puxou a escada, que caiu. Escondeu-a numa moita de capim mais alto. Teria de ir até a gruta caminhando e foi andando rápido rumo ao terreno.

– Puxa! – reclamou baixinho. – Como já andei! Não calculei que fosse tão longe. Tenho de ir rápido!

Subiu a trilha o mais depressa que conseguiu, acendeu a lanterna. Teve medo de encontrar alguns dos componentes do grupo e ficou aliviado quando chegou e subiu na árvore que escolhera. Já eram dezenove e trinta minutos.

"Demorei muito!", pensou aborrecido.

Acomodou-se no galho da árvore, tomou água e apagou a lanterna. De onde ele estava não dava para ver a entrada da gruta, somente um trecho da trilha.

Luck fizera tudo acreditando piamente nas visões de sua esposa. Por nenhum instante ele duvidou. Nada tinha de concreto a não ser o que ela dissera. Não tinha achado nada que indicasse que ali naquela gruta houvesse alguma reunião e que essa fosse dos assassinos. Ele acreditara e pronto. Teria de dar certo. Ele estava mal acomodado, a perna e os pés começavam a doer.

– *Nico acha que Luck é um tanto confuso* – Mary me falou. – *Muitos encarnados não o compreenderiam. Vir aqui colocar escuta somente porque uma sensitiva lhe disse. Ficar em cima da árvore esperando nem sabe o quê.*

– *Luck é um otimista* – respondi. – *Acredita em Mara por a ter visto fazer, adivinhar muitas coisas nesses anos todos que estão juntos. Depois, Mary, não esqueça que nós o estamos sustentando, estamos tentando fazê-lo acreditar. Ainda bem que ele não duvida.*

Eu fiquei com Luck, fiz uma parede de folhas da matéria que usamos para fazer coisas no plano espiritual, para ele não ser visto pelos desencarnados.

Angelina e Mary ficaram observando tudo do lado oposto ao que estávamos. Os encarnados foram chegando. Luck viu alguns.

"Esse manca! Trazem lanternas pequenas ou em baixa freqüência. Mais dois conversando. Um outro!"

Os desencarnados chegaram e nos procuraram. O chefe, desta vez, precavido, observou bem o local e usou de algumas artimanhas para verificar se estávamos lá. Como não nos viu nem sentiu, achou que não tínhamos vindo, porém, permaneceu em alerta. Ficaram os umbralinos como das outras vezes, apenas como espectadores e se divertindo.

Luck escutou tudo o que eles falaram na gruta e gravou. Nas blasfêmias, ele até se arrepiava, mas ficou firme na sua posição mal acomodado na árvore.

A reunião dos cinco, comandada pelo Sexto, ocorreu normalmente. O chefe disse:

– Vamos, companheiros, fazer mais um trabalho! Na sexta-feira próxima no mesmo horário, vamos planejar tudo com detalhes.

– Outro sacrifício? – perguntou alguém.

– Sim, outro! Mas desta vez quero algo diferente! Um menino louro de olhos claros. Mas não precisam procurar, eu já o tenho. Tudo será muito fácil! Vocês receberão desta vez o triplo do costume.

Risadas e blasfêmias.

Luck deu graças a Deus quando tudo terminou e fez-se silêncio. Ele viu os vultos descendo com as lanternas. Esperou por mais meia hora e desceu da árvore. Estava com as pernas dormentes. Mary e Angelina me informaram que os umbralinos também tinham ido embora.

Luck desceu a trilha devagar com a mochila nas costas. No terreno, não havia ninguém, nenhum veículo, rumou para o motel; diante do muro, pegou a corda que tinha escondido e fez o mesmo processo. Bateu na janela e Teddy abriu aliviado.

– Luck, deu tudo certo?

– Deu, só que estou muito cansado. Vamos embora!

Agradecemos, Mary e eu, aos dois trabalhadores do centro espírita, que nos informaram:

– *Tudo certo com o garoto!*

Luck pagou a conta e saíram. Na estrada, ele pediu:

– Teddy, embora você não tenha habilitação, sabe dirigir muito bem. Então, você dirige, estou muito cansado e com dores nos pés.

Mara espantou-se ao ver Luck quando eles chegaram em casa. Ele estava sujo, com arranhões e bolhas nos pés, mas muito satisfeito. Mara cuidou dele com carinho, medicou-o e o fez ficar com os pés numa bacia d´água quente. Ele contou tudo para Mara, que ficou horrorizada. Foram dormir de madrugada. Sábado, levantou para almoçar, estava com dificuldades para andar e ficou em casa. Escutou a fita muitas vezes e comentou com Mara:

– Querida, mesmo com essa voz horrível desse chefe, o que escutamos não deixa dúvida: ele quer uma criança loura de olhos claros, nome com sete letras e sete anos. É Nícolas com certeza! Mas mesmo se não for o neto do meu amigo, esse bando não mata mais ninguém! Amanhã falarei com Nico, vou marcar um encontro com ele na segunda-feira. Vou planejar tudo com detalhes e iremos prendê-los.

– Luck – opinou Mara –, reunir-se não é proibido, nem blasfemar. Eles não têm motivos para serem presos.

– É verdade, Mara! Porém, você disse que debaixo daquela pedra estão objetos que os condenam.

– E se eu estiver errada, Luck? E se lá não tiver nada?

– Você não erra! – exclamou o detetive com convicção. – Acredito que embaixo daquela pedra existam as provas, tanto que poderia com a ajuda de Teddy ter levantado a pedra. Mas poderíamos modificar pistas. Não duvide de você, querida! Ainda mais que está fazendo um bem. Se esse grupo não matar mais crianças, você evitará que mais famílias sofram. Já pensou se fosse com um filho nosso?

– Que Deus nos livre! – exclamou Mara.

– Se pudermos ajudar para que outros pais não sofram, temos de fazê-lo. Estou achando que Deus fez isso: Ele deixa que um filho dele ajude a outro para que todos aprendam. Essa gravação ficará comigo e vou guardá-la no nosso cofre. Vou contar tudo ao Nico, direi a ele o que faremos para prendê-los. Se no flagrante não encontrarmos provas, eles vão ter de explicar o que estavam fazendo à noite num lugar que é proibido e talvez passem a noite na prisão. Espero que a polícia técnica venha logo e dê uma vistoria naquele salão e encontre as provas. Depois, não devemos nos esquecer, Mara, que os bons espíritos devem estar nos ajudando, o Gil e aquele casal de velhinhos que você tem visto.

Luck ficou a tarde toda fazendo planos. No domingo, após o almoço, telefonou para Nico se apresentando como Jorge. Dessa vez Nico não se confundiu.

– Fala, Jorge, que quer?

– Parece que eu estou sempre querendo alguma coisa – resmungou Luck. – É o seguinte: tenho algo muito importante para lhe falar sobre os cavalos da fazenda. Arrumei um comprador estrangeiro interessado. O cara tem dinheiro e é influente. Quer ir à fazenda amanhã, segunda-feira.

– Amanhã não posso. Tenho reuniões importantes, pela manhã na fábrica e outra na escola do meu neto à tarde. Terça-feira está bem? Depois do almoço, lá pelas treze horas.

– Não estou muito satisfeito. Parece que não está dando importância a esse comprador. Mas está bem. Avise na fazenda que Joan irá lá pelas onze horas e que alguém deve lhe mostrar a propriedade. Tudo bem?

– Tudo.

Na terça-feira, quando o senhor Nico chegou à fazenda, um empregado foi logo avisá-lo de que o senhor Joan estava lá e já tinha visto muitas coisas e perguntado muito.

– Ele fala com sotaque, mas deu para entendê-lo. Vou buscá-lo e avisar que o senhor já chegou.

Quando o senhor Nico viu o detetive quase não o reconheceu: ele estava vestido como um vaqueiro americano e com um grande bigode. Cumprimentaram-se e o proprietário gentilmente o convidou a ir ao seu escritório.

– Sente-se, por favor – convidou o senhor Nico.

– Mande a secretária sair – pediu Luck baixinho.

– Dona Alice, deixe-nos a sós, por favor, que eu quero conversar em particular com este senhor. Tire o telefone do gancho e vá ao refeitório e verifique se está tudo limpo. Volte somente quando eu mandar chamá-la.

A secretária, estranhando, fez o que o patrão ordenou e saiu.

Luck levantou-se, fechou a porta, olhou pela janela baixa se não havia ninguém, fechou-a também e reclamou:

– Nico, você é completamente irresponsável!

– Por quê?

– Andei por sua fazenda somente com uma ordem sua por telefone. Vi como faz sua ração, como seus cavalos são cuidados etc. Se fosse um espião, você com certeza teria seu serviço de anos passado à concorrência em minutos. Onde já se viu você ter um escritório no qual não tem privacidade nem para uma conversa particular?

– Acho que você tem razão – respondeu o senhor Nico. – De fato, aqui na fazenda não tenho privacidade.

– Depois que resolver esse complicado assunto, se você permitir, Nico, venho aqui com uma agência de segurança e colocaremos câmeras e sistema de alarme. Deixarei esta fazenda como ela deve ficar: organizada. Quanto ao seu escritório, teremos de fazer outro. Quando você estiver aqui, tem de ser um local seguro.

– Tudo bem, Luck, você já está contratado! Aqui há realmente anos de trabalho, pesquisas, experimentos e, se a concorrência souber, não terei mais exclusividade. Mas você não veio somente ver a fazenda, não é?

– Claro que não! Vamos conversar baixinho – pediu o detetive.

O senhor Nico ligou a TV e o ventilador e os dois sentaram-se no sofá.

– Nico, coloquei escuta na gruta e na sexta-feira o grupo se reuniu. Acho que são cinco ou seis pessoas. Fiquei escondido numa árvore, vi alguns subirem pela trilha. Andei tanto que estou com os pés machucados. Fui de um dos motéis à gruta a pé.

– Pensei que estava mancando para disfarçar – comentou o senhor Nico.

– Disfarçar nada! Mas valeu a pena! Escutei e gravei a reunião deles. Um verdadeiro horror! Foram blasfêmias horríveis até que apareceu uma outra voz, que foi chamado de Sexto. Essa voz é cavernosa, não parece ser humana. Eles planejaram outro sacrifício, ou seja, assassinato. E o pior é que vai ser uma criança com todos os sete que conhecemos e dessa vez loura de olhos claros.

– Meu Deus! Essa é a preocupação de Lílian! Que faço? Por que você não os prendeu? – perguntou o senhor Nico assustado.

– Calma, Nico! Como vou prendê-los, se não sou policial? Na sexta-feira que vem eles vão se reunir novamente para planejar o crime. O Sexto falou que já tem a vítima. Acho que esse Sexto é o chefe e estranhei o fato de ele afirmar que dará muito dinheiro aos membros do grupo.

– Você com certeza tem um bom plano para capturá-los, não é? – perguntou o senhor Nico esperançoso.

– Tenho! Nico, preciso lhe contar duas coisas importantes: primeiro, Mara na sexta-feira seguiu Nelva. Ela entrou na igreja, orou e quando se levantou, Mara foi atrás. Sua irmã saiu pela porta lateral, atravessou a rua e dois quarteirões depois ela entrou numa casa suspeita – a Laranja Mecânica!

– O quê? Minha irmã entrou lá? – perguntou admirado o senhor Nico falando alto.

– Psiu! Fale baixo! – pediu Luck. – Entrou sim. Mara tentou entrar e foi barrada. Você sabe que naquele antro freqüentam jogadores como também há troca de casais e outros atos não convencionais. Pediram à Mara uma recomendação e ela não tinha. Como insistiu em entrar, eles lhe pediram uma quantidade alta em dinheiro e, como também ela não tinha, restou ir embora, porque foi ameaçada. Se ficasse por ali um segurança lhe daria "um trato". Foi esse o termo que usaram. Mara ficou com medo e voltou para casa atenta, porém, ninguém a seguiu. Acharam que ela estava atrás do marido.

– O que você acha disso, Luck? – perguntou o senhor Nico.

– Sei e você também deve saber que aquela casa tem muitas entradas e saídas. Pensei também que Nelva pode estar despistando. Achou que você poderia querer desvendar esses crimes e suspeitar dela e do marido. Ela então sai de casa, faz essas cenas, vai a igreja etc. E o marido? Não verifiquei o que ele faz. Fica em casa? Sai depois dela?

– Sei que os dois são irresponsáveis, mas não queria que eles estivessem envolvidos nisso!

– Vamos à segunda notícia: a agência me informou que Richard sumiu na sexta-feira cedo e somente foi visto no domingo durante o almoço. O safado já desconfiou que está sendo seguido. É um tremendo malandro que tem experiência. Com certeza sempre foi um contraventor, já foi preso por pequenos furtos e já fez alguns tráficos.

– Você não reconheceu ninguém que entrou na gruta?

– Não, Nico, não saberia lhe dizer se eram homens ou mulheres. Somente uma pista: um deles mancava. Mas não sei se mancava eventualmente ou realmente. Hoje estou mancando pelas bolhas nos pés, mas não manco. Pelas vozes, diria que são homens, mas podem ser disfarçadas. Do Sexto não se pode determinar seu sexo. A voz é estranhíssima, essa sim, com toda certeza é modificada. O importante é que marcaram a próxima reunião para esta sexta-feira e vamos prendê-los em flagrante. Podemos escutá-los planejando o terceiro assassinato. Tenho tudo arquitetado. Preste atenção, Nico!

Luck fez uma pausa, levantou-se devagar, escutou na porta, verificou a janela e teve certeza de que, com a televisão e ventilador ligados e eles falando baixo, nada seria ouvido. Tomou água e falou, o senhor Nico ficou muito atento.

Estávamos presentes, Mary, eu e Lílian. Ela fez de tudo para influenciar o esposo a acreditar e a fazer o que o detetive planejara. O senhor Nico era um homem simples, inteligente, trabalhador, e aquilo tudo que estava acontecendo bem como as atitudes de Luck eram para ele de uma pessoa aloprada e muito atrapalhada. Lílian lhe pedira muitas vezes, quando seu corpo físico estava adormecido ou mesmo ficando ao seu lado, que Nico tivesse cautela quando se encontrava com ele. Rogava que acreditasse no detetive. E escutamos Luck:

– Virei para sua casa na sexta-feira às quinze horas. Você vai comigo à delegacia. Dirá ao delegado que necessitará dele com mais uns cinco a seis policiais para a noite, que deverão ir comigo para dar um flagrante a uns ladrões na sua fazenda. Diga que eu investiguei uns roubos na sua propriedade e que temos a certeza de que eles voltarão na sexta-feira à noite. Peça sigilo ao delegado.

Que ele organize o grupo e não fale nada para não ter o perigo de vazar a informação. Às dezenove horas e cinqüenta minutos, voltaremos. Aí você falará ao delegado que não iremos à fazenda, mas sim à gruta proibida; que lá se reúne um grupo que pratica magia negra e que são os assassinos das crianças. Para eles irem comigo e que eu devo comandar o grupo.

– O delegado pode acatar meus pedidos, mas ordens não! – exclamou o senhor Nico.

– Você falará com jeito – insistiu o detetive. – Comenta-se por aqui que o delegado faz o que você quer, então você sabe como lidar com ele. Diga que me contratou para descobrir os criminosos e que eu os achei. São pessoas fanáticas, cinco ou seis, que se reúnem num dos salões da gruta. Devemos subir a trilha em silêncio, entrar no primeiro salão, escutar o que eles dizem, entrar, dar o flagrante e prender todos. Como sei que não se pode prender somente porque estão num lugar supostamente proibido e por se reunirem, eles os prenderão pelo que escutaremos de seus planos. No sábado bem cedo, você influenciará o delegado para que a polícia técnica esteja lá e faça a vistoria e aí descobrirão os objetos que os incriminarão. A gruta deve ficar guardada à noite, exigirá que dois policiais guardem a entrada dela. Se não for possível, você deixará um dos seus seguranças comigo e ficaremos lá.

– Luck, quero acreditar que você esteja certo. Senão, ficaremos em situação complicada com o delegado, com essas pessoas que lá se reúnem e com a população.

– Não há erro! Dou a minha palavra! Eles são os assassinos!

– Luck, você deve estar precisando de dinheiro. Deve estar tendo muitos gastos.

– Estou sim, Nico. O motel custou caro!

O senhor Nico tirou da gaveta um envelope e deu ao detetive.

– Espero que esta quantia dê por enquanto.

Acertaram mais alguns detalhes e Luck foi embora. O senhor Nico ficou com vontade de trocar confidências com alguém.

Mas quem? Algum empregado? Fernando? A pessoa que encontrava na cidade Encontros e que estava muito chateado com ele? Não, era melhor ficar quieto. Se Nelva estivesse envolvida nisso, era melhor Fernando saber somente quando estivesse provado. Depois, se ela estiver disfarçando para Ari não ser seguido? Mas, para ele, sem dúvida nenhuma o assassino-mor era o Richard. E se fosse o padrasto de Nícolas, alguém muito chegado a ele, na sua casa, estava lhe passando informações.

"Estou louco tanto quanto Luck", concluiu o senhor Nico. "Esses assassinos podem não ter nada a ver comigo ou com o meu neto. Mas, de qualquer forma, se esse grupo for culpado, deverá ser preso".

A secretária voltou e perguntou:

– Tudo bem, senhor Nico? Aquele estranho homem foi embora? O que ele queria?

– Por que quer saber? Que tem você com isso?

A mulher arregalou os olhos, nunca foi tratada desse modo, abriu a boca e sentou-se. Antes que ela começasse a chorar, ele levantou-se e foi embora.

Para o senhor Nico, o resto do dia de terça-feira até sexta-feira foi um tormento. Conversava pouco, teve de se medicar mais para a pressão se normalizar. Levava e buscava Nícolas com o segurança na escola. Não dormia direito, estava sempre atento e nervoso.

No horário marcado, Luck chegou em sua casa e ele já o estava esperando no jardim. Pediu para o segurança abrir o portão e o detetive entrou, não estava disfarçado. Entraram, conversaram baixinho repassando o plano, tomaram café e foram caminhando até a delegacia.

Com jeito agradável e peculiar, o senhor Nico conversou com o delegado.

– Este é meu amigo – apresentou –, um detetive competente. Vim aqui porque necessito de seu serviço. Tem havido pequenos roubos na minha fazenda. Não quis envolvê-lo, porque desconfio de alguns empregados. Por isso contratei este meu antigo colega de escola para investigar. Sabemos que hoje à noite eles, que devem ser três ou quatro, irão ao meu barracão-laboratório. Quero lhes dar o flagrante e prendê-los. Luck descobriu quem são, para quem vendem etc. Mas prendê-los em flagrante é outra coisa, não é? Peço-lhe que organize um grupo de cinco a seis policiais preparados, eles com certeza podem estar armados. E, por favor, delegado, não fale nem à sua equipe, pois poderá vazar algum comentário e alguns desses bandidos descobrir e, então, não os prenderemos. Aqui estaremos às dezenove horas e quarenta minutos.

Conversaram por mais alguns minutos. Tudo combinado, os dois, Luck e o senhor Nico voltaram para casa. O avô buscou o neto na escola, jantaram e às dezenove horas e trinta e cinco minutos os dois foram à delegacia num carro dirigido por um segurança. O senhor Nico deixou o neto com um segurança, a babá e Vicentina.

Na delegacia, os dois perceberam que cinco policiais estavam prontos para a diligência. O senhor Nico pediu para conversar com o delegado e Luck o acompanhou até seu escritório e ele falou sem delongas.

– Delegado, o senhor não irá à minha fazenda. Não tem nada de errado com minha propriedade. Este meu amigo é um ótimo detetive e está trabalhando para mim na investigação dos assassinatos das crianças.

– Mas isso é trabalho da polícia! – exclamou o delegado indignado.

– Sei disso – respondeu o senhor Nico. – Mas o que o senhor tem a me dizer desses crimes? Descobriram alguma coisa? Sabem quem são esses assassinos? Onde eles se reúnem? Onde mataram esses meninos e se ameaçam matar mais? Não! Pois ele, este detetive descobriu. Você e seus homens darão o flagrante e os prenderão. Você não irá se negar a ir, não é? Se me disser que não vai, vou achar que você tem algo a ver com esses criminosos. Então vou telefonar daqui mesmo para o secretário da segurança, que é meu amigo e me deve alguns favores.

– Calma, senhor Nico, não disse que não iremos, falei somente que esses crimes são trabalho da polícia. Não estamos inertes, investigamos muito e ainda estamos trabalhando nesse caso.

– Tudo bem! – exclamou o senhor Nico. – O fato é que este detetive descobriu os criminosos. É um grupo de fanáticos que se reúnem às sextas-feiras à noite na gruta, aquela que é proibida. É isso mesmo que ouviu!

O delegado arregalou os olhos e balbuciou:

– Mas lá é proibido entrar!

– Muitas coisas são proibidas, delegado – disse Luck. – Inclusive assassinar. Pelo jeito, pelo seu espanto, vocês, os policiais, não foram lá. Descobri onde eles se reúnem mas não vou falar como, não comento meus segredos de trabalho. O fato é que coloquei em alguns cantos do salão em que se reúnem aparelhos de escuta. O grupo se diz ser de magia negra ou algo parecido. Sacrifica meninos com sete anos e que tenham sete letras no nome; e agora planejam outro assassinato. Reúnem-se às vinte horas. Temos de ir lá. Para não alertá-los, devemos ir em carros particulares e não deixá-los no terreno. Subir em silêncio, entrar na gruta, ficar, no primeiro salão, escutando o que falam, o que planejam e depois entrar no segundo salão e prendê-los.

– Não existe lei que proíba – explicou o delegado – alguém de ir à gruta. A ordem foi para intimidar a população por ser um local muito perigoso. Mesmo que façam reuniões, seja essa de que seita for, não existem motivos para prender alguém até este momento.

– Posso usar seu telefone, não é mesmo, delegado? – perguntou o senhor Nico pegando o telefone. – O secretário vai saber disso. Ele está empenhado em prender esses assassinos de crianças.

– Não, por favor! – exclamou o delegado recolocando o telefone no gancho. – O secretário não precisa saber.

– Ora, senhor delegado – Luck sorriu cínico –, pense na glória que terá ao prendê-los. Ninguém ficará sabendo que fomos nós quem os descobriu. Serão o senhor e sua equipe que receberão as honras.

– O senhor fala com tanta certeza! – exclamou o delegado.

– É porque a tenho! – afirmou o detetive. – Depois, se não acharmos nada, o senhor somente foi procurar pistas. Já não fez isso? Procurou, procurou, esses meses todos, e nada achou.

– Vamos parar de conversar. Vão e façam o trabalho! Prenda-os e deixe pelo menos duas pessoas vigiando a entrada da gruta para que ela não seja mexida – disse o senhor Nico.

– Isso já é difícil! O senhor está me colocando em situação complicada.

– Eu ficarei de guarda, Nico – afirmou Luck.

– Deixo com você um dos meus seguranças. Amanhã eu conversarei com o secretário da segurança e pedirei a ele que façam uma perícia no local.

– Se nada for encontrado, o senhor ficará em situação ridícula – advertiu o delegado.

– O problema será meu! O seu é fazer o seu trabalho e do melhor modo possível. Não podemos perder mais tempo com discussão. Estou com três dos meus carros aqui e com os seguranças.

O delegado chamou os policiais e lhes falou, estava muito contrariado.

– Não vamos à fazenda, mas sim a outro local. O senhor Nico está fazendo uma queixa. Um grupo de fanáticos se reúne na Gruta das Orquídeas – naquela que é proibida – e eles são provavelmente os assassinos das crianças mortas.

Um policial fez o sinal da cruz. Outros iam comentar, mas o delegado, nervoso, ordenou:

– Vamos, rápido! Seguiremos este cara aqui, o detetive que o senhor Nico contratou.

O senhor Nico ia dizer algo em defesa do amigo, mas Luck fez um sinal com a mão para deixar para lá. Saíram para o pátio, onde estavam os três carros do senhor Nico.

– Eu vou com os meus homens no meu carro – informou o delegado.

Luck então foi com outro policial. Entrou em um dos carros com o segurança dirigindo.

– Vou para casa, Luck, e ficarei aguardando-o. Quando descer da trilha, dê sinal com a lanterna que o segurança o pegará no terreno. Ele ficará estacionado na rua lateral.

O delegado saiu primeiro e os dois carros chegaram ao terreno, e o segurança do senhor Nico os deixou e foi para a rua lateral. O delegado estranhou ver ali cinco veículos estacionados, sem ninguém dentro e em locais que não eram vistos facilmente. Parou o seu carro ao lado de um deles e ordenou a um policial:

– Anote as placas desses veículos! Vamos subir! Por favor, o senhor detetive primeiro!

Luck ignorou a ironia, acendeu sua lanterna em potência baixa. Vendo que os policiais não trouxeram lanternas, ele tirou duas de seus bolsos e deu uma ao delegado e outra a um policial.

– Por favor, vamos em silêncio! – pediu Luck.

Subiram a trilha. Ao chegarem em frente à gruta, escutaram vozes que pareciam cantar e viram as tábuas soltas e afastadas. O delegado e sua equipe ficaram assustados. Eles tinham a certeza de que não encontrariam nada na gruta, que estavam atendendo um capricho do senhor Nico. Luck fez um sinal para entrarem devagar e sem fazer nenhum barulho. Entraram no primeiro salão. O detetive mostrou com a mão a pedra da passagem para o segundo salão, de onde vinham uma pequena claridade e os sons das vozes. Ficaram ali escutando. Ouviram as blasfêmias e a voz afônica, estranha que dava arrepios. O grupo de policiais escutava aterrorizado sem entender direito o que aquela voz horrorosa dizia:

– Vamos planejar o grande sacrifício! Você encontrará com a velha, oferecerá a ela o chocolate com a droga que Dirceu lhe dará e, para o menino, o sonífero.

Um dos policiais tossiu. Como ficaram quietos no segundo salão, o delegado ordenou com a mão a entrada de dois policiais e ele entrou em seguida.

Luck estava atento, com seu coração disparado; ouviu quatro tiros.

Angelina, Mary e eu participamos de tudo, como também pedimos ajuda à equipe de trabalhadores, nossos amigos, do centro espírita da cidade Pitoresca.

Logo que os encarnados, Luck, delegado e os policiais, chegaram ao terreno, os umbralinos perceberam e se alvoroçaram. O chefe tentou alertar os encarnados, mas como nenhum deles era médium, somente Tonho ficou mais apreensivo do que de costume. Junto com os policiais, veio um grupo de desencarnados que tentava protegê-los. Esses desencarnados tachavam-se de justiceiros e acompanhavam os trabalhadores da lei tentando ajudar na façanha. Quando subiram a trilha, um deles, justiceiro, perguntou à Mary:

– *É verdade que na gruta estão reunidos os assassinos?*

– *É sim* – respondeu minha amiga –, *como também muitos umbralinos.*

E esse que indagou informou aos outros, que se agruparam.

– *Infelizmente* – Mary continuou a explicar –, *a desencarnação não muda ninguém de imediato, nem aqueles que não queiram. O livre-arbítrio é respeitado tanto nos estágios físico como no espiritual. No plano físico, encontramos pessoas boas, más, ativas, preguiçosas etc.; essas ao terem o corpo físico morto, continuam a ser as mesmas. Somente se muda quando o espírito quer, seja em que estágio estiver. Vemos na espiritualidade essa mistura de personalidades. Esses desencarnados que encontramos, que se autodenominam justiceiros, sabiam que já tinham mudado de plano, mas não se adaptaram em nenhum posto de socorro, colônias onde se agrupam indivíduos que querem melhorar interiormente e se tornarem bons. Também não se encaixam com os maus, porque não gostam de fazer atos ilícitos ou maldosos. Por afinidades, agrupam-se e se denominam de muitos modos. Normalmente fazem o que gostam; muitos ficam em motéis e até dão proteção a casais que traem etc. Há também outros grupos que do modo deles tentam proteger pessoas nos trabalhos etc. Esses que encontramos, certamente, quando encarnados, por alguma razão, não gostavam de criminosos e querem que sejam presos. Costumamos chamá-los de espíritos que vagam, pois a maioria não tem local determinado para ficar. São todos necessitados de orientação.*

Mas, infelizmente, os trabalhadores do bem, aqueles que estudam e sabem ajudar com sabedoria e bondade, são poucos nos dois planos; existe uma carência enorme de servidores. Esses desencarnados que foram conosco à gruta queriam proteger do modo deles, como eles sabem, os policiais. Quase sempre em disputas entre bandidos ou entre estes com policiais, há muitos desencarnados tomando partido e lutando também. Mas eles não impedem que um espírito apto, isso é, trabalhador do bem, esteja com algum encarnado do grupo. Um protetor de algum policial faz seu trabalho e eles, nesse caso os justiceiros, podem até ajudá-los, mas não atrapalham. Normalmente eles respeitam os desencarnados bons.

O grupo de justiceiros era composto de 12 espíritos. Eles pediram ajuda e outros 20 logo vieram. Todos curiosos, atentos, observando com atenção os umbralinos. Nós, Mary, Angelina e a equipe do centro espírita ficamos perto uns dos outros, também observando atentos.

Os umbralinos foram à entrada da gruta, observaram tudo – os encarnados e nós –, entraram de novo, tentaram alertar novamente os encarnados, não conseguiram, ficaram no canto, prontos para volitarem.

Quando os dois policiais entraram no segundo salão com o delegado, este ordenou:

– Parem! Fiquem quietos! Polícia!

Lauro, o Lemão, sacou de sua arma e deu dois tiros no primeiro policial que entrou. Outro policial e o delegado revidaram e Lemão recebeu dois tiros no peito. Foi uma confusão. Gritos. Ordens. O Sexto sumiu. Os justiceiros partiram para cima dos umbralinos e esses desapareceram, volitaram rápidos e, com toda a certeza, para a sua cidade no umbral. Cinco foram presos. Um dos justiceiros nos informou:

– *Irão ser julgados. Somos justos, se forem culpados, serão confinados.*

Nós e a equipe do centro espírita ficamos olhando. Os policiais revistaram os quatro encarnados e os algemaram. O delegado examinou o seu companheiro ferido e o outro que foi atingido e estava caído. Informou a Luck, que estava segurando a lanterna encostado numa pedra na entrada do segundo salão.

– O policial foi ferido na perna e no braço direito. Esse outro está morto, com uma bala do meu revólver e outra do policial. Ambos acertamos no coração. Vou chamar socorro.

O delegado saiu da gruta e Luck foi junto. Pelo rádio, o comandante pediu uma ambulância e reforços.

– Posso ir embora? – perguntou Luck ao delegado.

– Claro que sim. E não se preocupe: pelo o que aconteceu, os outros ficarão presos e dois policiais farão a guarda aqui. Você dirá tudo ao senhor Nico, não é?

– Vou informá-lo sim. Mas me diga: quem são esses cinco?

– Todos moradores da cidade. Vou escrever os nomes e você entrega ao senhor Nico, por favor.

Luck desceu a trilha o mais depressa que conseguiu. No terreno deu sinal de luz com a lanterna e em seguida o segurança com o carro veio até ele.

– Vamos para a casa do senhor Nico! – ordenou o detetive.

O senhor Nico pegou o papel e exclamou:

– Imagine, um simples taxista! Ora, o Dirceu da farmácia! Um empregado da minha fazenda! Que horror!

– Nico, estou cansado, vou embora!

– Você não quer pernoitar aqui? – perguntou o dono da casa.

– Não – respondeu Luck –, vou para casa. Logo esta cidade estará numa confusão. Nico, nem sei por que vou lhe pedir isso, mas, por favor, mantenha a guarda.

– Pode deixar Luck, continuarei com os seguranças e atento. Nesta lista não está nenhum suspeito nosso. Lílian não iria me alertar por um simples empregado da fazenda. Ficarei alerta! Mas estou aliviado! Obrigado, Luck! Acerto depois com você.

O detetive entrou no carro dele e foi embora. O senhor Nico tomou dois calmantes. Colocou um aviso na porta do seu quarto. Um bilhete:

"Por nada me acorde antes das sete horas".

E foi dormir tranqüilo. Os criminosos estavam presos.

Novas apreensões

O senhor Nico dormiu tranqüilo a noite toda. Lílian ficou com ele. Luck chegou em casa sem problemas, mas não estava sossegado. Continuava inquieto.

"Acho que é meu faro de detetive que insiste em me alertar que o caso não foi encerrado".

Depois de ter contado tudo a Mara, foi descansar. Seu sono foi agitado.

Ficamos na gruta. Mary curiosa me indagou:

– *Antônio Carlos, o que os justiceiros farão com esses cinco que foram capturados?*

– *Como eles disseram, vão julgá-los* – respondi. – *Isso acontece mais ou menos assim: eles indagam o que o preso fez encarnado e desencarnado e se quer mudar a forma de agir. São até convidados a ficar com eles; se aceitarem, principalmente no começo, ficam sob vigilância. Se um deles afirmar que quer ir para um posto de socorro, eles o levam até o portão de um posto. Mas, se for julgado culpado, eles prendem mesmo, em furnas no umbral, até junto das prisões dos encarnados. Os justiceiros às vezes perambulam pelas delegacias e penitenciárias, onde sabemos que existem equipes de espíritos bons que lá trabalham em atendimento aos recém-desencarnados. Esses que se designam justiceiros não impedem que os trabalhadores bondosos conversem com eles nem com os seus prisioneiros e os ajudem. Os prisioneiros que são levados para o umbral normalmente são libertados tempos depois por seus colegas.*

– É, um prende, solta, foge e somente alguns ficam. Parecido com o sistema encarnado – comentou um dos justiceiros que estava perto de nós.

Os quatro encarnados foram algemados. Dirceu, passado o susto, olhou em volta e não viu o Sexto. Ficou esperançoso, pois o chefe certamente os libertaria. Disse aos amigos, ao seu grupo, pois os quatro estavam perto:

– Não vamos falar nada! O chefe com certeza nos tirará desta encrenca.

– Antônio Carlos – Mary quis saber –, *um desencarnado umbralino com muitos poderes no mal conseguiria tirar companheiros encarnados de uma situação como essa? Conseguiria desmaterializá-los, escondê-los de alguma forma?*

– Mary, existe uma barreira intransponível, muito forte, entre a vestimenta de um espírito desencarnado, que é o perispírito, e de um espírito encarnado com o corpo físico. O fato é que realmente é muito difícil – em certos casos, impossível – passar por essa barreira. Não, minha amiga, dificilmente um desencarnado conseguiria tirar um companheiro encarnado dessa situação. Depois, lembro a você de que é raro maldosos serem solidários, o egoísmo faz cada um por si. Existem exceções em que eles se preocupam e querem livrar os amigos, mas na maioria das vezes não conseguem ou não sabem o que fazer para ajudar o companheiro encarnado. Quanto a desmaterializá-los, isso é impossível.

– Isso nos cabe também, não é? – perguntou Mary. *– Às vezes queremos sofrer, passar pelas dificuldades de nossos amigos encarnados e não conseguimos.*

Confirmei com um movimento da cabeça.

Dirceu era o mais ansioso dos quatro; chamou o delegado e falou:

– Delegado, o senhor nos conhece. Somos pessoas de bem, boas, trabalhadoras, temos endereços fixos e não pode nos prender. Reunimo-nos aqui somente para fazer culto de adoração ao satanás e sei que isso não é contra a lei penal. Está sendo arbitrário nos prendendo.

– Talvez fosse se não tivesse havido tiros. Um dos meus policiais está ferido e um de vocês, morto.

– Não temos culpa se Lemão estava armado e reagiu. Nem sabíamos que ele tinha arma – defendeu-se Dirceu.

– É melhor vocês quatro ficarem calados. Estão presos, irão para a delegacia. Amanhã vocês poderão falar com seus advogados e o juiz decidirá.

O policial ferido gemia de dor, mas estava bem. Um dos seus companheiros lhe prestava os primeiros socorros. O Lauro, Lemão para os encarnados, estava imóvel, sangrando, com expressão assustada no rosto. Mas para nós, os desencarnados, seu espírito se debatia desesperado, com dor horrível no peito, sentia-se pesado e chamava pela ajuda do Sexto. Um dos justiceiros aproximou-se dele e lhe disse, e infelizmente Lemão ouviu:

– *Você é um assassino cruel! Como matou, foi morto. Recebeu dois tiros no peito, que atingiram seu coração de pedra mas vulnerável aos tiros. Você morreu e pagará pelas suas maldades!*

Um dos trabalhadores do centro espírita afastou com delicadeza esse justiceiro e falou ao Lemão:

– *Você é um filho de Deus! Não esqueça que o Pai nos perdoa sempre, basta nos arrependermos com sinceridade. Você, de fato, teve morte instantânea. Somos, porém, espíritos que sobrevivem e a vida continua. Pelo mal que fez, não podemos ajudá-lo no momento. Você terá de se arrepender de fato e querer ser bom. Suporte as dores com resignação e um dia será ajudado. Ore, meu amigo!*

Esse trabalhador pegou em sua mão e seu perispírito ergueu-se elevando-se centímetros do corpo físico morto. Observou-se e viu seu ferimento sangrando. Então voltou para o corpo e o justiceiro comentou:

– *Os encarnados que têm desejo de assassinar deveriam ver o desencarne de um criminoso!* – olhou para mim e perguntou: – *Por que ele está exalando um odor desagradável? Seu sangue é vermelho, mas parece um barro fétido. Isso é porque ele tomou sangue das crianças que mataram?*

Confirmei com a cabeça.

O perispírito de Lemão se soltou do seu corpo físico e ele agarrou desesperado as suas vestes carnais. Mas, como um ímã fortíssimo, ele foi puxado, desligado. Seu perispírito sumiu de nossas vistas. Oramos por ele. Um dos justiceiros indagou, curioso como os demais:

– *Nunca vi isso! Pensei que ele ia ficar no corpo até que este virasse pó. Para onde ele foi?*

– *Sua vibração, energia, era muito ruim* – explicou um dos trabalhadores do centro espírita – *e afetaria o cemitério, a terra que iria receber seu corpo físico. Seu espírito foi atraído para um local afim.*

– *Alguma furna no umbral?* – perguntou um justiceiro.

– *Certamente* – esclareceu o trabalhador.

O reforço que o delegado pediu chegou. Carro da polícia e ambulância com sirenes ligadas fazendo um barulhão pararam no terreno e muitos policiais e enfermeiros subiram a trilha conversando alto. Ao chegarem à gruta, o delegado teve de organizar seus comandados.

– Primeiro desçam com o nosso policial ferido e com cuidado. Levem os presos! Algemem, para a descida, cada um deles a um policial. Serão levados para a delegacia. Os veículos deles que estão estacionados devem ir para o nosso pátio.

Rápidos, cumpriram as ordens. O delegado continuou lá e ordenou:

– Vamos deixar as lanternas deles onde estão. Ninguém mexe em nada. Não apaguem as velas. – Chamou um policial: – Maurício! Você está com seu repelente?

– Estou sim! Aqui está! Como sou alérgico a picada de insetos não fico sem ele no meu bolso.

– Espirre no morto e em volta dele para as formigas não se aproximarem.

– Aqui tem formigas? Elas se aproximarão do morto? – perguntou Maurício.

– Não sei! – respondeu o delegado. – Essa gruta me dá calafrios! Não parece que esse sujeito morreu há horas? Ele não está cheirando mal?

– Acho que esse cheiro é da gruta! Vou espirrar tudo, mas aviso que não posso ficar de guarda sem meu repelente.

– Tudo bem – concordou o delegado. – Vamos agora sair da gruta. Coloque as tábuas nos lugares. Vocês fiquem de guarda – ordenou a dois policiais. – Não deixem ninguém entrar. Já comuniquei a polícia técnica pelo rádio e ela estará aqui amanhã às sete horas. Se ouvirem alguém se aproximar, dêem ordem para voltar e, se insistir, atire para o alto; não obedecendo, podem ferir. Ninguém deve entrar na gruta!

Os dois guardas ficaram de prontidão; o delegado com mais três policiais desceram pela trilha.

No terreno, na frente da trilha, estavam umas 30 pessoas esperando por informações. O delegado, conhecendo os habitantes daquela cidade e sabendo como eles eram curiosos e ávidos por notícias, resolveu esclarecê-los:

– Pessoal, prestem atenção! Recebemos uma denúncia de que um grupo se reunia na Gruta das Orquídeas nas noites de sexta-feira para um ritual satânico. Viemos verificar e fomos recebidos à bala. Um policial foi ferido, mas seu estado não é grave. Um deles, o que atirou, chamava-se Lauro, Lemão, proprietário de uma lanchonete. Ele foi morto. Foi somente isso o que aconteceu. A gruta está lacrada e vigiada porque não removemos o cadáver. E ninguém deve ir lá. Deixei ordem para atirar em quem se atrever a ir lá. Entenderam?

– Eles são os assassinos das crianças? – perguntou alguém mais curioso.

– Não sabemos – respondeu o delegado. – Não vimos nada que possa afirmar essa possibilidade. Vamos investigar.

– Mas um policial disse que os escutou conversarem e que disseram que iam fazer mais um sacrifício – disse um senhor.

O delegado suspirou. Com toda a certeza, nada impedia a população de saber o que acontecia. Não respondeu e um outro fez mais uma pergunta:

– Como se chamam os presos?

– Até a investigação terminar não posso dizer seus nomes.

Mas a população já sabia. Naquela noite, os telefones da cidade não pararam de funcionar e, em poucas horas, todos já sabiam do ocorrido. Muitas pessoas ficaram paradas na trilha, mas não subiram. Outras tantas ficaram na frente da delegacia, ansiosas para terem mais notícias.

Quinze justiceiros ficaram guardando a gruta e nos informaram:

– *Vamos ficar aqui para proteger os dois guardas, caso os umbralinos voltem.*

Alguns trabalhadores do centro espírita ficaram também e passaram a conversar. A conversação se tornou agradável e um membro do centro convidou-os:

– *Vocês, meus amigos, estão convidados a nos visitar nas segundas-feiras às vinte e duas horas. Vamos recebê-los com muito prazer, será para uma conversa informal, vocês podem nos indagar, nós responderemos e faremos orações e a leitura de um trecho do* Evangelho.

– *Se, como convidados, vocês nos garantem que entraremos e sairemos quando quisermos, aceitamos* – disseram os justiceiros.

– *Somos agora amigos!* – exclamou contente um dos trabalhadores do centro espírita.

Mary ficou encantada com essa maneira de orientar os desencarnados que vagam e me disse emocionada:

– *Antônio Carlos, é um trabalho de perseverança. Um encontro aqui, outro ali; uma semente plantada, em outra reunião é regada.*

– *E tem dado resultado Mary* – respondi. – *Muitos desencarnados que vagam têm se tornado servidor do bem, aprendendo a ser útil em encontros assim.*

Os presos na delegacia não ficaram em celas. Ficou um no corredor e os outros em salas separadas, mas algemados.

– Não posso soltá-los sem uma ordem do juiz – explicou o delegado. – Amanhã logo cedo, vocês poderão ligar para advogados e familiares. Feita a perícia e se nada for encontrado na gruta, naquele salão, vocês serão soltos.

O delegado não quis escutá-los mais e os quatro resolveram ficar quietos e até dormiram. Dirceu pensou:

"Se não fosse pelo Lemão ter atirado, nada teria acontecido. O Sexto com toda a certeza desmaterializará as provas que estão embaixo da pedra. Nada será encontrado e seremos libertados com pedido de desculpas".

Cidade pequena, no sábado pela manhã, parecia que todos os habitantes estavam acordados e comentando as prisões. Os policiais tinham família, falaram para eles e esses para os conhecidos e amigos. Resultado: todos já sabiam e com detalhes. Logo às sete horas, perto da trilha havia muitas pessoas curiosas esperando a polícia técnica. Em frente da delegacia, uma multidão, a maioria familiares dos presos, falando sem parar, esperavam por notícias e para vê-los. A esposa de Dirceu não apareceu. Por mais que batessem em sua casa, não houve resposta. Não sabiam se ela estava ou não na residência. O fato é que o sonífero que Dirceu lhe dava todas as vezes que saía, fazia com que ela acordasse somente lá pelas dez horas.

Eram seis horas e quarenta e cinco minutos, quando Odete, não agüentando a inquietação e desobedecendo as ordens de seu patrão para não acordá-lo, bateu na porta do quarto com insistência. O senhor Nico levantou e abriu a porta.

– Senhor Nico, é urgente, preciso falar com o senhor.

Ele olhou pelo vão da porta. Na sala, estavam Francisco e um segurança.

– Está bem – respondeu ele –, vou lavar o rosto e colocar um roupão. Agora fiquem quietos, senão acordarão Nícolas.

Logo o senhor Nico tranqüilo saiu do quarto, fechando a porta. Seu quarto dava para um pequeno corredor e este para uma das salas onde era esperado.

"Eles querem me dizer que o grupo foi preso", pensou ele sentando numa poltrona. Em seguida, olhou para Odete.

– Agora me diga, Odete, o que tem de urgente acontecendo?

– São muitas coisas – respondeu a empregada. – Um grupo de fanáticos foi preso.

– Sei! – exclamou o proprietário da casa.

– Calculei que isso o senhor sabia – continuou Odete. – Como deve ter sabido de tudo, um policial foi ferido mas está bem e um dos que fazia feitiços ou magia negra, ou seja lá o que faziam naquela gruta, foi morto e os outros presos. Mas não é isso o urgente.

– Não?! Que é, então? Fale logo! – ordenou o senhor Nico.

Escutaram um choro. Odete estava assustada, Francisco olhava-o sério e o segurança estava quieto, mas atento.

– O que é isso? Que choro é esse? Quem chora? – perguntou o senhor Nico olhando-os porque ninguém se atrevia a responder, até que Odete o fez.

– Ada! É a babá quem está chorando. Senhor Nico, lembra quando eu lhe disse que a babá estava namorando e que eu não sabia quem era? O homem que foi morto na gruta era um tal de Lauro, Lemão, dono de uma lanchonete. Pois bem, o namorado de Ada era ele, esse Lemão.

– O quê?! – indagou-lhe o senhor Nico levantando-se da poltrona para logo em seguida sentar-se de novo. Sentiu-se sufocado, apreensivo, arrepiou-se todo.

– E o pior – falou Francisco –, é que dona Ada encontrava-se com esse sujeito na mansão. Patrão, sabe aquele portãozinho do lado direito que dá para o terreno vazio? Pois bem, dona Ada encontrava-se com o namorado saindo pelo portãozinho. Se ela ficava com ele pelo terreno ou se ia passear não sabemos. Ela está chorando porque ele morreu.

O senhor Nico estava se sentindo paralisado, não conseguia falar. Odete abriu a janela, pegou uma revista e o abanou. Depois pegou o vidro com o remédio dele e lhe deu com um copo d´água. Ele tomou dois comprimidos e devolveu o vidro e o copo para a empregada, que lhe disse:

– Acho que agora o senhor pode saber de mais uma coisa. Ada muitas vezes levava Nícolas nesses encontros.

– Quê?! – foi somente isso que o senhor Nico conseguiu falar. O susto foi tal que pensou que ia desmaiar.

– Calma! Calma! – pediu Odete. – Já telefonei para o doutor Sérgio, ele deve estar chegando. Não aconteceu nada! Esse Lemão morreu e agora sabemos desses encontros.

Fez-se silêncio na sala. O segurança continuava atento, Francisco preocupado e Odete sem saber o que fazer. O senhor Nico pensou:

"Lílian tinha razão. Meu Deus! Como seria fácil para eles pegarem Nícolas".

Respirou fundo, passou o lenço pelo rosto molhado de suor, tentou se acalmar e falou compassado:

– Francisco, pegue a chave com essa senhora, a babá, e tranque esse portão. Veja se em casa tem um cadeado grande e coloque nele. Vá atrás de pedreiros para murar esse portãozinho. Quero-o murado, se possível ainda hoje.

– Vou fazer isso já! – afirmou Francisco. – Meu filho é pedreiro, ele largará o que está fazendo e murará aquele portão. Estou indo! – E saiu da sala.

– E você, segurança, alerte os outros – ordenou o proprietário da casa –, deixe um de vocês de vigia perto do portão e verifique se existe alguma outra entrada na casa.

O segurança saiu e Odete falou:

– Não tem mais nenhum outro jeito de entrar agora na mansão a não ser pelos portões da frente.

– Como fomos esquecer esse portãozinho? – perguntou o proprietário.

– Não sei – respondeu a empregada. – Acho que estávamos tão acostumados com ele que nem lhe prestávamos atenção. Esse portão existe desde que os pais de dona Lílian moravam aqui.

– Odete, quem está com Ada?

– Vicentina.

– Peça à outra empregada, a Marga, que vá ajudar Vicentina a arrumar os pertences de Ada. Ela deve ir embora desta casa em trinta minutos. Entendeu? E se ficar algum objeto dela, devolveremos depois. Diga-lhe que depois um empregado acertará com ela o que tem direito de receber. Rápido, Odete! Não quero mais essa mulher em minha casa.

– Mas para onde ela irá? – perguntou Odete.

– Não sei nem quero saber – respondeu o senhor Nico apreensivo. – Levar meu neto a um encontro com um criminoso!

– Senhor Nico, Ada estava apaixonada. Ele lhe dizia que estava se divorciando para casar com ela. O senhor acha que eles poderiam pegar Nícolas?

– Não sei! Mas não a defenda! Ada não é tão inocente assim! Aqui em casa todos estavam preocupados em vigiar Nicolas e ela leva o menino para fora da mansão escondido! Ai meu Deus! Vá logo, antes que eu me descontrole e vá lá lhe dar uns tapas. Chorar por um criminoso!

– Será que eles são os assassinos dos meninos? – Odete quis saber.

– São, sim! – afirmou ele.

Odete saiu rápido da sala, foi à cozinha chamar Marga e dirigiram-se ao quarto de Ada. O senhor Nico pegou o telefone e ligou para Luck. Este demorou a atender.

– Nico, que aconteceu?

– Lílian tinha razão! – respondeu Nícolas. – Meu neto tem uma babá e ela estava namorando. Sabe quem? Não? Você não sabe!! O tal do Lauro, o Lemão, que morreu. Na lateral esquerda de minha casa, tem um terreno vazio que dá para uma rua movimentada. No muro há um portão pequeno que permaneceu com a reforma e eu achava que ninguém o usava, que nem era aberto. A Ada, a babá, encontrava-se com ele saindo por esse portãozinho e o Nícolas ia muito com ela. Quase tive um ataque e me segurei para não dar uns tapas nessa senhora.

– O perigo já passou, Nico! Agora acabou! O que você vai fazer com ela, a babá?

– Estou mandando-a para fora de minha casa. Não a quero aqui! Mandei fechar o portão e murá-lo. Luck, quero-o aqui logo que for possível para verificar a segurança da casa e supervisionar as que serão instaladas na fábrica e na fazenda.

– Você sabe mais de alguma coisa dos presos? – perguntou o detetive.

– Não sei. Quando souber lhe aviso.

Desligou o telefone e Odete voltou à sala acompanhada pelo médico, amigo de anos, que, após os cumprimentos, examinou-o.

– A pressão está normal. Tomou dois comprimidos? É só ficar calmo! Se ficar muito tenso, tome o calmante que já lhe receitei. Já vou indo, tenho no consultório clientes me esperando. Acho que é por causa desses criminosos que pessoas ficaram doentes e bem numa manhã de sábado.

Despediu-se e Odete trouxe uma xícara de café ao seu patrão, que tomou vagarosamente, como gostava. Vicentina e Marga entraram na sala e avisaram:

– Ada já foi embora!

– Vou dar uma ordem e quero que vocês três me atendam: Ada está proibida de entrar nesta casa. Não quero nem vê-la. Entenderam?

– A polícia irá procurá-la? Ela está com medo – disse Vicentina.

– Não sei – respondeu o senhor Nico. – Com certeza, ela terá de prestar depoimento. Se as pessoas desse grupo forem os assassinos daqueles garotos, a polícia terá de investigar para verificar se Ada tinha ligação com eles. Mas isso é assunto para o delegado. Quero que minha ordem seja cumprida! Não quero que ela se aproxime de Nícolas nem para vê-lo.

As outras duas empregadas saíram e Odete perguntou:

– O senhor já se sente melhor?

– Sim.

– Então posso lhe contar a outra notícia ruim?

– Quê?! Outra? – perguntou o proprietário da casa colocando a xícara na mesinha. Olhou-a apreensivo e perguntou baixinho: – Nícolas?

– Não, senhor Nico. Nícolas dorme, o senhor o viu, estava com ele. É Fernando. Sofreu um acidente de carro ontem à tarde. Mas ele está bem. Isabelle ligou aqui de madrugada, eu atendi e expliquei a ela que o senhor ultimamente estava muito apreensivo, que tomou calmantes e colocou um bilhete na porta para não acordá-lo. Mas se fosse grave ou urgente eu o chamaria. Ela disse que não era preciso, que Fernando somente fraturou alguns ossos, estava em observação no hospital e que assim que o senhor acordasse era para telefonar para ela. Por isso, tranqüilize-se, seu sobrinho deve estar bem, senão voltariam a ligar. Tome seu desjejum, depois o senhor telefone para Isabelle.

– Não, ligarei primeiro.

Levantou-se, sentou-se em outra poltrona perto do telefone e ligou. Isabelle atendeu.

– Titio, Fernando se acidentou. Eles me avisaram ontem à noite, duas horas da madrugada, porque parece que ele perdeu os documentos. A pessoa que o socorreu não se preocupou com mais nada, pegou-o e o levou ao hospital. Um médico o reconheceu e me chamou. Ele está em observação, teve alguns ferimentos, machucou muito os lábios e fraturou alguns ossos. Não insisti para acordá-lo porque o médico me garantiu que ele está bem. Sedaram-no. Vim para casa e vou logo mais para o hospital. Titio, me faz um favor?

– Claro, querida. Vou logo para o hospital e nos encontraremos lá.

– O favor é que o senhor telefone para meus sogros e conte a eles. Diga para não darem vexame no hospital.

– Faço isso. Até logo!

E fez. O telefone tocou, tocou e o senhor Nico insistiu.

– Eles não levantam cedo – resmungou.

Depois de muitas tentativas, Ari atendeu.

– Que aconteceu, Nico? Telefonar a essa hora?

– Fernando sofreu um pequeno acidente de carro e está no hospital.

– Quê? Fernando? Conte-me à verdade! Como está ele?

– Somente com alguns ossos quebrados. Nada de mais, graças a Deus. Está no hospital em observação. Isabelle está indo para lá e eu vou também. Quero lhe pedir, ou melhor, exigir que vocês dois não dêem vexame, escândalo. Fernando está bem.

– Vou acordar Nelva e vamos para lá ver nosso filhinho.

Desligou e o senhor Nico pensou:

"Isso é hora para Fernando sofrer um acidente? Tudo acontecendo ao mesmo tempo. Espero que seja somente algumas fraturas. O acidente foi ontem à tarde e somente agora que me avisa. Vou tomar café e ir vê-lo".

O segurança entrou na sala e informou:

– Senhor Nico, transmiti sua ordem a todos: a babá Ada não pode entrar na casa. Francisco e eu fechamos o portão e colocamos dois cadeados. Francisco já arrumou os pedreiros, dentro de uns trinta minutos eles irão começar a murar o portãozinho. Eu mesmo rodeei a casa, não existe mais nenhum lugar onde se pode entrar ou sair da mansão a não ser pela frente.

O senhor Nico resolveu sentar-se à mesa e tomar seu desjejum. Nícolas acordou, levantou-se, foi ao encontro do avô e falou alegre:

– Vovô, convidei sete amiguinhos para brincar aqui em casa, eles vão almoçar comigo. Vamos brincar muito no jardim.

– Querido, tenho de lhe dar uma notícia. Ada teve de ir embora. Morreu alguém da família dela e ela não será mais sua babá.

– Que pena, vovô, eu gostava dela! – exclamou o menino.

– Nícolas, você às vezes saía de casa com ela pelo portãozinho lateral?

– É segredo, vovô. Como o senhor descobriu? Fizemos um trato, Ada e eu, de não dizer nada a ninguém. Ela ia namorar e eu ficava com eles. Bonzinho o namorado dela, ele me trazia sempre doces e chocolates.

– Nícolas! – gritou alto o senhor Nico não se contendo.

O garoto se assustou e fez um biquinho esforçando para não chorar e perguntou baixinho:

– Que fiz de errado, vovô?

O senhor Nico se controlou, levantou-se, foi até o neto, que estava sentando em outra poltrona, pegou-o no colo.

– Nada, meu netinho! Vovô está nervoso porque Fernando sofreu um acidente e se machucou. Vou tomar meu café e ir vê-lo. Quero lhe pedir uma coisa. Não faça mais isso, não tenha mais nenhum pacto de segredo com ninguém. Promete? Conte-me tudo o que lhe acontece. Você é pequeno e não quero que tenha segredo para mim. Amo muito você, meu netinho!

Nícolas afirmou com a cabeça e deu dois sonoros beijos no rosto do avô.

– Agora vou ao hospital! Segurança!

– Vovô, o senhor vai de roupão? – perguntou Nícolas rindo.

– Aí, se você não me lembra, iria. Vou trocar de roupa. Nícolas, divirta-se com seus amiguinhos. Odete, por favor, tome conta de tudo, somente não os deixe ir perto do portãozinho atrapalhar o trabalho dos pedreiros. Volto logo!

Ao trocar de roupa, o senhor Nico tremeu em pensar:

"O grupo tinha tudo planejado! Ada saía pelo portãozinho com Nícolas, era tudo fácil demais. Se a babá não fosse cúmplice, eles a matariam. Levariam meu neto que, acostumado com os doces e chocolates, os comeria com algum sonífero. Espero que o chefe também esteja preso. Mas quem será o chefe?"

Foi ao hospital. Ao conversar com o médico, ficou sabendo que era grave o estado de Fernando.

– Senhor Nico, tiramos muitas radiografias. Perna esquerda fraturada, braço direito, duas costelas, alguns cortes e o mais grave: Fernando cortou a língua, não foi um corte, ela se partiu, ele perdeu mais da metade dela. E fraturou a coluna.

– É grave? – perguntou o senhor Nico assustado e apreensivo.

– Ele não corre o risco de morrer, mas é grave. Talvez Fernando não ande mais.

Isabelle chegou, o médico repetiu a notícia. Os dois ficaram arrasados. Nelva e Ari chegaram, a irmã veio toda enfeitada. Isabelle repetiu a notícia omitindo alguns detalhes do estado de Fernando.

– Vamos refazer os exames. Por enquanto é melhor que ele fique no CTI – informou o médico.

Sabendo que o sobrinho estava bem cuidado, o senhor Nico foi para casa. Ia passar pela rua da delegacia, mas, como viu muitas pessoas na frente do prédio, desviou-se. Chegando em casa, viu o neto com os amiguinhos brincando no jardim. Odete e dois seguranças os observavam discretamente. Os pedreiros já haviam terminado o trabalho; fecharam com cimento o portãozinho e Francisco informou:

– Senhor Nico, meu filho e dois companheiros fizeram o serviço, agora falta somente pintar. Terça-feira eles pintarão o muro e o portãozinho será esquecido. Senhor, a cidade está um tumulto, só se fala nos assassinos. Comenta-se que a tal polícia que investigou a gruta achou embaixo de uma pedra a faca e outros objetos com sangue dos garotos. A população está furiosa!

O senhor Nico entrou em casa e telefonou para o delegado. Teve de se identificar para ser atendido porque, segundo a telefonista, o oficial da lei estava muito ocupado.

– Senhor Nico, aquele seu amigo tinha toda razão, embora Dirceu afirme que nada daquilo que foi achado pertencia a eles, que alguém, outras pessoas usaram aqueles objetos.

– Que objetos?

– Embaixo de uma pedra achatada, foram encontrados cinco roupas pretas, seis cálices, duas garrafas de vinho, um punhal grande – todos os objetos com restos de sangue. Acharam também os aparelhos de escuta do seu amigo e respingo de sangue em uma pedra. Com certeza, exames serão feitos, mas não temos dúvidas de que o sangue são dos garotos assassinados, Rodolfo e Marcelo. O senhor está escutando os gritos? São das pessoas lideradas pela mãe de Marcelo, querendo linchar os assassinos. Vamos transferi-los para a cidade das Fábricas onde serão interrogados.

– Delegado, por favor, se Luck lhe ligar, atenda-o e informe-o sobre o que ele quiser saber.

Despediram-se e o senhor Nico telefonou para Luck, contou-lhe tudo e disse que ele poderia ligar para o delegado.

– Não vou fazer isso, Nico. Aquele delegado não sabe de nada. O envolvimento do grupo será provado pelo que escutamos e com a comparação das impressões digitais e, com certeza, com os interrogatórios.

– Será que serão torturados? – perguntou o senhor Nico.

– Os investigadores da cidade das Fábricas costumam usar de alguns métodos ilegais. .

Despediram e o senhor Nico chamou pela empregada.

– Odete, deixe Nícolas brincar até quando quiser. E lembre-se: quero que os amiguinhos dele sejam sempre bem tratados. Vou tomar um banho e vou sair. Quero que você e um segurança fiquem perto de Nícolas.

Em seguida, ele telefonou para a pessoa da cidade Encontros:

– Posso ir aí? Não se chateie comigo! Em duas horas estarei aí.

E dentro da previsão, o senhor Nico parou diante de um prédio, entrou, usou o elevador e, em seguida, estava tocando a campainha de um dos apartamentos.

– Oi, Vagner!

– Oi, Nico! Quanto tempo! Pensei que não o veria mais.

– Estive ocupado.

Vagner era um senhor de 70 anos. Rosto vermelho, cabelos grisalhos e ralos. Foi abrir a porta usando muletas e perto estava uma cadeira de rodas.

O senhor Nico lhe contou tudo.

– Puxa Nico, você não poderia ter me contado por telefone? – perguntou Vagner sentido.

– Luck achava que meu telefone poderia estar grampeado ou que alguém em casa pudesse escutar. Em parte ele tinha razão, pois a babá era namorada desse Lemão.

– Está bem, não quero ficar mais chateado com você. Somos amigos há muito tempo, fui empregado de seu pai. Conheço-o desde garoto. Você tem me ajudado muito.

– Não faço nada! – exclamou o senhor Nico.

– Claro que faz! Acha mesmo que, com a aposentadoria que recebo, iria conseguir morar aqui, ter empregada, remédios e alimentar-me bem? Por isso que senti você não ter confiado em mim. Vamos jogar?

– Somente uma partida, quero dormir cedo, amanhã às oito horas tenho de ir ao hospital.

E sentaram em poltronas de frente para uma mesinha, onde um tabuleiro de xadrez estava exposto, e começaram a jogar. Mas distraídos pela conversa amigável, não jogaram bem.

O senhor Nico gostava de jogar xadrez com Vagner, que fora o melhor amigo de seu pai. Ficou muito tempo sem vê-lo. Quando o fez, estava com a deficiência física, morando sozinho num quartinho da cidade Encontros. Ajudou-o. Havia anos jogava com ele, distraía-se e passava horas agradáveis. Despediu-se prometendo voltar à rotina das partidas.

Domingo pela manhã, foi ao hospital e as notícias não foram animadoras.

– Senhor Nico – explicou o médico –, pela fratura na coluna, Fernando ficará sem movimentos. Ele somente escutará e enxergará. Seu raciocínio não foi afetado, compreende tudo, falaria se não tivesse cortado a língua.

O senhor Nico chorou sentido com pena do sobrinho.

– Não podemos fazer nada?

– Temos no nosso país um médico que é um dos maiores especialistas nesse assunto. Ele foi meu professor. Mora na capital.

– Por favor, doutor, entre em contato com ele, peça-lhe para ele vir aqui examiná-lo.

– Domingo pela manhã acho-o em sua casa. Posso telefonar para ele. Só que deverá ficar muito caro, ele não atende por plano de saúde e terá de prover viagem, estadia...

– Telefone para esse especialista por favor, assumo os custos – pediu o senhor Nico.

Na frente dele, o médico ligou, trocaram informações particulares e depois explicou em termos médicos o que acontecera com Fernando. Quando desligou, informou-o:

– Senhor Nico, o professor me pediu que fizesse muitos exames, tomografias, radiografias etc. Ele deve vir aqui na quinta-feira pela manhã examiná-lo. Se ele disser que existe alguma possibilidade é porque tem mesmo. Senão, Fernando ficará inválido.

Muito triste e aborrecido o senhor Nico foi para casa. Odete, assim que ele chegou, deu os recados.

– O delegado ligou e pediu para o senhor lhe telefonar assim que chegasse e o senhor Luck também.

Telefonou para o delegado, que lhe informou:

– Senhor Nico, os cincos são os assassinos. Eles confessaram. Nos primeiros exames, tudo indica que o sangue encontrado nos cálices, nos respingos nas roupas pretas e nas pedras eram dos dois garotos. É quase certeza de que as impressões digitais nos objetos eram deles. Exames mais detalhados demoram, mas eles já confessaram.

O senhor Nico agradeceu, desligou e telefonou para Luck que, após cumprimentos, lhe informou:

– Nico, hoje bem cedo, assim que o sol despontou, fui à gruta. Agora ela está de fato trancada, com novas tábuas, correntes, cadeados e até com dispositivos de choque. Fiz isso porque estava muito inquieto. Para mim são seis e não cinco os componentes do grupo. Andei por lá e subindo do lado esquerdo da gruta, onde calculei estar o segundo salão, achei um buraco entre uma pedra e uma árvore. No local existem muitas plantas rasteiras, por isso é muito difícil de ver o buraco. Mas alguém passou por ali sem ter tempo de colocar as plantinhas nos lugares. Vi o buraco, iluminei-o e reconheci o segundo salão da gruta. Vi pegadas de uma pessoa que deveria calçar sapatos número quarenta. E a uns trinta metros, sinais de uma moto. Esse veículo deve ter ficado parado, as pegadas sumiram perto do veículo, que indica que ele saiu com a moto, desceu por uma trilha que vai dar na estrada que liga a cidade Encontros à das Fábricas. Continuo mais inquieto ainda! O chefe, o que eles chamam de Sexto, saiu com o tumulto do salão pelo buraco, pegou a moto e fugiu. Redobre os cuidados, meu amigo! O chefe dos criminosos está solto! Talvez ele fique acuado, quieto, mas talvez queria se vingar ou fazer o trabalho sozinho.

– Meu Deus! – exclamou o senhor Nico. – Luck, me acuda!

– Não sossego enquanto não pegar esse criminoso. Cautela! O perigo não passou!

O senhor Nico ficou novamente preocupado. Pensou quem, conhecido seu, poderia ter moto.

"Francisco, ele tem uma e vem trabalhar com ela todos os dias. Odete aprendeu a dirigir moto, até tirou carteira de habilitação. César, o bisbilhoteiro, dono do bar se exibe pela cidade com suas três motos. Nelva e Ari quando mais jovens somente andavam de moto. Até Vagner tem uma. Ele ficou com deficiência por um acidente de moto. Ainda gosta muito desse veículo. A sua fica na garagem do prédio. Lembro que um dia ele me explicou: 'Estou assim por um acidente de moto, mas ainda as amo. Pago um jovem para vir limpá-la e às vezes saio com ele na garupa para umas voltas'. Vagner anda com dificuldades, às vezes usa a cadeira de rodas, outras, as muletas. Será que consegue dirigir uma moto? Será mesmo que anda com dificuldade? Ele escutou tudo o que lhe contei sem demonstrar surpresa, como se soubesse. Não fez perguntas, nem a que esperava como: eles seriam capazes de pegar seu neto? E ainda tem Richard que, com certeza, sabe dirigir uma moto".

– Meu Deus! Socorra-me!

E voltou a ficar muito apreensivo. Orou com fervor para que Deus protegesse seu neto.

As descobertas de Luck

Nós, os desencarnados, Lílian, Angelina, Mary e eu, diretamente envolvidos pelo trabalho nesse caso, ficamos atentos tentando ajudar.

Os umbralinos se retiraram e não voltaram mais, nem para ter notícias dos encarnados afins. Os quatro ficaram pela delegacia até que o delegado pelo rádio foi informado dos achados no salão da gruta.

– Temos muito a examinar – informou um dos investigadores. – Faremos exames laboratoriais. Mas, com toda a certeza, eles são os assassinos daqueles dois meninos. Pode enclausurá-los. Temos de remover esse cadáver daqui. Já tomou as providências para isso?

– Já, logo uma funerária estará aí. O prefeito me pediu para que Lemão não seja enterrado aqui, então ele será levado para o velório do cemitério da cidade das Fábricas.

O delegado estava com mais problemas. Teve de entrar na casa do Lemão e lá achou somente dois endereços de familiares dele. Um era de sua ex-esposa. Ligou para ela que, friamente, disse não sentir a morte dele e que realmente Lauro não prestava. Que não ia ao enterro, que somente mandaria depois seu advogado para avaliar o que ele possuía, pois seria herança do filho. Que o enterrasse onde quisesse e que ele tinha somente um irmão. O delegado telefonou para o irmão dele que falou que sentia muito, que nunca imaginou que Lauro fosse um criminoso, que não iria no enterro e que o sepultasse onde pudesse.

O delegado então tomou a decisão de enterrá-lo no cemitério da cidade das Fábricas. Assim foi feito. Somente um empregado da funerária e dois do cemitério sepultaram o corpo. Lauro foi um imprudente, teve somente na sua mudança de planos as orações de Ada, Mary e as minhas. Viveu encarnado com egoísmo, sem fazer ações boas a ninguém. Infelizmente, muitos habitantes da cidade Pitoresca o amaldiçoaram, desejando que ele fosse para o inferno. Mas nós, os desencarnados, oramos para ele desejando que se arrependesse e quisesse auxílio.

Embora a maioria dos exames ainda não tivesse sido realizada, os objetos achados e as conversas dos criminosos que os policiais escutaram não deixaram dúvida de que os quatro eram os assassinos. Os prisioneiros foram colocados numa cela pequena, separados dos outros detentos, porque os presos, revoltados, queriam bater neles.

A notícia da prisão dos assassinos espalhou-se e uma multidão liderada pela mãe e pela avó de Marcelo foi para a frente da delegacia e começou a gritar e a pedir o linchamento dos assassinos.

O delegado pediu reforços e eles foram levados em vários carros para a delegacia da cidade das Fábricas e lá ficaram incomunicáveis.

Antes de serem transferidos, os quatros se apavoraram, tiveram medo e sentiram-se abandonados pelo Sexto.

Os primeiros exames constataram que o sangue encontrado na gruta e nos objetos eram de Rodolfo e de Marcelo, e as impressões digitais, dos cinco.

Eles foram interrogados. O policial encarregado escolheu Tonho para ser o primeiro a depor. Acostumado, tinha certeza de que José Antônio estava apavorado, com remorso e propenso a falar. De fato, aliviado, Tonho contou tudo.

Aconselhei Angelina a não ir à prisão.

– *Minha amiga* – disse –, *volte para sua colônia, peça desculpas por ter saído sem permissão e continue a orar pelos seus familiares. Não visite seu Tonho agora, deixe passar um tempo, depois você poderá ajudá-lo.*

– *Irei sim, mas antes quero ajudar a esposa e os filhos de Tonho.*

Mary e eu fomos à delegacia da cidade das Fábricas somente para termos notícias dos prisioneiros. Quem as deu foi um dos justiceiros que conhecemos na gruta e do qual ficamos amigos.

Os interrogatórios primeiramente transcorreram normais. Com a confissão de Tonho e com os resultados dos exames não tiveram como negar. Todos confessaram. Mas todos falavam a mesma coisa sobre o chefe, o Sexto. Foram encontrados seis cálices, mas somente cinco impressões digitais. Os policiais queriam saber se existia ou não outra pessoa e quem era o chefe. Eles afirmaram que o Sexto era um espírito materializado. Não acreditaram. Lázaro falou de sua suspeita: o senhor Nico. Apanhou mais, então não disse mais nada. Pela violência, se soubessem, eles teriam dito quem era o chefe.

Francisco, Odete e Vicentina deram notícias dos familiares dos quatro presos ao senhor Nico. Mary, Lílian e eu também verificamos o que aconteceu.

As casas dos cinco haviam sido apedrejadas. Alguns familiares que esperavam notícias na porta da delegacia foram agredidos, os policiais tiveram de levá-los para casa.

Lázaro tinha dois irmãos e a mãe que, ao saber, teve um infarto, foi para o hospital e desencarnou no domingo à tarde. Os dois irmãos acharam uma parte do dinheiro que Lázaro escondeu e resolveram ficar com ele. Na terça-feira foram embora da cidade. Mudaram-se, porque aonde iam eram chamados de "irmãos do assassino" e seus filhos não podiam sair de casa. Colocaram a casa da mãe à venda e foram embora para longe. Disseram que iam pagar um advogado e de fato contrataram um, mas não tinham muita intenção de gastar dinheiro com o irmão. Mas ficaram com o dinheiro dele que acharam.

Roberta, a noiva de Lázaro, levou um susto e ficou horrorizada. Esperta, se fez de vítima. Até foi conversar com a mãe de Marcelo, que liderava os revoltosos.

– Fui enfeitiçada! Eu era noiva, amava meu noivo, nunca gostei de Lázaro. De repente, sem que conseguisse entender, estava namorando-o. Foi feitiço! Preciso me livrar disso!

Foi aconselhada e fez tudo o que lhe mandaram. Deu alguns presentes que Lázaro lhe deu, em outros colocou fogo. Pediu ao padre para benzê-la, foi ao centro espírita receber passes. Não foi agredida, acharam que fora vítima. De fato, Roberta ficou horrorizada, sentia-se mal só em pensar que namorara um assassino cruel. Nunca mais quis saber de Lázaro e, meses depois, quando ele lhe escreveu, ela rasgou as cartas sem ler e sua mãe escreveu um bilhete para ele dizendo que não a importunasse mais.

A casa de Tonho foi apedrejada. A filha com a família foram para a casa do irmão na cidade das Fábricas e, mesmo lá, foram hostilizados. Na fábrica onde o filho do Tonho trabalhava, houve discussão e ele foi demitido. Resolveram mudar para longe. Mas a esposa de Tonho não quis ir junto. Ela fechou a casa, foi passar uns tempos na casa de uma irmã numa cidade perto. Contratou um advogado e não abandonou o marido, embora não compreendesse o porquê de ele ter feito tudo aquilo. Meses depois passou a visitá-lo sempre que possível.

A esposa de Naldo levou um susto, mas foi a primeira a ir embora. Lacrou a banca e a casa e foi morar com seus pais numa cidade longe. Um mês depois voltou, vendeu a banca, os móveis e com o dinheiro que tinha guardado contratou um advogado, escreveu para o marido, pois não teve permissão para visitá-lo e voltou para a casa de seus pais. Sempre que podia ela vinha com os filhos visitar Naldo. Achou que foi um azar o plano deles, do marido, não ter dado certo. Continuou a freqüentar locais onde pessoas imprudentes fazem o mal.

A esposa jovem de Dirceu, quando a empregada conseguiu acordá-la, não acreditou. Ao chegar à delegacia, foi agredida. Se um policial não a protegesse, a mãe de Marcelo lhe teria dado uma surra. Atordoada, telefonou para seu pai que foi em seguida para ajudá-la. A polícia, já sabendo que Dirceu comprava carga de remédios roubados, lacrou a farmácia. Pai e filha resolveram ir embora; ela levou tudo o que pôde de valor da casa e todo o dinheiro que achou e de madrugada foi embora com o seu genitor.

Notícia ruim se espalha... como saiu nos jornais, a ex-esposa de Dirceu e filhos foram hostilizados. O filho mais velho estudava em uma cidade distante. Ela resolveu mudar para lá com os filhos e deixou um advogado para defender seus interesses. Mas com a farmácia interditada, ela com certeza não receberia mais a pensão. Maldizendo o ex-esposo, resolveu trabalhar e ficar longe daquele assassino.

Os quatro tinham como movimentar o dinheiro que estava no banco para pagar os advogados e assim o fizeram. Mas o juiz determinou que eles iam ficar presos até serem julgados.

Ada foi intimada a depor e foi sincera em seu depoimento, contando o que realmente aconteceu. Que conheceu o Lemão e ele a cortejou e passaram a namorar. Ele lhe afirmou que, assim que saísse o divórcio, iam se casar. Disse também que não sabia que ele era um assassino. Como os quatro afirmaram que o grupo era somente de homens e que o namoro era algo particular de Lauro, o delegado disse que ela não precisava mais ser ouvida e foi liberada. O fato é que o Sexto era muito esperto, falava sempre alguns assuntos em particular. Os outros não sabiam que ele se encontrava com Ada a seu pedido.

Ada recebeu o dinheiro a que tinha direito pelo seu trabalho na casa do senhor Nico e foi embora da cidade a pedido dos filhos, que não a queriam com eles. Foi para longe, arrumou um emprego num orfanato, onde passou a ensinar idiomas para a meninada e lá ficou morando. Ada realmente amou Lemão e orava muito por ele; foi a única pessoa a lhe mandar essa energia boa. Ela não se sentiu enganada, acreditava que ele a amara.

O delegado, na segunda-feira, telefonou para o senhor Nico e indagou-lhe:

– O senhor acha que eles, os criminosos, tinham um chefe? Os quatro afirmam que sim e que era um espírito, o satanás materializado. O senhor não me daria o telefone daquele detetive?

– Acho que eles deviam ter um chefe – respondeu o senhor Nico. – Mas não tenho certeza. Se existisse outra pessoa, ela deveria estar no salão na noite da prisão. Não sei o que lhe responder. Talvez um dos quatro presos saiba.

Deu o número do telefone de Luck. O delegado ligou para o detetive e foi muito gentil, se desculpou e fez a mesma pergunta.

– Não sei lhe responder – respondeu Luck. – Foram encontradas cinco impressões digitais, mas seis cálices. Pela conversa que escutamos, não se pode afirmar quantos eram. Eu não acredito que o chefe seja um espírito materializado. Estamos diante de uma incógnita.

– O senhor não nos daria as fitas que gravou com as escutas que colou no salão?

– Eu não as gravei – mentiu Luck –, somente escutei, não tive idéia de gravá-las, sinto muito.

O delegado não acreditou, mas não insistiu e agradeceu desligando.

Depois que os presos foram transferidos, a multidão se dispersou da frente da delegacia. Mas durante dias se viam rodinhas de curiosos conversando sobre o assunto.

Os quatro prisioneiros ficavam muito apreensivos, e para que delatassem quem era o chefe, foram interrogados com violência. Sofreram muitas dores físicas, mas não mudaram o que disseram, falavam a verdade. Dirceu não sabia de quem comprava a carga roubada e nisso a polícia acreditou, pois sabia como agia a quadrilha.

Eles ficaram isolados e por muitos dias não se viram. Depois foram colocados numa mesma cela, pequena, com câmera e escuta. Estavam desolados, machucados, decepcionados, falavam se queixando muito.

– O Sexto nos abandonou! – recriminou Dirceu.

– Bem que minha mãe dizia que o diabo atenta, a gente age errado e ele nos abandona quando sofremos – queixou Tonho.

– Estamos esquecidos pelos familiares – falou Lázaro –, não me deixaram nem ir ver minha mãe morta. Meus irmãos ficaram com raiva de mim, disseram que ela morreu por minha causa. E estamos encarcerados. Vamos ficar presos até o julgamento, que deve demorar e não podemos aqui nos misturar com os outros presos, senão eles nos matam.

– Mas tudo se esquece – opinou Naldo. – Seremos julgados e com certeza condenados. Aí, como já ficamos presos muitos meses e por bom comportamento, seremos libertados alguns anos depois.

– Estou muito decepcionado! – exclamou Dirceu. – O Sexto nos abandonou mesmo! Será que ele era vivo como nós e não espírito? Que entrava no salão primeiro, se escondia e depois aparecia? Ele sempre ficava no salão depois que saíamos. Se ele não for espírito, quem será?

– Se soubesse, já teria falado – disse Naldo.

Os outros confirmaram.

A polícia concluiu depois de umas semanas que havia um chefe. Eles realmente não sabiam quem era. Encerraram as investigações e os interrogatórios com a conclusão de que eram somente os cinco os assassinos. Os quatro que permaneceram vivos ficaram separados dos outros detentos, mas numa mesma cela.

Tonho sentia tanto remorso que até pensou em se suicidar. Angelina novamente foi em seu auxílio para incentivá-lo a viver e a cumprir sua condenação, além de ajudar os outros. Tonho tornou-se calado, dificilmente conversava. Ele recebia sempre a visita da esposa. Naldo recebia muitas correspondências dos filhos, e a esposa vinha visitá-lo três vezes por ano. Dirceu e Lázaro foram esquecidos.

O Lemão foi atraído para um local muito triste, feio e de muito sofrimento no umbral. Mary e eu fomos saber dele tempos depois. Para isso, fomos a um posto de socorro localizado no umbral, longe das cidades umbralinas, lugar muito isolado. Para chegarmos ao posto, fomos até certo ponto do caminho, usando um veículo especial; depois caminhamos por horas. O posto é cercado por muros muito altos e nós o achamos porque estávamos sendo esperados e o mentalizamos. Mesmo sem atrativos, pouco verde e a construção escura, é um oásis de bênção. Fomos recebidos com carinho. Os trabalhadores gostam de conversar, de ter notícias de outros postos, das colônias e até de saber como estão vivendo os encarnados. Para servir naquele posto, o socorrista tem de fazer cursos especiais e ter trabalhado em outras casas de socorro no umbral. Ali, nas profundezas, no isolamento dessa parte do umbral, a claridade é por poucas horas, tudo é muito triste. Os umbralinos raramente vão lá e ali estão espíritos muito endividados com a lei do amor.

São raras as casas de auxílio nessas partes do umbral. Eles fazem socorro numa área imensa. Sabem de todos os sofredores que ali estão e o porquê de eles terem sido atraídos para lá. Foi-nos explicado que teríamos de ficar nos adaptando no posto por várias semanas para depois ir até onde Lemão estava. Não dispúnhamos de tempo, então o dirigente o mostrou a nós por uma espécie de vídeo. Mary, sensível, chorou. Ele se arrastava num barro fétido com muita dificuldade, com muitas dores por todo o corpo perispiritual, o sangue que saía do seu peito pelo ferimento era negro. Ele estava desolado, sentia-se abandonado pelo Sexto e sabia que seu corpo físico havia morrido. Achava que estava no inferno e que aquele sofrimento não teria fim.

O dirigente nos explicou:

– *Vamos de tempo em tempo àquela furna. Quando vamos lá, damos a todos água, alimento, consolo e esperança. Lemão somente poderá sair de lá quando se arrepender com sinceridade. Se pudesse voltar no tempo não faria novamente o que fez e compreenderia o mal causado. Assim mesmo seu socorro não será imediato, terá de esperar o tempo de passarmos por lá.*

– *E se ele ficar perturbado e não conseguir nem se arrepender?* – Mary quis saber.

– *Ele foi atraído para aquele local por afinidade. O erro que cometeu é como um ímã e, com o sofrimento, aos poucos enfraquece e então poderemos tirá-lo de lá.*

– *Lemão desencarnou com muitas maldições e quase nenhuma bênção. Ele não fez boas ações que pudessem suavizar seu sofrimento* – esclareceu um socorrista.

– *E quando ele for socorrido irá para onde?* – perguntou Mary.

– *Todos esses espíritos que estão nessa região, quando socorridos, ficam aqui nesta casa. Não têm condições de ir para outros postos de socorro nem para alguma colônia; os que vão são raras exceções. Normalmente, depois de estagiar em nosso posto, neste lar de benções, por um tempo variável, são levados para reencarnar.*

Despedimo-nos abraçando fraternalmente aqueles abençoados servidores do Cristo. Mary e eu voltamos. A paisagem pelas redondezas do posto era monótona, cinzenta e sem atrativos. Fizemos o trajeto calados e, quando estávamos no veículo que nos levaria de volta, minha amiga comentou:

– *Antônio Carlos, você admira esses socorristas que incansavelmente servem no umbral e mais ainda esses que acabamos de encontrar, não é? Ficam anos ali, servindo com amor, muitas vezes sem folga. São abnegados e felizes. Já sei o que vai me dizer!* – Mary não me deixou manifestar minha opinião e continuou a falar: – *Que ao fazermos o bem, fazemos a nós primeiro. De fato, o que esses espíritos aprendem nesse trabalho são tesouros que os acompanharão para sempre. E aqueles que aprendem, que sabem ser úteis, são os que podem ser designados de servos úteis, tornam-se bons e entram nas bem-aventuranças. Agora eu os admiro também!*

Na segunda-feira cedo, o senhor Nico resolveu ficar atento e com o neto perto dele. Telefonou para Alberto na fábrica.

– Alberto, você já deve estar sabendo do acidente de Fernando. Quero que assuma de novo o lugar dele. E também que levante todo o dinheiro que temos disponível nos bancos. Você sabe que estamos reservando dinheiro para a reforma. Mas estou tendo alguns gastos pessoais e vou precisar desse dinheiro. Faça o levantamento e me ligue mais tarde.

Passando mais de uma hora – tempo que o senhor Nico estava achando muito – Alberto ligou.

– Desculpe-me a demora – disse Alberto –, é que não achei o dinheiro nos bancos em que trabalhamos.

– Como?!

– Senhor Nico, fiz um levantamento. Como não encontrei, telefonei para os gerentes. Nos bancos em que temos contas, nada foi encontrado. Consultei a contabilidade, também não encontrei. Fernando fez saque desse dinheiro. Acho que ele aplicou em outros bancos, ou com agiota, não sei. O fato é que os gerentes me garantiram que Fernando sacou esse dinheiro.

– Tudo bem – falou o senhor Nico –, assim que ele melhorar nos dirá onde está. Se você se lembrar de alguma coisa me avise.

"Mais essa!", pensou o senhor Nico aborrecido. "Fernando, esperto como é, deve ter aplicado esse dinheiro em algum local que rendesse mais. E não tinha por que me falar, ele tem autonomia para fazer isso. Só que preciso de dinheiro para pagar esse médico e tenho de arranjar".

Fez alguns telefonemas, vendeu uns cavalos. Avisou na fazenda.

– Prepare aqueles cavalos que iríamos vender daqui a seis meses. Vendi-os! Eles vêm buscá-los.

– Mas, senhor Nico, por que fez isso? Se os vendermos antes, perderemos dinheiro – falou o empregado.

– Está feito!

Depois ligou para Maciel:

– Maciel, preciso de dinheiro! Quero que faça empréstimos para mim em bancos.

– Que está acontecendo Nico? Você precisando de dinheiro?

– Estávamos guardando dinheiro para reformar a fábrica. Fernando aplicou esse dinheiro e não nos contou onde. Teremos de esperar que ele melhore para nos dizer. Você sabe que recentemente reparti muito de minha fortuna, deixei quase todos os meus imóveis para meus empregados e dei muitas coisas ao Fernando. Vendi alguns cavalos, mas eles me pagarão em três vezes. Agora preciso de dinheiro para pagar o médico que virá de longe para examinar Fernando e ele cobra caro. Por isso preciso de dinheiro para já. Veja isso para mim.

– Faço isso e agilizo. Você terá o dinheiro para pagar esse médico. Se o empréstimo demorar a sair, eu tenho e lhe empresto.

– Obrigado!

– Nico – disse Maciel –, se Alberto não localizou onde está esse dinheiro, será que a informação não está no cofre da fábrica? É só você abrir para verificar.

– Não costumamos deixar informações assim no cofre, mas irei verificar. Mas, de qualquer maneira, faça o empréstimo. Aplicações têm datas para serem resgatadas e esse dinheiro pode até estar no exterior.

O senhor Nico também telefonou para o dirigente do centro espírita, agora seu amigo, informando da impossibilidade de ir à reunião e perguntou:

– É possível um espírito se materializar e agir como encarnado?

– Ultimamente – respondeu o dirigente –, não temos conhecimento de materialização em que o espírito age como um encarnado. Para que isso ocorra teria de haver um médium de efeito físico e pessoas que soubessem conduzir o fenômeno. O senhor quer saber se é possível o que esses quatro estão afirmando, que o chefe deles, que chamam de Sexto, é um espírito trevoso materializado?

– Sim, é isso – respondeu o senhor Nico.

– Diria com certeza que não! – esclareceu o senhor espírita. – Acho que não houve materialização. Acredito que um deles deve ser o chefe. Leia: *O Livro dos Médiuns*, capítulo 6, "Manifestações visuais". É um capítulo extenso com muitas explicações.

O senhor Nico agradeceu, despediu-se e pegou o livro citado e foi lendo devagar e com atenção. Grifou alguns trechos que não entendeu para depois perguntar ao dirigente. Meditou e achou que realmente o grupo era somente de encarnados.

Ele ficou inquieto e observava todos com atenção. Pensou aborrecido:

"Como é triste desconfiar das pessoas".

Trancou a noite a porta do quarto, deixou o revólver ao seu alcance e de manhã, terça-feira, colocou-o no bolso. Estava assustado, temeroso e orava muito para que Luck ou a polícia descobrissem esse chefe.

Na quarta-feira, às dez horas, Luck lhe ligou:

– Nico, pode ficar sossegado. Tranqüilize-se, meu amigo! Você não corre perigo! É isso mesmo! Confie em mim. Tudo está resolvido. O perigo passou. Vamos nos encontrar para que eu lhe explique tudo. Almoçaremos naquele restaurante caro, merecemos a comemoração.

– Você tem certeza, Luck, de que não corremos mais perigo?

– Absoluta! Descobri tudo!

Mas, mesmo assim, o senhor Nico somente foi para a cidade das Fábricas quando deixou Nícolas na escola e com outro segurança. Quando chegou ao restaurante, o amigo reclamou:

– Estava cansado de esperá-lo e com muita fome.

– Deixei Nícolas na escola primeiro – justificou-se o senhor Nico.

– Falei que não precisava temer mais. Vamos comer e eu vou lhe contar tudo que descobri.

Luck comeu, mas o senhor Nico não, prestava atenção no que o detetive lhe dizia. Ficou triste, quis chorar, esforçou-se para não fazê-lo, porém teve de enxugar algumas lágrimas.

– Ora, Nico, você sabia que era alguém próximo de você, senão sua esposa não lhe diria para ter cautela. Mas tudo já passou!

– É verdade mesmo? Está sendo difícil de acreditar.

– Nico, telefone para confirmar.

E ele o fez; levantou-se, pediu para o proprietário do restaurante para fazer uma ligação, falou por instantes e voltou para perto do detetive.

– E então? – perguntou Luck.

– É verdade! Você descobriu mesmo!

– Claro que descobri, falei que fazia e o fiz. Não costumo falhar. Nico, vamos tratar agora de assuntos práticos. Que você irá querer fazer? Tenho as provas.

– As provas pertencem a quem? – perguntou o senhor Nico.

– Para quem trabalho. São suas.

– Entregue-me. Luck, você falará o que descobriu à polícia?

– De jeito nenhum! – exclamou o detetive. – Se não fosse por mim, a polícia não teria prendido esses criminosos que, com certeza, fariam mais vítimas. Duvido que eles descubram o que eu sei.

– Luck, peço-lhe, não fale a ninguém, pelo menos por enquanto – pediu o senhor Nico.

– Não falo, Nico. Sou um detetive que guarda segredo. Você não gosta de jurar, mas eu juro e quando juro é verdadeiro. Não falo e farei o que você quiser. Neste envelope estão todas as provas.

– Vou guardá-las no meu cofre. Obrigado, Luck. Devo-lhe a recompensa e seus honorários. Vou lhe propor um negócio, mas se você não quiser, seja sincero e diga somente não. Tenho uma casa na cidade em que você mora [falou o endereço] cujo inquilino já avisou à imobiliária que irá se mudar. Quero lhe dar essa casa em pagamento. Meu advogado fará a transação e você não terá nenhuma despesa. Sei que a casa em que mora é de sua esposa e dos irmãos dela e que eles querem vendê-la. Vocês mudam para lá e podem vender a casa e...

– Nico! – exclamou Luck admirado. – Conheço essa casa, fica num bairro nobre, é linda e grande. É aquela de esquina, não é? Meu amigo, essa propriedade vale muito mais do que me deve. Com ela, você me paga pelo menos umas quatro vezes mais do que os honorários que combinamos.

– Luck, que lhe devo, amigo? A vida do meu neto! Ela não tem preço para mim. Por favor, aceite! Vou fazer mais: você vai supervisionar a segurança de minha casa, da fazenda, da fábrica e lhe indicarei amigos. E quando eu estiver com as finanças novamente bem, eu lhe darei a recompensa em dinheiro.

– Não gosto de abusar, Nico. Cobro o que é justo. Foi combinado. Mas aceito! – exclamou Luck emocionado e foi a vez dele de enxugar algumas lágrimas. – Meu Deus, como estou feliz! Mara ficará mais ainda! Com o dinheiro que receberemos com a venda da casa vou comprar uma sala num prédio e fazer meu escritório, levarei Teddy para trabalhar comigo e também para morar conosco. Mara não vai mais ler sorte. Vamos estudar o Espiritismo e freqüentar o centro espírita e ela, que já está aprendendo, trabalhará com sua mediunidade ajudando o próximo. Você resolveu meus problemas.

– E você o meu! – afirmou o senhor Nico dando um suspiro triste.

– Foi muito bem feito o que aconteceu com Richard! – comentou Luck. – A agência está paga até sexta-feira e eles não quiseram devolver o dinheiro. Diante do que aconteceu, falei que não necessitamos mais do serviço deles. Será, Nico, que você e sua irmã não foram adotados, ou um dos dois? São tão diferentes. Desculpe-me, amigo, mas você não merece a irmã que tem. Não seja condescendente com ela. É como dizia minha avó: uma cobra mal matada. É terrível!

– Agora que sabemos, acho que vou pedir ao delegado para não maltratar mais os detentos – falou o senhor Nico.

– O quê?! – exclamou Luck espantando. – Você não vai pedir nada! Então não sabe que o seu empregado envolvido, o tal de Lázaro, disse que achava que você era o chefe? Irá ao delegado para dizer o quê? Qual a justificativa que dará? Sua atitude poderá ser tachada de suspeita. Depois, Nico, aqueles homens mataram dois meninos! Assassinaram friamente e ainda tomaram o sangue deles! Imagine o sofrimento dos pais, das mães dos garotos. Depois eles não vão morrer por serem pressionados. Acho que é o comecinho da reação da ação terrível que fizeram. Deixe-os!

– Você tem razão, Luck. Eles fizeram muito mal. Mas é que tenho dó, não gosto de violência.

– Violência foi o que eles fizeram. Nico, por favor, esqueça esses homens. Jure, prometa, me dê sua palavra de que não irá à delegacia?

– Não vou!

– Ainda bem! – suspirou o detetive aliviado.

O senhor Nico suspirou de novo e falou mudando de assunto:

– Acho que não preciso mais de tantos seguranças.

– Pode deixar, vou para você na agência, resolverei tudo e diminuirei a quantidade de pessoas. Mas, na semana que vem ou na outra, começo a fazer esse serviço para você e começarei pela sua casa. Então verei quantos seguranças serão realmente necessários.

Despediram-se e, sem pressa, o senhor Nico passou na fábrica, abriu o cofre e, como esperava, não achou nenhum documento que indicasse onde estava o dinheiro. Mas, as ações ao portador que ele dera ao Fernando ele não passara para o nome dele. Fechou o cofre e foi para casa.

Quando chegou em casa, Francisco veio informá-lo:

– Senhor Nico, uns seguranças foram embora. Receberam ordem da agência em que trabalham, ficaram poucos. Odete está contente!

– Francisco, meu amigo, entre comigo e vá chamar Odete, estarei no escritório esperando-os.

Logo os dois estavam no escritório e o proprietário da casa falou:

– Meus velhos empregados e amigos! Reconheço que estive muito chato por um período.

– Esteve mesmo – concordou Francisco.

– Mas foi por causa desses crimes, não foi? – opinou Odete. – Ada era até namorada de um dos assassinos! Quando penso nisso, arrepio-me e tenho até vontade de bater nela. O delegado a chamou para depor, ela afirmou que não sabia de nada, que estava somente namorando. Os assassinos a inocentaram, afirmaram que o grupo era somente de homens. Disseram também que o namoro do Lemão com ela não tinha nada a ver com eles e que nunca iriam pegar o neto do senhor. Acho mesmo que eles matariam somente crianças pobres.

– Eu também acredito nisso. Eles estão presos e não vamos mais comentar sobre esses crimes – falou o proprietário da casa.

– A cidade deve a prisão deles ao senhor – disse Francisco orgulhoso.

O senhor Nico sorriu e falou mudando de assunto:

– Chamei-os aqui para lhes comunicar que embora tenha diminuído os seguranças, vou continuar a tê-los. Francisco, quero que você tome conta deles. Você arrumará outro jardineiro. Verifique se é pessoa boa, honesta e ficará como chefe e tudo o que tiverem de resolver será com você.

– Eu? – perguntou o empregado espantado.

– Sim, você mesmo – confirmou o dono da casa.

– Minha esposa ficará orgulhosa! Puxa! Obrigado, senhor Nico! Vou tomar conta do lado externo da casa!

– E Odete do lado de dentro – determinou o senhor Nico. – Quero, Odete, que você seja somente governanta, que cuide de tudo, organize a casa e cuide de nós dois, de Nícolas e de mim.

– Para mim está tudo bem. Quero lhe dizer, senhor Nico, que gosto do senhor, de Nícolas e desta casa e cuidarei de tudo com todo o meu empenho e carinho. Estou muito feliz pelo fato de o senhor ter voltado a ser como antes. Não deixará mais aquele horrível revólver na mesinha de cabeceira, não é?

– Não – respondeu o proprietário da casa. – Vou guardá-lo novamente no cofre.

– Tenho recados para o senhor: a pessoa da cidade Encontros ligou e pediu para lhe telefonar assim que chegasse. O doutor Maciel também ligou.

– Obrigado!

"Não, Vagner" , pensou o senhor Nico, "não vou ligar! Você não sairá de lá mesmo! Pode esperar!"

Suspirou tristemente.

– É bem mais fácil quando se conhece o inimigo! – disse baixinho.

E telefonou para Maciel, que lhe informou:

– Foi fácil conseguir empréstimos para você. Meu ajudante logo estará aí levando papéis para que assine. Se você precisar de mais, consigo em outro banco e para amanhã. Hoje mesmo o dinheiro estará em sua conta e pode pagar o médico.

– Quero que faça o outro empréstimo também, Maciel. Mas não precisa ser para amanhã, pode ser para segunda-feira.

– Nico, você tem certeza? Não quer me contar para que precisa de mais dinheiro?

– Não, quero lhe contar. Mas não se preocupe, tudo está bem, recupero-me logo e pagarei essa dívida. É uma emergência!

– Tudo bem, Nico. Acho que sei, você gastou dinheiro com a prisão desses criminosos, ofereceu até recompensa, pagou a investigação e agora com o acidente do Fernando...

– Foi isso aí! – respondeu o senhor Nico. – Maciel, ia me esquecendo, tenho outra coisa que quero que faça. Tenho uma casa que quero que passe para Luck. Vou lhe dar o telefone, você pega com ele todos os dados que precisa e transfere essa casa para ele.

– Nem vou lhe perguntar o porquê disso, pois com certeza não irá me responder. Você tem certeza de que quer passar aquela casona para esse Luck?

– Tenho, Maciel, e digo que essa é a mais justa transação que faço. Desculpe-me por não poder lhe contar mais nada. E obrigado por tudo.

– Sou seu advogado e bem remunerado e, além disso, seu amigo.

Despediram-se, o senhor Nico ficou pensativo e muito triste.

O monólogo

Na quinta-feira, o senhor Nico foi para o hospital e lá encontrou-se com Isabelle, que estava muito nervosa, com a irmã e com o cunhado. Dessa vez, Nelva estava vestida discretamente. Os quatro se dirigiram para uma sala especial em que pacientes, ou parentes destes, conversavam com os médicos.

– Bom dia! – cumprimentou o médico que estava tratando de Fernando.

Em seguida apresentou o clínico que viera de outra cidade. Esse médico, após os cumprimentos, foi logo falando com termos usados na medicina o que Fernando sofrera. Como percebeu que os quatro, mesmo atentos às explicações, não estavam entendendo, simplificou:

– O paciente Fernando, pela queda, pelo acidente, sofreu uma fratura, fizemos tudo o que nos era possível; porém, ele não se moverá mais. Seu raciocínio está perfeito, entende tudo, enxerga e ouve. Falaria se não fosse pela ruptura da língua.

Nelva e Ari choraram, Isabelle parecia anestesiada e o senhor Nico permaneceu imóvel, quieto e atento.

– Ficará assim para sempre? – perguntou Isabelle.

– Para sempre é muito tempo – respondeu o médico. – Afirmo que ficará assim no momento.

O médico deu por encerrada a sua explicação e o senhor Nico pediu:

– Por favor, vocês me esperem lá fora que vou pagar o médico.

Os três se despediram e saíram. O senhor Nico tirou de um envelope um cheque cruzado e nominal, entregou-o ao médico e disse:

– Agradeço ao senhor por tudo. Não há mesmo o que fazer para que Fernando melhore?

– Atualmente não, porém a medicina avança a cada dia. Ficaremos atentos a qualquer tratamento que surgir. Tenho um amigo, médico de renome, que poderá ser consultado e se for possível ele fará em seu sobrinho um transplante de língua. Aqui está o cartão dele.

O senhor Nico, percebendo que o médico estava com pressa, pegou o cartão, despediu-se e saiu. Os três o esperavam no corredor.

Nelva e Isabelle pronunciaram-se juntas:

– Titio, quero lhe falar!

– Nico, quero falar com você!

– Nelva e Ari, vão para aquele bar em frente ao hospital, tomem um café e me esperem que assim que conversar com Isabelle vou para lá encontrar com vocês.

O casal não reclamou, como era esperado. A irmã sempre queria ser a primeira em tudo. Saíram. O senhor Nico falou à sobrinha:

– Vamos sentar ali.

Era um banco dentro de um pequeno jardim-de-inverno dentro do hospital. Sentaram-se e ele a olhou convidando-a a falar. Isabelle desabafou:

– Titio, o senhor já sabe, não é mesmo, o que Fernando ia fazer na cidade Encontros? Encontrava-se com uma amante! Tinha uma casa lá, disseram-me que está mobiliada. Encontrava-se com ela durante o dia, às vezes à noitinha. Eu nada percebi; para mim ele estava trabalhando. Titio, agora vem o pior. Não sei o que Fernando planejava fazer. Será que iria fugir com essa mulher? Desconfio que sim. O fato é que tínhamos algumas economias guardadas, que sumiram. O gerente do banco me mostrou até a data em que Fernando sacou nossa poupança. Conversei com o doutor Maciel, o advogado do senhor e da fábrica e ele me disse que o dinheiro que guardavam para a reforma da fábrica também sumiu, ou vocês não sabem onde Fernando colocou. O advogado me pediu para procurar esse dinheiro ou pista de onde poderia estar em nossa casa. Revirei tudo e não achei nada. O doutor Maciel me contou que para pagar esse médico o senhor teve de fazer até um empréstimo.

"Mas que Maciel fofoqueiro!", pensou o senhor Nico.

– Não fique zangado com Maciel, titio – disse Isabelle após uma ligeira pausa como se adivinhasse o pensamento dele. – Eu fiquei desesperada com o sumiço do nosso dinheiro que fui perguntar a ele. Titio, veja se o senhor descobre quem é essa mulher e a faz devolver o que meu marido lhe deu.

– Isabelle, se ele deu, não tem como fazê-la devolver...

– Ele deve amá-la muito. Agora sou eu que terei de cuidar dele!

Isabelle chorou e o senhor Nico a abraçou consolando-a e indagou-lhe:

– O que você está pensando em fazer diante dessas dificuldades?

– Fernando deverá sair do hospital na semana que vem. Estou arrumando tudo para levá-lo para casa. Pensei em deixá-lo num dos quartos, mas teria de desalojar um de nós. Depois, os quartos ficam no andar de cima e ficaria muito difícil descer e subir as escadas com ele. O senhor sabe que, quando compramos a casa, o antigo proprietário tinha um quarto na área perto da piscina, onde ficava uma senhora idosa, a sogra dele. Fizemos daquele cômodo uma sala de jogos. Estou tirando tudo de lá, pintando, equipando o banheiro e Fernando ficará lá. Nesse local, ele terá acesso ao jardim, poderá ver a piscina e ir de cadeira de rodas ao andar térreo da casa. Vou comprar uma cama especial, cadeiras etc. e contratarei dois enfermeiros, um para o período da noite, outro para o do dia, mas ele terá de ficar sozinho ou conosco algumas horas, isto é, comigo, com a empregada ou com as crianças.

– Pedirei para Maciel ver para você o seguro do acidente e a aposentadoria do Fernando – disse o senhor Nico.

– Titio, vou me organizar bem. O senhor nos deu muitos imóveis; e com a aposentadoria não precisaremos mudar a nossa forma de viver. Mas eu vou lecionar, estou sendo contratada, é por um período temporário. Vou começar no mês que vem a dar aulas e espero ficar com o cargo. Também, titio, vou alugar a casa da praia. O senhor não se importa, não é? Deixarei somente alguns dias por ano para ir lá com as crianças. O senhor vai querer que eu pague o dinheiro que Fernando pegou da fábrica?

– Não, Isabelle, não precisa. Não quero esse dinheiro de volta. Mas não vou esconder de você que fiquei magoado com ele. Você entenderá se eu não for vê-lo?

– Sim, titio, compreenderei. O senhor foi bom demais conosco. Não esquecerei nem deixarei meus filhos esquecerem tudo o que lhe devemos.

– Não conte a eles, aos seus filhos, a ninguém desse dinheiro – pediu o senhor Nico.

– Não vou falar, sentirei vergonha se alguém souber. Titio, veja se há um jeito de pegarmos esse dinheiro de volta. Essa mulher, a amante de Fernando, deve ser casada. Acho que eles estavam planejando nos dar um golpe e ir os dois embora, fugir para longe.

– Esqueça isso, minha sobrinha, não deixe que esses pensamentos a atormentem. – O senhor Nico fez uma pausa e depois a elogiou: – Isabelle, você planejou tudo muito bem, a vida deve continuar. Sinto-me aliviado e fico mais tranqüilo porque as

sumiria, eles não sabiam quem era o Sexto e, se eles fossem presos, não poderiam denunciá-lo, como de fato não puderam. Lemão, o que morreu, namorava a babá do meu neto, a Ada. Tudo fácil! Ela saía de minha casa por um portãozinho que fora esquecido, encontrava-se com ele e, dependendo da hora, levava com ela o Nícolas. Lemão costumava dar aos dois doces e chocolates. Tudo perfeito! Com certeza, vocês envenenariam Ada para ela não delatar Lemão e raptariam meu neto; ele seria a próxima vítima. Por quê? Por que, hein, Fernando? Como eu gostaria de escutar sua resposta! Mas deduzo: com Nícolas morto, você seria novamente meu herdeiro. Eu, com toda a certeza, sofreria muito e seria fácil se livrar de mim, me eliminar sem levantar suspeita. Um veneno que Dirceu lhe daria faria minha morte parecer ter sido causada por um infarto ou algo parecido. Ninguém duvidaria que eu morresse depois de tantos desgostos. Ou, então, você prepararia para mim um acidente. Eu, sofrendo pela morte de Nicolas, estaria descontrolado, distraído e não estaria dirigindo bem. Pronto, tudo estaria resolvido para você! Mortos, Nícolas e eu, tudo seria seu! Não deve ser fácil a você ter se achado dono de tudo, meu herdeiro e, de repente, não ser mais. Planejou tudo muito bem! Não sei de onde você tirou essas idéias. Mas ninguém suspeitaria que você teria matado os dois! Olhe para mim!

Fernando fechara os olhos, mas com a ordem do tio abriu-os de novo. Havia medo em seu olhar e o senhor Nico suspirou, voltou a falar baixo e compassado, porque nas últimas frases se alterara.

– Dois meninos de sete anos, com nomes de sete letras, foram mortos em rituais satânicos. Isso para despistar e para que você atingisse o seu objetivo: matar meu neto! Se Nícolas tivesse outra idade e outro nome, você faria diferente e os garotos seriam outros. Devo reconhecer que você foi inteligente. Seria difícil descobrir seu envolvimento se você não tivesse sofrido o acidente. Talvez demorasse mais, mas iríamos descobrir porque estávamos empenhados. Fernando, embora você não se importe com o grupo, vou lhe dizer que até as famílias deles estão sendo muito hostilizadas. Não quero isso para Isabelle e as crianças, no entanto, nada farei para impedir que a polícia descubra. Acho, porém, que eles não irão descobrir. A investigação está baseada nos interrogatórios e os quatro presos não sabem. O detetive destruiu os rastros e fechou o buraco com as plantas. Depois choveu muito ontem. Acho que a polícia nunca vai saber de fato se o Sexto existia ou quem era ele. Você usou as pessoas, Fernando, a amante que ninguém sabe quem é, os cinco do grupo, fez com que eles matassem para você. Poderia ficar aqui por horas falando, mas já chega! A vida continua! Para mim, tudo ficará bem, vou me recuperar, pagarei esses empréstimos e viverei feliz com meu neto. Nelva e Ari continuam egoístas, irão visitá-lo de vez em quando. Seus filhos, esses são os únicos que o amam, cuidarão de você com carinho, mas são jovens e terão sempre muito que fazer. Isabelle sempre foi uma ótima esposa, mas está magoada com sua traição; acredito que não se vingará, mas não será amorosa nem tão dedicada. Você ficará com empregados e terá muito tempo para pensar e espero que se arrependa. Não tenho nem como saber se você um dia vai querer o meu perdão. Vou me esforçar, Fernando, para lhe perdoar. Mas vou esquecê-lo! Olhe bem para mim, pois é a última vez que me vê. Não vou visitá-lo. Para Isabelle será porque você me roubou. Para as outras pessoas, direi que não tenho coragem de vê-lo assim: um inválido! Quero esquecê-lo! Mas você, com certeza, não me esquecerá. Todas as vezes que sentir uma dor diferente, todas as vezes que se sentir cansado, você lembrará que eu poderia lhe ajudar. Fernando, não vou me importar se você sofre ou não, mas não quero que seus três filhos sofram e espero que eles puxem a Isabelle, porque você com certeza herdou tudo de ruim de Nelva e Ari. Adeus, Fernando! Que seus pensamentos o atormentem. Que o choro dos pais daqueles meninos mortos ecoem na sua mente.

O senhor Nico levantou-se, olhou bem para Fernando que estava com os olhos arregalados, destrancou a porta e saiu do quarto.

Lílian chorou, olhou para nós dois, Mary e eu, que estávamos presentes, acompanhando o senhor Nico.

– *Sabem* – disse ela –, *eu, também, como Nico, amei muito Fernando. E estamos sofrendo com a decepção. Vocês viram o que Fernando pensava enquanto escutava? Sentia por não ter dado tudo certo. Indagava-se onde foi que ele havia falhado. Para ele, tudo estava bem planejado.*

– *Ele terá tempo, Lílian* – opinou Mary –, *como o seu esposo afirmou, Fernando terá muito tempo para pensar e esperamos que a dor o ensine, que ele se arrependa e peça perdão a Deus.*

Saímos do quarto. No corredor, olhamos para o esposo de Lílian, que caminhava devagar, sentia-se pesado e muito triste. Dirigiu-se à capela do hospital, sentou-se num banco e silenciosamente orou:

"Deus, sei que está em todos os lugares, dentro de mim e de Fernando. Não preciso estar neste local para conversar com o Senhor. Será que me dá um instantinho de sua atenção? Quero lhe dizer que estou triste! Não queria que Fernando tivesse agido desse modo. Quero perdoá-lo! Os outros cinco já perdoei. Acho que é mais fácil perdoar os desconhecidos. Não quero sentir mágoa. Ajude-me! E não fique bravo comigo por ainda não conseguir perdoar meu sobrinho como Jesus nos ensinou. Mas vou me esforçar!"

– O senhor está precisando de alguma coisa?

O senhor Nico virou-se devagar para o lado e viu que quem perguntara era uma freira, uma irmã de caridade que trabalhava no hospital. Respondeu sorrindo:

– Não, irmã, obrigado, estou somente orando.

E mentalmente finalizou a oração:

"Obrigado por tudo, meu Pai! Obrigado por termos conseguido impedir que matassem meu neto. Obrigado também por permitir que Lílian me desse o recado. Deus lhe pague! Desculpe-me, como Deus pode pagar a Deus? Puxa, como é que eu agradeço ao Senhor? Acho que já entendeu que sou grato. Vou continuar ajudando seus outros filhos, meus irmãos, como o Senhor me ajudou. Até logo!"

Sentiu-se bem, levantou-se disposto. O peso que parecia carregar aliviou-se. Teve vontade de dar um adeusinho com a mão para as imagens do altar, mas como a freira estava ali e parecia observá-lo, saiu da capela e suspirou, dessa vez aliviado. Tinha certeza de que logo esqueceria aquelas maldades e perdoaria o culpado.

Deixou o hospital de cabeça erguida, entrou no carro e falou ao segurança, agora seu motorista:

– Para a fábrica!

Tudo bem novamente

Chegando à fábrica, o senhor Nico foi conversar com o diretor substituto.

– Alberto, por favor, peça para todos os empregados se reunirem no pátio. Vou conversar com eles. Depois venha ao meu escritório.

Minutos depois, Alberto entrou no escritório e o proprietário perguntou:

– Alberto, você aceita ficar no lugar de Fernando? Vim do hospital, os médicos me afirmaram, após vários exames, que meu sobrinho não se recupera mais. Luís pode ficar no lugar que você ocupa. Eu virei mais vezes aqui e a reforma que planejávamos ficará para mais tarde. E então, aceita?

– Embora triste pelo que aconteceu ao Fernando, pois gosto muito dele, todos nós aqui gostamos, eu aceito já que seu sobrinho não volta mais. O senhor permite que lhe faça uma pergunta? Achou o dinheiro que seria usado para a reforma da fábrica?

– Alberto, vamos esquecer esse dinheiro e não falar sobre esse assunto. Tudo está bem e sob controle. Agora vamos dar as notícias aos nossos funcionários.

O senhor Nico era muito querido. Falou aos empregados com voz tranqüila. Deu notícias de Fernando e de seu afastamento. Informou-os de que Alberto seria o novo diretor; que ele iria mais vezes à fábrica e que a reforma esperada ficaria para o ano vindouro. Agradeceu-os e foi aplaudido. No escritório novamente, falou:

– Alberto, acho que tudo ficou acertado, vamos trabalhar muito para que a fábrica dê bons lucros.

A secretária veio lhe dar o recado.

– Senhor Nico, o doutor Maciel ligou e pediu que o senhor fosse até o seu escritório ainda hoje, que tem um assunto urgente para lhe falar. Se não puder ir, antes de ir para sua casa, telefone para ele.

– Obrigado! Para Maciel tudo é urgente! – agradeceu resmungando.

Resolveu mais alguns assuntos e foi para o escritório do advogado. Depois dos cumprimentos, perguntou:

– E, então Maciel, que tem de tão urgente para falar comigo?

– Nico, Richard, o padrasto do seu neto, me telefonou. Ele está furioso. Reclamou que você mandou segui-lo e que ele brigou com esses homens que o perseguiam por todos os lugares e levou uma surra. Disse também que não pode denunciá-los porque não sabe quem são. Acho, Nico, que esse Richard não se dá bem com a polícia. Ele quer falar com você, deixou o número do local onde está hoje. Ele me xingou, fiquei quieto escutando. Você fez isso mesmo? Mandou segui-lo e surrá-lo?

– Maciel, paguei para segui-lo, mas a surra foi por conta deles e não me cobraram nada a mais por isso. Mas foi bem-feito! Tomara que a dor lhe ensine algo de bom! Vamos ligar e converse você com Richard, sabe que não falo a língua dele.

Maciel ligou, conversou e, pelo que o senhor Nico entendeu, o advogado explicou a Richard que ele não falava seu idioma e que seria o intérprete.

– Nico, ele quer saber por que mandou segui-lo.

– Diga a esse sujeito – falou o senhor Nico –, que mandei segui-lo para ver o que ele estava fazendo com sua filha, a irmã do meu neto, e que sei de tudo, que ela está num colégio interno e que ele gasta o dinheiro da menina. Diga-lhe ainda que tenho provas e que gostaria de saber o que um juiz do país dele faria se eu o denunciasse.

Maciel falou, escutou e traduziu:

– Ele quer saber o que você quer dele.

– A menina. Que a garotinha possa ver Nícolas.

Novamente o mesmo processo.

– Que safado! – exclamou Maciel. – Sabe o que esse Richard falou? Se você quer a garota em definitivo.

– Definitivo? Ele está me dando a filha? Será que é isso mesmo que ele falou? Você escutou bem? Ele disse *definitivo*? – perguntou o senhor Nico admirado.

Maciel voltou a falar no fone e depois de escutar a resposta, traduziu:

– Nico, ele disse que se você a quer, pode ficar com ela desde que assuma sua educação, ou seja, que ele fique com o dinheiro que a filha recebe.

– Que pai! Coitada dessa menina! Diga a ele que aceito. Mas que tudo deve ser feito dentro da lei. Iremos lá e resolveremos tudo. Fale para ele não brincar comigo porque já sabe do que sou capaz!

Maciel repetiu, ele concordou, acertaram mais uns detalhes e desligou o telefone.

– Maciel – disse o senhor Nico –, Nelva virá aqui e você pagará uma nota promissória que ela assinou. Faça aqueles outros dois empréstimos que nos ofereceram.

– Nico, você com dificuldades financeiras vai pagar dívidas de sua irmã?

– Vou. Prometi que será a última vez. Precisamos também de dinheiro para essa viagem. Vamos buscar Elisabeta. Nícolas ficará muito contente! Por favor, consulte um escritório de advocacia lá no país de Richard e peça a eles para nos orientarem. Quero fazer um documento que ele assinará me dando a tutela da menina. Esse pai desnaturado pode ficar com os dividendos da fortuna dela. Você viajará comigo, não é? Além de intérprete, quero que conduza o processo. Esse Richard bem que mereceu essa surra! Maciel, quero também que mande um dos seus funcionários à minha casa para fazer a documentação para Odete viajar conosco, ela não tem passaporte.

– Alerto-o que esse Richard não deve ser boa pessoa. Será que no futuro, sabendo que a filha está bem e que você a ama, não irá chantageá-lo querendo-a de volta?

– Isso poderá ocorrer – respondeu o senhor Nico –, mas ficarei prevenido. Tenho de fato provas e documentos que o comprometem. E ele não está sendo correto com a filha. Mas, de vez em quando, vou mandar segui-lo, ele realmente não é boa pessoa, já fez muitas coisas erradas e posso provar isso. Se ele me chantagear, usarei o mesmo método com ele. A agência que fez o trabalho cobrou caro, mas o fez bem feito. Se eu quiser, posso colocá-lo na prisão.

– Nico, você está contente! Isso é bom! Pensei que estava arrasado com o estado do Fernando. Você gosta tanto dele!

– Fiz tudo pelo Fernando, Maciel. Agora não tenho mais o que fazer. Claro que fiquei triste e senti muito. Mas tenho também muitos outros problemas e um deles se resolveu, o da Elisabeta. Essa garotinha, órfã de mãe, longe do irmão, com o pai que não a quer, num lugar que não deve ser nada bom, agora ficará conosco.

– Você está endividado! – alertou o doutor Maciel.

– Mas pagarei logo tudo! Vendi uns cavalos e, quando receber, pagarei parte dessa dívida. Estarei atento nos negócios e confio que logo não deverei mais nada.

– Vou com você! Mas temos de ir logo. Richard me disse que ficará somente dez dias nessa cidade e depois terá de viajar.

– Você resolve esses problemas para mim, não é? – perguntou o senhor Nico. – Compre as passagens, resolva sobre a hospedagem, contrate os advogados etc.

– Pode deixar, Nico, resolvo tudo. Acredito que na terça-feira poderemos ir.

Acertaram tudo, despediram-se e o senhor Nico foi para sua casa.

Estávamos acompanhando-o, Mary, Lílian e eu, que decidi:

– *Acho que já está tudo resolvido. Podemos ir embora, Mary.*

– *Não antes de agradecê-los!* – exclamou Lílian emocionada. – *Obrigada, meus amigos!*

Sorrimos em resposta e Lílian nos informou:

– *Niquinho, meu filho, e Eva já se encontraram, se desculparam e prometeram ser amigos. Não havendo mais perigo de se desentenderem, contei a eles tudo que aconteceu. O orientador da casa de amor onde os dois estão abrigados lhes deu permissão para ir ver Nícolas e acho que agora é o momento ideal para eles o visitarem. Nico vai contar ao nosso neto que Elisabeta virá morar com eles. Com certeza, será uma ocasião alegre. Niquinho e Eva querem conhecê-los e agradecer-lhes. Será que vocês dois não podem ir comigo para conhecê-los e presenciar esse momento de contentamento?*

Mary se entusiasmou e respondeu por nós dois:

– *Vamos sim!*

– *Lílian* – opinei –, *enquanto você vai buscar seu filho e Eva, nós iremos com seu esposo e nos encontraremos na mansão.*

Lílian, depois de tantas apreensões, estava se sentindo tranqüila, sorriu contente concordando e volitou. Mary e eu acompanhamos o senhor Nico.

– *Antônio Carlos* – disse minha companheira de tarefa –, *fiquei muito amiga de Gil. Luck e esposa estão freqüentando o centro espírita, assistindo palestras e se matricularam no grupo de estudo. O orientador espiritual do centro designou uma trabalhadora desencarnada com muitas experiências para ser mentora da paranormal que com certeza será uma médium produtiva e útil. Essa trabalhadora tem ficado muito com os dois: Gil e Mara. Meu amigo vai com o casal ao centro e também freqüenta o grupo de estudo destinado aos desencarnados. Eu o tenho levado a colônia todos os dias para fazer uma terapia. Ele tem gostado muito e planeja estudar no ano vindouro numa colônia de estudo para conhecer todo o plano espiritual. Por isso tem-se afastado aos poucos de Mara. Gil é especial! É meu amigo!*

– Todos os nossos amigos são especiais! – disse concordando.

– Antônio Carlos, você percebeu que nesse trabalho ajudamos muitas outras pessoas? A filha de Luck está muito bem, os desencarnados que socorremos e...

– Mary, não estamos sozinhos – respondi. – *Nossas vidas se ligam, moramos na mesma casa, a Terra. Normalmente, num auxílio não é somente um o beneficiado, os envolvidos também o são.*

– Você está contente com o resultado deste trabalho? – perguntou Mary me olhando.

– Sim, estou, sempre aprendo muito quando tento, com amigos, ajudar alguém. Esta tarefa foi especial, me deu preciosas lições.

– Eu também aprendi muito! Quero lhe agradecer, você veio em meu auxílio para resolver esse complicado problema.

Sorri e pensei:

"Amigos estão sempre se agradecendo. Isso é maravilhoso!"

Chegamos à cidade Pitoresca. Na praça, o senhor Nico viu César, o proprietário do bar que freqüentava, pediu para o motorista parar e gritou:

– César!

César aproximou-se do carro, sorriu e cumprimentou-o.

– Que moto bonita! É nova? – perguntou o senhor Nico.

– É nova, comprei-a na semana passada. O senhor não tem vindo mais no meu bar. Está sumido!

– Estive, César. Vou voltar agora à minha antiga rotina. Estou com muita vontade de comer os petiscos do seu estabelecimento. Hoje não posso, tenho muito que fazer. Mas amanhã irei ao seu bar.

– Que bom! – exclamou César sorrindo contente. – Pensei que o senhor estava bronqueado comigo. Venha mesmo! Vou preparar tudo o que gosta. Xi, lá vem aquela mulher escandalosa. Cuidado!

O senhor Nico olhou para onde César apontou e viu a mãe de Marcelo e ela gritou:

– Senhor Nico! Senhor Nico!

Ele, então, resolveu sair do carro e ela aproximou-se com a respiração ofegante porque tinha corrido e falou em tom alto:

– Senhor, quero lhe falar!

– Olha como você fala com ele – ameaçou César.

– Pode deixar, César, vou conversar com ela – disse o senhor Nico tranqüilamente.

César educado afastou-se, mas ficou do outro lado da rua parado e observando, interferiria se fosse necessário. Mais calma, a mulher falou:

– Senhor Nico, quero lhe agradecer e me desculpar. Na outra vez que falamos, fui grosseira e mal-educada. Me desculpa? É que eu estava transtornada. Agora sei que o senhor se importa conosco, os pobres! Tanto que foi pela sua interferência que a polícia prendeu aqueles assassinos. Por favor, me perdoe!

– Desculpo e perdôo – respondeu o senhor Nico. – Mas não precisava se desculpar, eu a entendi e sei que sofreu muito com a morte de seu filho.

– É uma pessoa boa mesmo! Se eu puder fazer algo pelo senhor é só dizer.

A mãe de Marcelo falou em tom provocante passando a mão pelo decote da blusa.

– Agradeço, lembrarei de você se precisar. Mas eu não fiz nada esperando troca.

– Ah, sim! – exclamou ela voltando a ser natural. – É pena que eles, esses horríveis assassinos, não ficarão muito tempo presos.

– O quê?! Eles não ficarão muito tempo presos? – perguntou o senhor Nico se assustando.

– O senhor já viu rico ficar muito tempo preso? Eles têm dinheiro, contratam advogados que sempre dão um jeito de tirá-los de lá. É redução de pena por bom comportamento etc. Nem eu nem a família do outro menino assassinado, o Rodolfo, temos dinheiro para contratar um advogado para acompanhar o caso.

O senhor Nico coçou a cabeça e pensou:

"Dinheiro! O meu que roubaram! Infelizmente o que ela fala é verdade".

– Vamos fazer um trato? – disse ele. – Eu pago um advogado e você o contrata e não diga a ninguém que estou lhe dando esse dinheiro, fique atenta e acompanhe todo o processo.

– Fazer isso é tudo o que quero! – exclamou ela.

O senhor Nico lhe deu um cartão.

– Este é o meu advogado, doutor Maciel, será ele que indicará um outro para você contratar. Você receberá o dinheiro através dele. Assim esses criminosos terão além do promotor mais alguém que acusá-los. Mas vá lá somente no final do mês, pois o doutor Maciel está viajando.

– Puxa! O senhor é bondoso mesmo! Não sei como lhe agradecer!

A mãe de Marcelo ia se ajoelhar aos pés dele, mas o senhor Nico, esperto, impediu mas não conseguiu que ela lhe beijasse a mão.

– Você já me agradeceu! Tenho de ir agora. E então, aceita o trato?

– Sim e farei tudo direitinho, o senhor pode confiar em mim. Aqueles criminosos cruéis ficarão por muito tempo presos! Eles não podem ficar livres para matar outros inocentes. Obrigada!

O senhor Nico despediu-se, entrou no carro e ordenou:

– Para casa e rápido!

Ele olhou para o motorista e percebeu que ele se esforçava para não rir. Olhou então para sua mão e viu que ficou marcada de batom. Então riu, gargalhou e o motorista também. Estava contente e riu se sentindo muito bem. Limpou a mão com um lenço de papel.

Ao chegar ao lar, o prefeito esperava-o no portão. Cumprimentaram-se.

– Mas por que você não entrou e me esperou lá dentro? – perguntou o proprietário da casa.

– Cheguei agora – respondeu o prefeito. – Vi-o parado na praça e vim aqui esperá-lo. É rápido! O que o senhor acha de contratarmos pessoas especializadas que estudam grutas e cavernas para virem aqui pesquisar a nossa? Eles têm equipamentos, sabem como entrar nesses locais. Porque, senhor Nico, não adianta fechar a gruta e colocar placas proibindo a entrada. Todos querem entrar lá e pode ser perigoso. Estou pensando que, depois de estudarem o local, eles poderiam fechar somente as áreas de risco e dar oportunidade de as pessoas conhecerem-na. Para cobrir os gastos, cobraremos ingressos. Teremos guias, pessoas que trabalharão lá, cuidando, limpando e dando segurança e impediremos com multas de pegarem as orquídeas das árvores. E aí, o que o senhor acha?

O senhor Nico pensou que somente proibir não impediria que muitos aventureiros entrassem lá, ainda mais agora que estavam curiosos para ver o salão em que os dois meninos foram mortos. Opinou:

– Concordo!

– Vou providenciar isso já! – exclamou o prefeito sorrindo contente. – Podemos até mudar o nome de gruta para caverna, mas continuará sendo 'das orquídeas' e ninguém mais chamará aquele lugar de proibido.

Despediu-se e saiu apressado e o senhor Nico pensou.

"Será com certeza um local freqüentado por turistas. Levarei Nícolas para conhecer a Gruta das Orquídeas!"

Entrou na casa e Francisco foi ao seu encontro e informou:

– Nícolas já veio da escola, está no jardim perto da piscina brincando com seus amiguinhos e Odete está sentada por lá, vigiando-os.

– Obrigado, Francisco.

Foi à sala e telefonou:

– Alô! Vagner, hoje vou aí e se prepare, vou ganhar!

Conversou por mais uns minutos e foi para a piscina.

Ao chegarmos, Mary e eu nos encontramos com Lílian, que veio feliz nos receber e nos apresentou seus acompanhantes, dois jovens muito bonitos.

– Este é Niquinho, meu filho e esta é Eva, a mãe de Nícolas.

Os dois nos cumprimentaram e agradeceram de maneira sincera, estavam muito alegres. Nós cinco acompanhamos o dono da casa, que estando relaxado, tranqüilo, andava mais desengonçado. Ele viu Odete sentada na varanda lendo. Aproximou-se devagar e falou alto:

– Odete, lendo o meu livro?

A empregada levou um susto tão grande que jogou o livro para o alto.

– Que susto! Quer me matar?

– Ora! – exclamou ele rindo. – Você se assustou porque estava distraída. Mas que vejo? Você, atéia, lendo *O Livro dos Espíritos*!

– Senhor Nico, eu ia lhe falar que peguei o livro, ia pedir emprestado. Fiquei curiosa por ver o senhor lendo tão interessado e folhei-o, achei também interessante e comecei a ler. Não sou atéia, não tinha religião porque me recusava a aceitar conceitos sem entendê-los. Mas agora, lendo esta obra, estou achando que encontrei uma religião que explica com detalhes tudo o que quero saber. Este capítulo que esclarece o que é Deus é fantástico!

– Fico contente por estar gostando. Odete, temos na cidade um grupo pequeno de espíritas, e o centro deles é numa casinha alugada. Aluguei outro local maior e com mais conforto, que antes era uma loja, e vamos mudar. Vou ajudá-los nas despesas, e duas pessoas virão da cidade das Fábricas às quartas-feiras às dezenove horas e trinta minutos para presidirem um grupo de estudo. Eu já me matriculei, vou estudar. O estudo será dos livros: *O Evangelho Segundo o Espiritismo* e desse que você está lendo. Você não quer participar? Poderá ir e voltar comigo.

– Mas e Nícolas?

– Ficará com a Vicentina ou com o Francisco.

– Quero, vou com o senhor!

– Odete, um empregado do Maciel virá aqui amanhã bem cedo para pegar seus documentos e ir com você tirar o passaporte. Você terá de tirar fotos.

– Passaporte? Para quê? – perguntou Odete estranhando.

– Você viajará conosco! Ia esquecendo de lhe contar. Richard, o padrasto de Nícolas, me dará a guarda da filha. É isso mesmo que ouviu. Aquele sujeito concordou em me dar a filha desde que eu assumisse os gastos dela e ele ficasse com o dinheiro que a menina recebe por mês.

– O que o senhor fez para ele concordar? – Odete quis saber.

– É uma longa história, em que ele levou uma surra. Mas, prepare-se, porque na semana que vem vamos para lá e voltaremos com a menina. Prepare o quarto, Nícolas dormirá com ela e quero que você compre muitos brinquedos que garotas gostam.

– Devo contratar uma babá? – perguntou Odete.

– Não – respondeu o senhor Nico. – Sei que existem excelentes babás, mas no momento não quero tê-las aqui em casa. Se depois perceber que há necessidade, contrataremos. Peça somente para o proprietário da escola de línguas nos mandar alguém por uns dias e por algumas horas para ensinar Elisabeta, que Nícolas chama de Lisa, e vamos chamá-la também. Acho que a entenderemos, já tivemos experiência com Nícolas e depois ele fala a mesma língua de sua irmã. Agora vou contar ao meu neto a novidade.

– *Mary* – eu disse –, *acho que agora devemos ir embora.*

Abraços foram trocados, despedimo-nos prometendo nos ver novamente. Lílian, Niquinho e Eva foram para perto das crianças. Íamos volitar, mas Mary me segurou e pediu:

– *Vamos ficar somente mais um pouquinho! Quero ver o avô contar ao neto a novidade.*

Ficamos levitando a alguns metros sobre o jardim. As crianças estavam em volta de uma mesa, onde fora servido um lanche. Tinha uma enorme travessa com pipoca e eles brincavam de jogar pipoca um no outro. O trio: Lílian, Niquinho e Eva os olhavam com carinho. O senhor Nico com seu modo peculiar de andar foi ao encontro do neto gritando:

– Nícolas! Nícolas!

As crianças pararam, ficaram imóveis olhando o dono da casa se aproximar. Nícolas também parou. Talvez esperassem uma bronca por estarem jogando pipocas pelos ares.

– Nícolas, meu netinho, nós vamos na semana que vem buscar sua irmãzinha! Lisa virá morar conosco! Ficará definitivamente morando aqui! Serei o avô dela!

O menino não sabia o que fazia de tanto contentamento. Deu pulos, bateu palmas e seus olhos brilharam.

O senhor Nico pegou pipocas e jogou nas crianças e falou:

– Quero ver quem acerta uma na minha boca!

E abriu a boca. As crianças se olharam desconfiadas como não acreditando que o avô do amiguinho quisesse brincar. Mas, como foram atingidas pelas pipocas, devolveram a brincadeira.

Nícolas pulou no pescoço do avô, abraçando-o forte. Nossos amigos desencarnados choraram emocionados e felizes.

Depois de guardar em nosso coração a imagem do avô rodando com o neto no colo debaixo de uma chuva de pipocas, Mary e eu volitamos.

Fim

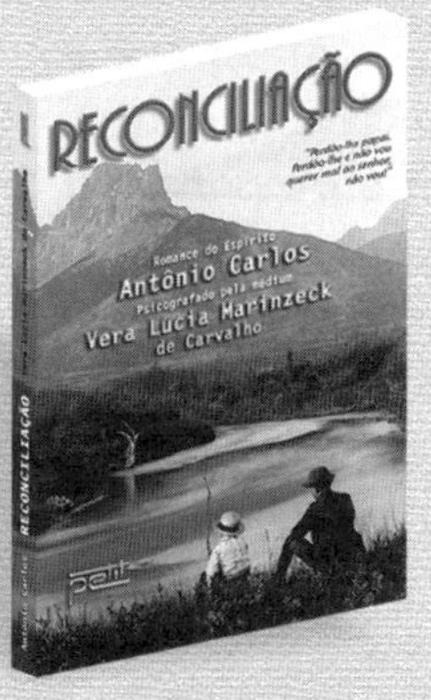

Conheça um trecho do magnífico livro *Reconciliação*

Romance do Espírito
Antônio Carlos
Psicografado pela médium
Vera Lúcia Marinzeck de Carvalho

Um dos romances mais emocionantes do Espírito Antônio Carlos. Dramática, a narrativa inicia-se com o assassinato de Raul e sua mãe. O criminoso é Manuel, o próprio pai do menino. A partir daí, o desdobramento dos acontecimentos levará a momentos inesquecíveis e a incríveis surpresas. Uma nova reencarnação aguarda Raul. Seu pai será, novamente, o mesmo: Manuel. Enquanto sua mãe recusa-se a superar o ódio que toma conta do seu espírito, Raul regressa ao corpo físico junto ao assassino.

Um dos grandes sucessos de Antônio Carlos, este livro destaca a misericórdia de Deus, agindo por intermédio da reencarnação, valioso aprendizado das Leis Divinas.

– Mãe! Por que está aqui? Não deveria estar no céu? Por que está toda suja? A senhora morreu, beijei seu corpo frio e fétido. Não está com a vovó? E Raul? Morreram juntos. Que faz aqui? Quer orações?

Taís falava depressa, cada vez mais assustada e com medo. Mamãe ficou parada, não conseguiu falar nada, olhava Taís com admiração e espanto. Minha irmã quis chorar, tremia toda. O professor Eugênio aproximou-se de Taís, transmitiu-lhe um passe de paz, tranqüilidade, fez com que retornasse ao corpo.

Nós, como mamãe, vimos Taís como duas, seu corpo e seu espírito; mamãe teve um choque ao presenciar esse fato e, pelo que escutara, saiu correndo do quarto. O professor ficou com Taís e acalmou-a com passes, até que serenou.

– Taís está bem, Raul, não deverá lembrar-se do fato.

– Se lembrasse, seria triste para ela recordar a mãezinha neste estado.

Fomos encontrar com mamãe, voltara para a escada. O professor se fez visível novamente a ela e recomendou-me:

– Não interfira, Raul, fique perto, ore, vibre, conversarei novamente com ela.

Fiquei a dois degraus dela e orei com fé, pedi a Deus que nos inspirasse e fizesse com que meu mestre a convencesse, a doutrinasse. O professor falou-lhe, calmamente:

– Filha, ainda por aqui?

Mamãe assustou-se, quis fugir. Depois, reconheceu o confidente que encontrara à tarde, acomodou-se novamente, não respondeu. Nisto, passou meu pai em espírito, desligado pelo sono físico, embaixo da escada. Estava tranqüilo, parecia que passeava. Mamãe escondeu-se no vão da escada.

– É ele! Não quero que me veja. Tenho medo!

– Como quer se vingar dele se tem medo?

– Ele matou e pode matar de novo.

– Está morta, então?

– Não sei, é tão confuso. Primeiro sinto a presença de minha mãe, que morreu há tanto tempo. Depois, vi meu Raul, o meu filhinho querido que morreu. Aqui ninguém fala comigo, parece que nem me vêem. Agora mesmo, minha filha virou duas, uma deitada na cama e a outra estava como eu, falou comigo, disse que morri. Mas o senhor me vê, não é? Fala comigo.

...

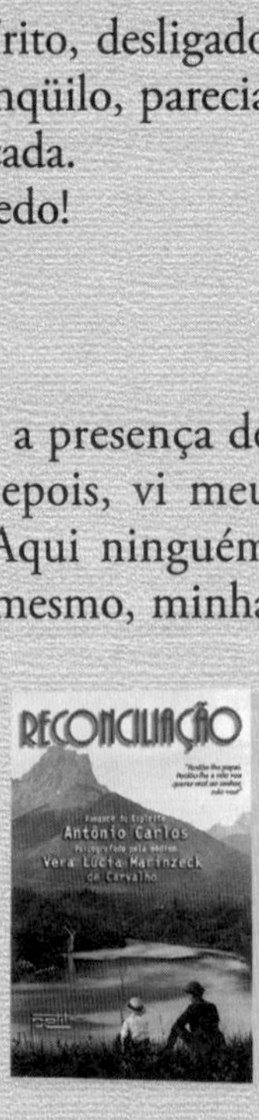

Allan Kardec

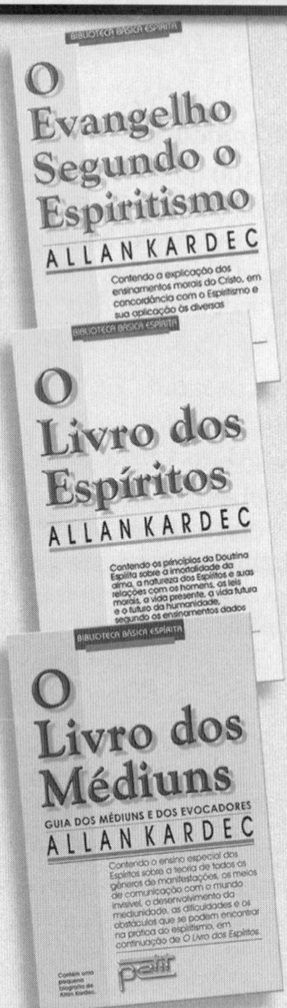

O Evangelho Segundo o Espiritismo
O livro espírita mais vendido agora disponível em moderna tradução: linguagem acessível a todos, leitura fácil e agradável, notas explicativas.

Disponível em três versões:
- **Brochura** (edição normal)
- **Espiral** (prático, facilita seu estudo)
- **Bolso** (fácil de carregar)

O Livro dos Espíritos
Agora, estudar o Espiritismo ficou muito mais fácil. Nova e moderna tradução, linguagem simples e atualizada, fácil leitura, notas explicativas.

Disponível em três versões:
- **Brochura** (edição normal)
- **Espiral** (prático, facilita seu estudo)
- **Bolso** (é fácil de carregar)

O Livro dos Médiuns
Guia indispensável para entender os fenômenos mediúnicos, sua prática e desenvolvimento, tradução atualizada. Explicações racionais, fácil entendimento, estudo detalhado.

Disponível em duas versões:
- **Brochura** (edição normal)
- **Espiral** (prático, facilita seu estudo)

Coletânea de Preces Espíritas
Verdadeiro manual da prece. Orações para todas as ocasiões: para pedir, louvar e agradecer a Deus. Incluindo explicações e orientações espirituais.

- **Edição de Bolso**

Leia e recomende!
À venda nas boas livrarias espíritas e não-espíritas.

Sucessos da Butterfly

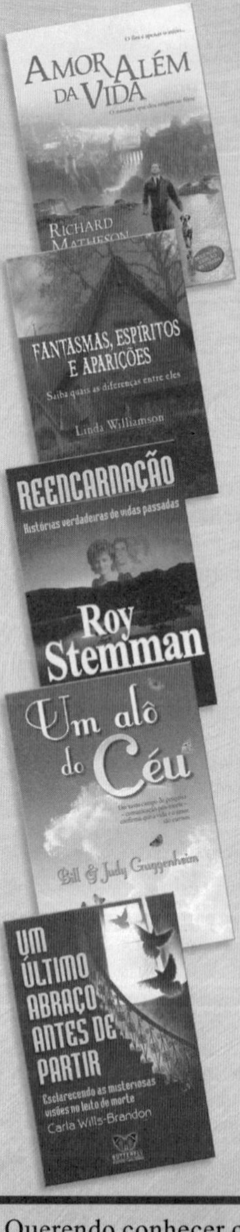

AMOR ALÉM DA VIDA
Richard Matheson

Best-seller que deu origem ao filme que emocionou milhões de pessoas. Annie perdeu o marido, vítima de um acidente fatal. Arrasada, pretende dar fim à vida. No Além, Chris, seu grande amor, quer ajudá-la a vencer a depressão...

FANTASMAS, ESPÍRITOS E APARIÇÕES
Linda Williamson

Quais são as diferenças entre fantasmas, espíritos e aparições? Neste livro esclarecedor, a médium inglesa Linda Williamson relata ocorrências impressionantes que envolvem o Além e explica a natureza das aparições e sua presença entre nós.

REENCARNAÇÃO
Roy Stemman

Por que, quando e onde reencarnaremos? Mudaremos de sexo? Toda a verdade sobre a reencarnação, incluindo pesquisas do brasileiro Hernani Guimarães Andrade. Casos extraordinários – registrados em várias partes do mundo – revelam a reencarnação.

UM ALÔ DO CÉU
Bill e Judy Guggenheim

Existe vida depois da morte? Os mortos podem comunicar-se? Neste livro – elogiado por Brian Wess, autor de *Muitas vidas, muitos mestres* – 353 depoimentos confirmam que a vida continua e explicam o destino daqueles que partiram deste mundo.

UM ÚLTIMO ABRAÇO ANTES DE PARTIR
Carla Wills-Brandon

Aqueles que se preparam para partir deste mundo recebem visitas do Além. Descubra neste livro toda a verdade sobre essas aparições espirituais. Nele, o drama da morte do corpo se desfaz, levando-nos a vislumbrar um outro plano da existência.

Querendo conhecer outros livros da Butterfly Editora, basta acessar o site www.flyed.com.br ou solicitar um catálogo sem compromisso pela Caixa Postal 67545 – Ag. Almeida Lima – CEP 03102-970 – São Paulo – SP.